**Erzähl nochmal**

Geschichten aus Religionen, Kulturen und Zeiten

TVZ

Rolf Bossart, Nadire Mustafi,
Monika Winter-Pfändler, Michael Zahner (Hg.)

# Erzähl nochmal

Geschichten aus Religionen, Kulturen und Zeiten

EDITION **N Z N**
BEI **T V Z**
Theologischer Verlag Zürich

Der Theologische Verlag Zürich wird vom Bundesamt für Kultur
für die Jahre 2021–2024 unterstützt.

Bibliografische Informationen der Deutschen Nationalbibliothek
Die Deutsche Nationalbibliothek verzeichnet diese Publikation
in der Deutschen Nationalbibliografie; detaillierte bibliografische Daten
sind im Internet über http://dnb.dnb.de abrufbar.

Die Bibeltexte sind der Gute Nachricht Bibel © Deutsche Bibelgesellschaft Stuttgart entnommen und teilweise redaktionell bearbeitet – mit freundlicher Genehmigung der Deutschen Bibelgesellschaft, Stuttgart.

Umschlaggestaltung: Simone Ackermann,
mit einer Illustration von Dale Forbes Molina
Satz und Layout: Claudia Wild, Konstanz
Druck: Westermann Druck GmbH, Zwickau

ISBN: 978-3-290-20237-8

© 2023, 2. Auflage 2024 Theologischer Verlag Zürich AG
www.edition-nzn.ch

Alle Rechte vorbehalten.

# Inhaltsverzeichnis

## Vom Anfang und Ende der Welt und vom Leben und Arbeiten in der Zwischenzeit

| | | |
|---|---|---|
| 1 | Adam und Eva im Paradies | 11 |
| 2 | Der erste Mensch | 13 |
| 3 | Der Steinhauer | 16 |
| 4 | Der Tod und der Gänsehirt | 18 |
| 5 | Der Yogi und der Skorpion | 20 |
| 6 | Die drei Fragen | 20 |
| 7 | Die drei Spinnerinnen | 24 |
| 8 | Die Erschaffung der Welt | 26 |
| 9 | Die Erschaffung der Erde | 28 |
| 10 | Die Sorge erschafft den Menschen | 29 |
| 11 | Die Sintflut, Noah und die Arche | 30 |
| 12 | Frau Holle | 33 |
| 13 | Hans im Glück | 36 |
| 14 | Jona und der Wal | 41 |
| 15 | Rumpelstilzchen | 44 |
| 16 | Vielleicht fehlt nur noch eine Stimme | 47 |
| 17 | Was man tragen kann | 48 |
| 18 | Wie das Feuer zu den Griechen kam | 49 |
| 19 | Wie das Feuer zu den San kam | 51 |

## Von Eltern, Geschwistern und Freunden

| | | |
|---|---|---|
| 20 | Das Märchen von der einsamen Prinzessin | 55 |
| 21 | Das Wasser vom Klosterbrunnen | 57 |
| 22 | Der König und der Hund | 58 |
| 23 | Der Vater und seine zwei Söhne | 60 |
| 24 | Der weise Richter Salomon | 61 |

| 25 | Die Bremer Stadtmusikanten | 62 |
| 26 | Josef und seine Brüder | 65 |
| 27 | Sand oder Stein | 75 |
| 28 | Schneeweisschen und Rosenrot | 76 |
| 29 | Siebenundsiebzigmal | 78 |
| 30 | Über Freunde und Feinde | 80 |
| 31 | Wasser statt Wein | 81 |
| 32 | Zwei ungleiche Geschwister | 82 |

## Vom Kleinen und Grossen und von der Wahrheit

| 33 | Dädalus und Ikarus | 85 |
| 34 | Der Fischer und der Tourist | 87 |
| 35 | Der Mann mit den Bäumen | 88 |
| 36 | Der Turmbau zu Babel | 89 |
| 37 | Des Kaisers neue Kleider | 90 |
| 38 | Die Glocke von grünem Erz | 94 |
| 39 | Diogenes und Alexander der Grosse | 96 |
| 40 | Gewohnheit macht unempfindlich | 98 |
| 41 | Joachim der Zöllner | 99 |
| 42 | Odysseus und das Trojanische Pferd | 104 |
| 43 | Vater, Sohn und Esel | 106 |
| 44 | Vom Fischer und seiner Frau | 107 |
| 45 | Was ist das Leben? | 113 |
| 46 | Welcher Ring ist der richtige? | 114 |

## Von Dummen, Klugen und Weisen

| 47 | Bauer und Teufel | 117 |
| 48 | Bohnen in der Tasche | 118 |
| 49 | Das Märchen von den zwölf Monaten | 118 |
| 50 | Der Traum des Sultans | 120 |
| 51 | Die Kieselgeschichte | 121 |
| 52 | Drei Wünsche von Vishnu | 122 |
| 53 | Drei Wünsche für Herrn und Frau Holzfäller | 123 |

| | | |
|---|---|---|
| 54 | Niemand glaubt Kassandra | 125 |
| 55 | Onkelos und die Mesusa | 126 |
| 56 | Sei wie ein alter hässlicher Baum | 128 |
| 57 | Warten auf die Seele | 129 |
| 58 | Wie man grosse Aufgaben erledigt | 129 |
| 59 | Wie die Schildbürger Licht in ihr Rathaus brachten | 130 |

## Von Göttern und Göttinnen, vom Himmel und von der Unterwelt

| | | |
|---|---|---|
| 60 | Amritas Bewährung | 135 |
| 61 | Der Teufel mit den drei goldenen Haaren | 137 |
| 62 | Die Göttin im Bananenbaum | 143 |
| 63 | Die Königin und ihre drei Töchter | 145 |
| 64 | Ganesha und der Mond | 146 |
| 65 | Heisses und Kaltes | 149 |
| 66 | Legende von den 36 Gerechten | 150 |
| 67 | Marie und Michael | 152 |
| 68 | Mose holt im Himmel die zehn Gebote | 156 |
| 69 | Orpheus und Eurydike | 157 |
| 70 | Solange man noch weiss, was man vergessen hat | 159 |
| 71 | Vom König, der Gott sehen wollte | 160 |
| 72 | Wer soll König sein? | 162 |
| 73 | Wie der Kolibri den Himmel höher hob | 163 |
| 74 | Wie Vishnu den Göttern den Unsterblichkeitstrank zurückbrachte | 165 |

## Vom Guten, vom Bösen und von allem dazwischen

| | | |
|---|---|---|
| 75 | Clara Velasquino und der König | 169 |
| 76 | Das Beispiel des barmherzigen Samaritaners | 171 |
| 77 | Der Anwalt der Magd | 172 |
| 78 | Der falsche Mann | 172 |
| 79 | Der Richter und der Teufel | 174 |

| | | |
|---|---|---|
| 80 | Der Rosengarten | 177 |
| 81 | Der weise Dieb | 177 |
| 82 | Die Arbeiter im Weinberg | 180 |
| 83 | Die Kartoffelprobe | 181 |
| 84 | Die Sonne und die Wolke | 182 |
| 85 | Wie die Tiere des Waldes den Frieden verloren | 182 |
| 86 | Geheime Hilfe | 188 |
| 87 | Gewaltlosigkeit | 189 |
| 88 | Hat der Dieb denn gar keine Schuld? | 189 |
| 89 | Jesus wird auf die Probe gestellt | 190 |
| 90 | Wer ist ohne Schuld? | 191 |
| 91 | Martin, der Schuster | 192 |
| 92 | Wie man säen soll | 194 |
| 93 | Zachäus, der Zöllner | 194 |

## Von Vorfahren, Religionsgründern und Heiligen

| | | |
|---|---|---|
| 94 | Amos von Tekoa: Reichtum und Gerechtigkeit | 197 |
| 95 | Das Leben und die Lehre Buddhas | 198 |
| 96 | Der Tod von Buddha | 201 |
| 97 | Der Tod von Jesus | 203 |
| 98 | Die drei Könige besuchen Jesus | 205 |
| 99 | Die Geburt und die Berufung von Mose | 207 |
| 100 | Die Geburt und die Berufung von Muhammad | 210 |
| 101 | Die Geburt von Jesus in der Bibel | 213 |
| 102 | Die Geburt und der Tod von Jesus im Koran | 215 |
| 103 | Elisabeth von Thüringen: Brot und Rosen | 218 |
| 104 | Ester von Schuschan: Klugheit und Mut | 219 |
| 105 | Franziskus von Assisi: Schwester Sonne und Bruder Mond | 222 |
| 106 | Gallus von Irland: Bär und Klause | 226 |
| 107 | Huldrych Zwingli von Zürich: Wurst und Wort | 228 |
| 108 | Martin von Tours: Schwert und Mantel | 230 |
| 109 | Niklaus von Flüe: Einsamkeit und Friedenstiftung | 232 |
| 110 | Wiborada von St. Gallen: Rat und Rettung | 234 |
| 111 | Vom klugen Esel | 236 |

| | |
|---|---|
| Bitte weitererzählen! Nachwort | 237 |
| Register | 251 |
| Quellenverzeichnis | 255 |
| Rechte | 261 |
| Dank | 263 |
| Zugangsberechtigung zu Materialien für den Unterricht | 264 |

# Vom Anfang und Ende der Welt und vom Leben und Arbeiten in der Zwischenzeit

# Adam und Eva im Paradies 1

Als Gott, der Herr, Erde und Himmel machte, gab es zunächst noch kein Gras und keinen Busch in der Steppe; denn Gott hatte es noch nicht regnen lassen. Es war auch noch niemand da, der das Land bearbeiten konnte. Nur aus der Erde stieg Wasser auf und tränkte den Boden. Da nahm Gott Staub von der Erde, formte daraus den Menschen und blies ihm den Lebensatem in die Nase. So wurde der Mensch ein lebendes Wesen. Es war Adam, der erste Mensch.

Dann legte Gott im Osten, in der Landschaft Eden, einen Garten an. Er liess aus der Erde alle Arten von Bäumen wachsen. Es waren prächtige Bäume, und ihre Früchte schmeckten gut. Dorthin brachte Gott den Menschen, den er gemacht hatte.

In der Mitte des Gartens wuchsen zwei besondere Bäume: der Baum des Lebens, dessen Früchte Unsterblichkeit schenken, und der Baum der Erkenntnis, dessen Früchte das Wissen über Gut und Böse verleihen. Und Gott brachte den Menschen in diesen Garten Eden. Er übertrug ihm die Aufgabe, den Garten zu pflegen und zu schützen. Weiter sagte er zu ihm: «Du darfst von allen Bäumen des Gartens essen, nur nicht vom Baum der Erkenntnis. Sonst musst du sterben.»

Dann dachte Gott: «Es ist nicht gut, dass der Mensch so allein ist. Ich will ein Wesen schaffen, das ihm hilft und das zu ihm passt.»

So formte Gott aus Erde die Tiere des Feldes und die Vögel. Dann brachte er sie zu dem Menschen, um zu sehen, wie er jedes Einzelne nennen würde; denn so sollten sie heissen. Der Mensch gab dem Vieh, den wilden Tieren und den Vögeln ihre Namen, doch unter allen Tieren fand sich keins, das wirklich zu ihm passte.

Da versetzte Gott, den Menschen in einen tiefen Schlaf, nahm eine Seite von ihm weg und machte davon eine Frau und brachte sie zu dem Menschen.

Der freute sich und rief: «Endlich! Sie ist's! Eine wie ich! Sie kann zu mir gehören und ich zu ihr, denn sie ist wie ich.»

Die beiden waren nackt, aber sie schämten sich nicht voreinander.

## Wie der Mensch lernte, gut und schlecht zu unterscheiden

Die Schlange war das schlauste von allen Tieren des Feldes, die Gott gemacht hatte. Sie fragte die Frau: «Hat Gott wirklich gesagt: ‹Ihr dürft die Früchte von den Bäumen im Garten nicht essen›?»

«Natürlich dürfen wir sie essen», erwiderte die Frau, «nur nicht die Früchte von dem Baum in der Mitte des Gartens. Gott hat gesagt: ‹Esst nicht davon, berührt sie nicht, sonst müsst ihr sterben!›»

«Nein, nein», sagte die Schlange, «ihr werdet bestimmt nicht sterben! Aber Gott weiss: Sobald ihr davon esst, werden euch die Augen aufgehen; ihr werdet wie Gott sein und wissen, was gut und was böse ist. Dann werdet ihr euer Leben selbst in die Hand nehmen können.»

Die Frau sah den Baum an: Seine Früchte mussten köstlich schmecken, sie anzusehen war eine Augenweide, und es war verlockend, dass man davon klug werden konnte! Sie nahm von den Früchten und ass. Dann gab sie auch ihrem Mann davon, und er ass ebenso. Da gingen den beiden die Augen auf, und sie merkten, dass sie nackt waren. Deshalb flochten sie Feigenblätter zusammen und machten sich Lendenschurze. Am Abend, als es kühler wurde, hörten sie, wie Gott durch den Garten ging. Da versteckten sich Adam und seine Frau vor Gott zwischen den Bäumen.

Aber Gott rief nach dem Menschen: «Wo bist du?»

Der antwortete: «Ich hörte dich kommen und bekam Angst, weil ich nackt bin. Da habe ich mich versteckt!»

«Wer hat dir gesagt, dass du nackt bist?», fragte Gott. «Hast du etwa von den verbotenen Früchten gegessen?»

Adam erwiderte: «Die Frau gab mir davon; da habe ich gegessen.»

Gott sagte zur Frau: «Was hast du da getan?»

Sie antwortete: «Die Schlange ist schuld, sie hat mich zum Essen verführt!»

Da sagte Gott zu der Schlange: «Verflucht sollst du sein wegen dieser Tat! Auf dem Bauch wirst du kriechen und Staub fressen dein Leben lang.

Zur Frau aber sagte Gott: «Ich verhänge über dich, dass die Schwangerschaft für dich sehr beschwerlich ist und die Geburt deiner Kinder dir sehr viel Schmerzen bereitet.»

Und zum Mann sagte Gott: «Weil du mein Verbot übertreten hast, gilt von nun an: Deinetwegen ist der Acker verflucht. Mit viel Mühe wirst du dich davon ernähren, dein Leben lang. Dornen und Disteln werden dort wachsen, und du wirst die Pflanzen des Feldes essen. Viel Schweiss musst du vergiessen, um dein tägliches Brot zu bekommen, bis du zurückkehrst zur Erde, von der du genommen bist. Ja, Staub bist du, und zu Staub musst du wieder werden!»

Adam nannte seine Frau Eva, denn sie sollte die Mutter aller Menschen werden. Und Gott machte für den Menschen und seine Frau Kleider aus Fellen.

Dann sagte Gott: «Nun weiss der Mensch, was gut und was schlecht ist. Es darf nicht sein, dass er auch noch vom Baum des Lebens isst. Sonst wird er ewig leben!» Und er schickte den Menschen aus dem Garten Eden weg, damit er den Ackerboden bearbeite, aus dem er gemacht war. So trieb Gott die Menschen hinaus und stellte östlich von Eden die Engel und ein flammendes Schwert als Wächter auf. Denn niemand sollte zum Baum des Lebens gelangen können. Und so blieb das Paradies für alle Menschen verschlossen bis heute.

*Genesis (1. Mose) 2,4b–9.15–23.25–3,14.16–24*

# Der erste Mensch 2

Am Anfang lebte auf der Erde kein Mensch. Stellt euch vor, nur die Natur mit all ihren Tieren und Pflanzen – aber kein Mensch. Nirgendwo auf der grossen, weiten Erde, nicht ein einziger Mensch. Allah wollte aber Menschen erschaffen, Wesen, die sich von Pflanzen und Tieren darin unterscheiden, dass sie einen freien Willen haben. Die erste Seele, die einen Körper bekam, war Adam. Er stellte Adam den Engeln vor und sprach zu ihnen: «Ich möchte auf der Erde einen Stellvertreter für mich schaffen, und ich möchte, dass ihr dieses Wesen ehrt, indem ihr euch vor ihm verneigt.»

Der Teufel jedoch weigerte sich, vor Adam niederzufallen: «Adam wurde aus Erde geschaffen, ich aber aus Feuer! Feuer ist viel mächtiger als Erde!», schrie er. So wehrte er sich gegen den Willen Allahs und wurde einer, der Allah in allem widerspricht, ein Widersacher und Glaubensverweigerer.

Allah wollte das höhere Wissen Adams den anderen Engeln zeigen und lehrte ihn alle Namen. Denn wenn der Mensch etwas sieht, egal ob Tier oder Blume, Stein oder Stern, ja sogar die Wolken, er will sofort wissen, wie alles heisst. Allah fragte Adam nach den Namen von allen Dingen, und Adam wusste alle Namen, ohne zu zögern. Nach dieser Prüfung brachte Allah Adam ins Paradies.

Dort lebte er und ass von den Obstbäumen, die voller Früchte hingen, soviel er wollte. Er trank aus den Flüssen und Bächen und führte ein sehr schönes Leben, ohne Kummer und Sorgen. So glücklich wie er ist nie ein Mensch auf Erden gewesen.

Eines Tages sah Allah, dass Adam etwas bedrückte. Seine Einsamkeit machte Ihn sehr traurig. Um seine Einsamkeit zu beenden, erschuf Allah eine Frau. Eines Nachts, als sich Adam unter einen Baum gelegt hatte und fest schlief, gab Allah ihm eine Frau. Sie stand neben Adam, während er schlief; und als er aufwachte, schaute er sie an und wunderte sich, dass eine Frau, ein Mensch wie er, neben ihm stand. Sie hatte ein Gesicht wie er, ja sogar Hände und Füsse. Sie ging wie er nicht auf allen Vieren, da war seine Freude gross: «Wer bist du? Wie heisst du?», fragte er.

Die Frau, die Adam auch zum ersten Mal sah, sagte: «Ich bin eine Frau, aber meinen Namen weiss ich nicht.» Adam nannte sie Hawwa, das heisst auf deutsch Eva.

Jetzt war Adam nicht mehr allein. Von nun an lebten Adam und Hawwa gemeinsam im Paradies und waren sehr glücklich miteinander. Sie assen und tranken, was sie sich wünschten. Von Hunger und Not wussten sie nichts. Sie hatten weder Sorgen noch Kummer. Ein schöneres Leben konnten sie sich gar nicht wünschen.

Eines Tages sagte Allah zu Adam: «Adam, du und deine Frau, verweilt im Paradies, esst reichlich von allem, was ihr wollt, aber nähert euch nicht diesem einen Baum, dem Baum der Erkenntnis, sonst werdet ihr Ungerechte sein.»

Der Teufel belauschte dieses Gespräch und überlegte sich, wie er Adam und Hawwa in seine Falle locken könnte. Einmal wagte er es, Adam und Hawwa sehr nahe zu kommen, und er sprach sie an: «Adam, soll ich dir den Baum der Erkenntnis und unermesslichen Reichtum zeigen?» Einmal flüsterte er ganz leise zu ihnen: «Wisst ihr, warum Allah euch den Baum verboten hat? Wenn ihr von seinen Früchten esst, dann bleibt ihr für immer im Paradies, ja ihr werdet wie Allah selbst sein. Nun kommt und überlegt euch, was ich sage, esst von seinen Früchten!»

Da wurde Adam sehr wütend und sagte: «Geh fort von hier, du willst uns nur verführen. Allah zu gehorchen, ist unsere einzige Aufgabe.»

Durch die unendlichen Versuchungen des Teufels jedoch begannen Adam und Hawwa zu zweifeln: «Hat er vielleicht doch recht?», dachten sie. Ihre Zweifel trieben sie dem verbotenen Baum immer näher. Und schliesslich assen sie von den Früchten.

Nachdem sie gegessen hatten, wurden sie sich ihrer Nacktheit bewusst und versuchten aus Scham, sich mit grossen Blättern zu bedecken. Sie waren verwirrt und ratlos. Sie begriffen plötzlich ihre Tat. Sie hatten von den verbotenen Früchten gegessen und sich dem Willen Allahs widersetzt. Beide schämten sich, denn sie wussten, dass Allah alles sehen und hören konnte.

Allah sprach zu Adam: «Adam, warum flüchtest du vor mir?!»

«Nein, mein Herr, ich flüchte nicht vor Dir. Ich schäme mich nur wegen meiner schändlichen Tat», gab Adam Ihm in grosser Angst zur Antwort. Und sie baten Ihn: «O Allah, verzeih uns, sei uns gnädig, wir haben uns selbst geschadet. Wenn Du uns unsere Tat nicht verzeihst, dann kann uns keiner helfen.» So flehten sie Allah an und weinten Tag und Nacht. Sie baten Allah inständig um Vergebung.

Allah, der die Gebete der Menschen erhört, sprach zu ihnen: «Als Zeichen Meiner Gnade habe Ich euch das Paradies gegeben und euch alles zu Füssen gelegt. Ihr aber habt Mein Gebot missachtet und vom verbotenen Baum gegessen. Jetzt schicke Ich euch auf die Erde hinunter. Dort werdet ihr viele Probleme und Sorgen haben. Auf der Erde müsst ihr für euren Lebensunterhalt selbst sorgen und arbeiten.»

*Aus «Qur'anische Geschichten»*

# 3  Der Steinhauer

Es war einmal ein Mann, der Steine aus dem Felsen herausschlug. Seine Arbeit war sehr schwer, und er arbeitete viel, doch sein Lohn war gering, und zufrieden war er nicht. Er seufzte über die Last seiner Arbeit und rief: «Ach, wäre ich doch so reich, um auf einer Bambusbank unter einem Moskitonetz von roter Seide zu ruhen!»

Da kam ein Engel vom Himmel und sprach: «Du sollst sein, was du gewünscht hast!»

Und er wurde reich. Er ruhte auf einer Bambusbank, und das Moskitonetz war von roter Seide.

Der König des Landes aber zog vorbei mit Reitern vor seinem Wagen. Auch hinter dem Wagen waren Reiter, und man hielt den goldenen Sonnenschirm über den König.

Als der reiche Mann das sah, ärgerte er sich darüber, dass über seinem Kopf kein goldener Sonnenschirm gehalten wurde, und zufrieden war er nicht. Er seufzte und rief: «Ich wünschte König zu sein!»

Da kam ein Engel vom Himmel und sprach: «Du sollst sein, was du gewünscht hast!»

Und er wurde König. Vor seinem Wagen ritten viele Reiter, und auch hinter dem Wagen ritten Reiter, und über seinem Haupt hielt man den goldenen Sonnenschirm.

Die Sonne aber schien mit heissen Strahlen und verbannte das Erdreich, dass der Graswuchs verdorrte. Und der König beklagte sich, dass die Sonne ihm das Gesicht verbrenne und Macht über ihn habe, und zufrieden war er nicht. Er seufzte und rief: «Ich wünschte die Sonne zu sein!»

Da kam ein Engel vom Himmel und rief: «Du sollst sein, was du gewünscht hast!»

Und er wurde die Sonne. Er sandte seine Strahlen nach oben und unten, nach rechts und links und überall hin. Er verbrannte den Graswuchs auf der Erde und das Gesicht der Fürsten, die auf der Erde lebten.

Eine Wolke aber stellte sich zwischen die Erde und ihn, und die Strahlen der Sonne prallten von ihr ab. Und er wurde zornig, dass seiner Macht Widerstand geleistet wurde, und beklagte sich, dass diese Wolke

Macht über ihn hatte, und zufrieden war er nicht. Er wollte die Wolke sein, die so mächtig war.

Da kam ein Engel vom Himmel und sprach: «Du sollst sein, was du gewünscht hast!»

Er wurde eine Wolke und stellte sich zwischen Sonne und Erde und fing die Strahlen auf, dass das Gras grün wurde. Die Wolke regnete in grossen Tropfen auf das Erdreich und liess die Flüsse anschwellen. Sie verwüsteten mit ihren Wassergüssen das Feld, und sie fielen nieder auf einen Felsen, der nicht wich. Sie klatschten in Strömen auf ihn herab; der Felsen wich nicht. Die Wolke wurde zornig, dass der Felsen nicht weichen wollte und dass die Wucht ihrer Ströme vergeblich war, und zufrieden war sie nicht. Sie rief: «Diesem Felsen ist Macht über mich gegeben. Ich wünschte, ich wäre dieser Felsen!»

Da kam ein Engel vom Himmel und sprach: «Du sollst sein, was du gewünscht hast!»

Und er wurde ein Felsen und bewegte sich nicht, wenn die Sonne schien, und nicht, wenn es regnete. Da kam ein Mann mit Hacke und schwerem Hammer, der Steine aus dem Felsen schlug. Und der Felsen sagte: «Was heisst das, dass dieser Mann Macht über mich hat und Steine aus meinem Schoss schlägt?» Und zufrieden war er nicht. Er rief: « Ich bin schwächer als er, ich wünschte, ich wäre dieser Mann!»

Da kam ein Engel vom Himmel und sprach: « Du sollst sein, was du gewünscht hast!»

Und er wurde wieder Steinhauer, hieb seine Steine aus dem Felsen in mühsamer Arbeit und arbeitete schwer für geringen Lohn, und er war zufrieden.

*Märchen aus Japan*

# 4  Der Tod und der Gänsehirt

Einmal kam der Tod über den Fluss, wo die Welt beginnt. Dort lebte ein armer Hirt, der eine Herde weisser Gänse hütete. «Du weisst, wer ich bin, Kamerad?», fragte der Tod.

«Ich weiss, du bist der Tod. Ich habe dich auf der anderen Seite hinter dem Fluss oft gesehen.»

«Du weisst, dass ich hier bin, um dich zu holen und dich mitzunehmen auf die andere Seite des Flusses.»

«Ich weiss. Aber das wird noch lange sein.»

«Oder es wird nicht lange sein. Sag, fürchtest du dich nicht?»

«Nein», sagte der Hirt. «Ich habe immer über den Fluss geschaut, seit ich hier bin. Ich weiss, wie es dort ist.»

«Gibt es nichts, was du mitnehmen möchtest?»

«Nichts, denn ich habe nichts.»

«Nichts, worauf du hier noch wartest?»

«Nichts, denn ich warte auf nichts.»

«Dann werde ich jetzt weitergehen und dich auf dem Rückweg holen. Brauchst du noch etwas, wünscht du dir noch was?»

«Brauche nichts, hab' alles», sagte der Hirt. «Ich habe eine Hose und ein Hemd und ein Paar Winterschuhe und eine Mütze. Ich kann Flöte spielen, das macht mich lustig. Meine Gänse verstehen nicht viel von Musik.»

Als dann der Tod nach langer Zeit wiederkam, gingen viele hinter ihm her, die er mitgebracht hatte, um sie über den Fluss zu führen. Da war ein Reicher dabei, ein Geizhals, der zeit seines Lebens wertvolles und wertloses Zeug an sich gerafft hatte: Klamotten, auch Gold und Aktien und fünf Häuser mit etlichen Etagen. Der Mann jammerte und zeterte: «Noch fünf Jahre, nur noch fünf Jahre hätte ich gebraucht, und ich hätte noch fünf Häuser mehr gehabt. So ein Unglück, so ein Unglück, verfluchtes!» Das war schlimm für ihn.

Ein Rennfahrer war unter ihnen, der zeit seines Lebens trainiert hatte, um den Grossen Preis zu gewinnen. Fünf Minuten hätte er noch gebraucht bis zum Sieg. Da erwischte ihn der Tod.

Ein Berühmter war dabei, dem ein Orden gefehlt hatte, nur ein einziger Orden, für den er Jahre aufgewendet hatte, da holte ihn der Bruder Tod. Das war schlimm für ihn.

Dann war da ein junger Mensch, der hatte an seiner Braut gehangen, denn sie waren ein Liebespaar gewesen, und keiner konnte ohne den anderen leben.

Ein schönes Fräulein war dabei mit langen Haaren. Und viele Reiche, die jetzt nichts mehr besassen, und noch mehr Arme, die jetzt auch nicht das besassen, was sie gerne hätten haben wollen.

Ein alter Mann war freiwillig mitgegangen. Aber auch er war nicht froh, denn siebzig Jahre waren vergangen, ohne dass er das bekommen hatte, was er hatte haben wollen. Schlimm für sie alle.

Als sie an den Fluss kamen, wo die Welt aufhört, sass dort der Hirt. Und als der Tod ihm die Hand auf die Schulter legte, stand er auf, ging mit über den Fluss, als wäre nichts, und die andere Seite hinter dem Fluss war ihm nicht fremd. Er hatte Zeit genug gehabt, hinüberzuschauen, er kannte sich hier aus. Auch die Töne waren noch da, die er immer auf der Flöte gespielt hatte; er war sehr fröhlich. Das war schön für ihn.

Was mit den Gänsen geschah? Ein neuer Hirt kam.

*Nach Motiven eines Märchens aus der Sammlung der Gebrüder Grimm neu erzählt von Janosch*

# 5  Der Yogi und der Skorpion

Ein Yogi sass am Ufer des Ganges und meditierte. Als er die Augen öffnete, sah er einen Skorpion, der ins Wasser gefallen war und verzweifelt um sein Leben kämpfte. Voll Erbarmen streckte der Yogi seine Hand ins Wasser und legte den Skorpion ans Ufer; der aber stach seinen Retter, und es schmerzte ihn sehr.

Nach einer Weile, als er von Neuem die Augen öffnete, sah der Yogi den Skorpion, der ein zweites Mal ins Wasser geglitten war und zu ertrinken drohte. Und wiederum rettete er das Tier, und das Tier stach ihn so heftig, dass der Yogi aufschrie.

Als sich der Vorgang ein drittes Mal wiederholte, konnte ein Bauer, der alles vom Wegrand her beobachtet hatte, nicht länger an sich halten. Verwundert rief er: «Maharaj, warum hilfst du der elenden Kreatur immer wieder, wenn du als Dank nur schmerzhafte Stiche erntest?»

«Wir beide folgen doch nur unserer Natur», antwortete der Yogi. «Es liegt in der Natur des Skorpions zu stechen und in meiner, Barmherzigkeit zu üben.»

*Nach Ramakrishna*

# 6  Die drei Fragen

Es dachte einmal ein König, nichts könnte ihm missglücken, wenn er nur immer die Zeit wüsste, in der er ein Werk zu beginnen habe; und wenn er immer wüsste, mit welchen Menschen er sich einlassen solle und mit welchen nicht; und wenn er immer wüsste, welches von allen Werken das wichtigste sei. Der König rief eine hohe Belohnung aus für denjenigen, der ihm diese Fragen beantworten konnte.

Es kamen viele gelehrte Frauen und Männer zum König und gaben ihm alle möglichen Antworten auf seine Fragen. Aber alle Antworten waren verschieden, keine einzige passte dem König, keine einzige von ihnen, und er belohnte niemanden. Um aber doch noch Antworten auf seine Fragen zu erhalten, entschloss er sich, einen Einsiedler zu befragen, dessen Weisheit überall gelobt wurde. Der Einsiedler lebte im Wald, verliess seine Wohnstätte nie und empfing nur einfache Leute. Darum zog der König ein schlichtes Gewand an, stieg vom Pferd weit vor der Klause des Einsiedlers, liess sein Gefolge zurück und ging allein durch den Wald. Als der König sich dem Einsiedler näherte, grub dieser vor seiner Hütte die Beete um. Er erblickte den König, begrüsste ihn und grub ruhig weiter. Er war mager und schwach und keuchte schwer, während er den Spaten in die Erde stiess und die kleinen Schollen umwandte.

Der König trat an ihn heran und sprach: «Ich bin zu dir gekommen, weiser Einsiedler, um dich zu bitten, mir drei Fragen zu beantworten: Welches ist die Zeit, die man einhalten muss und nicht versäumen darf, um hinterher nichts bereuen zu müssen? – Welche Leute sind die unentbehrlichsten? Mit welchen Leuten muss man sich also mehr, mit welchen weniger befassen? – Welche Werke sind die Wichtigsten, und welches von allen Werken muss daher zuerst getan werden?»

Der Einsiedler hörte dem König zu, antwortete aber nicht. Er spuckte in die Hände und begann wieder zu arbeiten.

«Du bist erschöpft», sagte der König, «gib mir den Spaten.»

«Danke», erwiderte der Einsiedler, reichte dem König den Spaten und setzte sich auf die Erde nieder.

Als der König zwei Beete umgegraben hatte, hielt er inne und wiederholte seine Fragen. Der Einsiedler antwortete nicht, stand auf und streckte die Hände nach dem Spaten aus: «Jetzt ruhe du, ich will nun …»

Der König aber gab den Spaten nicht her und fuhr fort zu graben. Es verging eine Stunde, eine zweite, und es war schon später Nachmittag. Da steckte der König den Spaten in die Erde und sagte: «Ich bin zu dir gekommen, weiser Mann, um auf meine Fragen eine Antwort zu erhalten. Wenn du nicht antworten kannst, so sag es doch, dann will ich nach Hause gehen.»

«Sieh einmal, da kommt jemand gelaufen», sprach der Einsiedler, «lass sehen, wer das ist.»

Der König sah, dass wirklich aus dem Wald ein bärtiger Mann gelaufen kam. Der hielt mit den Händen den Bauch, und zwischen den Fingern sickerte Blut hervor. Als er bis zum König gelangt war, fiel er zu Boden, lag unbeweglich da und ächzte leise. Der König und der Einsiedler öffneten die Kleider des Mannes. In seinem Leib war eine tiefe Wunde. Der König wusch sie, so gut er konnte, und verband sie mit seinem Taschentuch und mit einem Handtuch des Einsiedlers. Aber das Blut hörte nicht auf zu strömen, und der König nahm zu wiederholten Malen den mit warmem Blut durchtränkten Verband ab, wusch die Wunde von Neuem und verband sie wieder. Als das Blut endlich gestillt war, bat der Verwundete um Wasser. Der König trug frisches Wasser herbei und gab dem Verwundeten zu trinken.

Inzwischen war die Sonne untergegangen, und es war kühl geworden. Mit Hilfe des Einsiedlers trug der König den Verwundeten in die Hütte und legte ihn aufs Bett. Der Verwundete schloss die Augen und wurde still. Der König aber war so ermüdet, dass er noch auf der Schwelle der Hütte ebenfalls einschlief, und zwar so fest, dass er die ganze kurze Sommernacht verschlief. Als er am Morgen erwachte, konnte er lange nicht bergreifen, wo er war und wer dieser sonderbare bärtige Mann war, der auf dem Lager ausgestreckt lag und ihn pausenlos mit leuchtenden Augen ansah.

«Verzeih mir», sprach der bärtige Mann mit schwacher Stimme, als er bemerkte, dass der König erwacht war und ihn anblickte.

«Ich kenne dich nicht und habe dir nichts zu verzeihen», erwiderte der König.

«Du kennst mich nicht, aber ich kenne dich. Ich bin dein Feind, jener Feind, der geschworen hat, an dir Rache zu nehmen, weil du meinen Bruder hingerichtet und meine Güter genommen hast. Ich habe dich töten wollen, und du hast mir das Leben gerettet. Von nun an, wenn ich am Leben bleibe und wenn es dir recht ist, will ich dir als dein treuester Untertan dienen, und auch meinen Söhnen will ich das zu tun befehlen. Verzeih mir!»

Der König war sehr froh darüber, dass es ihm so leicht gelungen war, sich mit seinem Feind zu versöhnen, und er verzieh ihm nicht nur, sondern versprach auch, ihm seine Güter zurückzugeben und ihm ausserdem seine Diener und seinen Arzt zu schicken. Als er sich von dem Verwundeten verabschiedet hatte, trat der König hinaus vor die Hütte und suchte mit seinen Augen den Einsiedler. Er war draussen bei den Beeten, die er gestern umgegraben hatte, kniete am Boden und säte Gemüsesamen.

Der König trat an ihn heran und sprach: «Zum letzten Mal, du weiser Mann, bitte ich dich, meine Fragen zu beantworten!»

«Aber du hast deine Antwort schon bekommen!», erwiderte der Einsiedler. Er richtete sich auf und sah den König an.

«Ich sollte Antwort bekommen haben?», fragte der König.

«Natürlich», erwiderte der Einsiedler. «Hättest du gestern nicht Mitleid mit mir gehabt und diese Beete umgegraben, sondern wärst du enttäuscht zurückgegangen, so hätte dieser Mann dich überfallen, und du hättest bereut, dass du nicht bei mir geblieben bist. Somit war die richtige Zeit jene, als du die Beete umgrubst, und ich war der wichtigste Mann, und das wichtigste Werk war, mir Gutes zu tun.

Dann, als jener Mann angelaufen kam, war die wichtigste Zeit, ihn zu pflegen, denn sonst wäre er verblutet, ohne dass er sich mit dir versöhnt hätte. Er war für dich der wichtigste Mensch, und das, was du ihm getan hast, war das wichtigste Werk.

Merke dir, die wichtigste Zeit ist nur eine: der Augenblick. Nur über ihn haben wir Gewalt. Der unentbehrlichste Mensch ist der, mit dem uns der Augenblick zusammenführt; denn niemand kann wissen, ob er noch je mit einem anderen zu tun haben wird. Das wichtigste Werk ist, ihm Gutes zu erweisen; denn nur dazu wurde der Mensch ins Leben gesandt.»

*Nach Leo Tolstoi*

# 7 Die drei Spinnerinnen

Ein Mädchen war faul und wollte nicht spinnen. Die Mutter konnte sagen, was sie wollte, sie konnte es nicht dazu bringen. Einmal wurde die Mutter so zornig, dass sie ihm Schläge gab, worauf es laut zu weinen anfing. Nun fuhr gerade die Königin vorbei, und als sie das Weinen hörte, liess sie anhalten, trat in das Haus und fragte die Mutter, warum sie ihre Tochter schlage, so dass man draussen auf der Strasse das Schreien hörte.

Da schämte sich die Frau, vor der Königin die Faulheit ihrer Tochter zuzugeben, und sprach: «Ich kann sie nicht vom Spinnen abbringen, sie will immer und ewig spinnen, und ich bin arm und kann den Flachs nicht herbeischaffen.»

Da antwortete die Königin: «Ich höre nichts lieber als spinnen und bin nicht vergnügter, als wenn die Räder schnurren. Gebt mir Eure Tochter mit ins Schloss, ich habe Flachs genug, da soll sie spinnen, soviel sie Lust hat.»

Der Mutter fiel ein Stein vom Herzen, war sofort einverstanden, und die Königin nahm das Mädchen mit. Als sie ins Schloss gekommen waren, führte sie es hinauf zu drei Kammern, die von unten bis oben gefüllt waren mit schönstem Flachs. «Nun spinn mir bitte diesen Flachs», sprach sie, «und wenn du es fertigbringst, so sollst du meinen ältesten Sohn zum Gemahl haben; denn wenn du fleissig bist, spielt es für mich keine Rolle, ob du arm bist.»

Das Mädchen erschrak innerlich, denn es konnte den Flachs nicht spinnen, auch wenn es dreihundert Jahre jeden Tag vom Morgen bis Abend dagesessen hätte. Und als es allein war, fing es an zu weinen und wartete drei Tage, ohne die Hand zu rühren. Am dritten Tag kam die Königin, und als sie sah, dass noch nichts gesponnen war, wunderte sie sich, aber das Mädchen entschuldigte sich damit, dass es aus grossem Heimweh noch nicht hätte anfangen können. Das liess sich die Königin gefallen, sagte aber beim Weggehen: «Morgen musst du mir anfangen zu arbeiten.»

Als das Mädchen wieder allein war, wusste es sich nicht mehr zu raten und zu helfen und trat in seiner Betrübnis vor das Fenster. Da sah es drei alte Frauen herkommen, davon hatte die erste einen breiten Plattfuss, die zweite hatte eine so grosse Unterlippe, dass sie über das Kinn herunterhing, und die dritte hatte einen breiten Daumen. Die blieben vor dem Fenster stehen, schauten hinauf und fragten das Mädchen, was ihm fehlte. Es klagte ihnen seine Not, da boten sie ihm ihre Hilfe an und sprachen: «Willst du uns zur Hochzeit einladen, dich nicht über unser Aussehen schämen, uns deine Tanten nennen und uns an deinen Tisch setzen, so wollen wir dir den Flachs wegspinnen, und das in kurzer Zeit.»

«Von Herzen gern», antwortete es, «kommt nur herein und fangt gleich mit der Arbeit an.»

Da liess es die drei seltsamen Frauen herein und machte in der ersten Kammer eine Lücke, wo sie sich hinsetzten und mit dem Spinnen anfingen. Die eine zog den Faden und trat das Rad, die andere netzte den Faden, die dritte drehte ihn und schlug mit dem Finger auf den Tisch, und sooft sie schlug, fiel eine bestimmte Zahl Garn zur Erde, das sehr fein gesponnen war. Vor der Königin verbarg sie die drei Spinnerinnen und zeigte ihr, sooft sie kam, die Menge des gesponnenen Garns, dass diese des Lobes kein Ende fand.

Als die erste Kammer leer war, ging's an die zweite, endlich an die dritte, und die war auch bald aufgeräumt. Nun nahmen die drei Frauen Abschied und sagten zum Mädchen: «Vergiss nicht, was du uns versprochen hast, es wird dein Glück sein.»

Als das Mädchen der Königin die leeren Kammern und den grossen Haufen Garn zeigte, richtete sie die Hochzeit aus, und der Bräutigam freute sich, dass er eine so geschickte und fleissige Frau bekäme, und lobte sie gewaltig.

«Ich habe drei Tanten», sprach das Mädchen, «und da sie mir viel Gutes getan haben, so möchte ich sie nicht gern in meinem Glück vergessen. Erlaubt doch, dass ich sie zu der Hochzeit einlade und dass sie mit an dem Tisch sitzen.»

Die Königin und der Bräutigam sprachen: «Warum sollen wir das nicht erlauben?»

Als nun das Fest anfing, traten die drei Spinnerinnen in seltsamen Kleidern herein, und die Braut sprach: «Seid willkommen, liebe Tanten.»

«Ach», seufzte der Bräutigam, «was sind denn das für komische Leute?» Darauf ging er zu der einen mit dem breiten Plattfuss und fragte: «Wovon habt Ihr einen solchen breiten Fuss?»

«Vom Treten», antwortete sie, «vom Treten.»

Vom Anfang und Ende der Welt

Da ging der Bräutigam zur zweiten und sprach: «Wovon habt Ihr nur die herunterhängende Lippe?»

«Vom Faden anfeuchten, vom Faden anfeuchten», antwortete sie.

Da fragte er die dritte: «Wovon habt Ihr den breiten Daumen?»

«Vom Fadendrehen», antwortete sie, «vom Fadendrehen.»

Da erschrak der Königssohn und sprach: «So soll mir nun meine schöne Braut ja nie mehr ein Spinnrad anrühren.»

Und damit war sie das böse Flachsspinnen los.

*Aus der Sammlung der Gebrüder Grimm*

# 8 Die Erschaffung der Welt

Am Anfang schuf Gott Himmel und Erde. Die Erde war noch leer und öde, und sie war vollständig bedeckt von Dunkelheit und Wasser. Über den stürmischen und chaotischen Fluten schwebte Gottes Geist.

Da sprach Gott: «Es werde Licht!», und das Licht strahlte auf. Und Gott sah das Licht an: Es war gut. Dann trennte Gott das Licht von der Dunkelheit und nannte das Licht Tag, die Dunkelheit Nacht. Es wurde Abend und wieder Morgen: der erste Tag.

Dann sprach Gott: «Im Wasser soll ein Gewölbe entstehen, eine Scheidewand zwischen den Wassermassen!» So geschah es: Gott machte ein Gewölbe und trennte so das Wasser unter dem Gewölbe von dem Wasser, das darüber war. Und Gott nannte das Gewölbe Himmel. Es wurde Abend und wieder Morgen: der zweite Tag.

Dann sprach Gott: «Das Wasser unter dem Himmelsgewölbe soll sich an einer Stelle sammeln, damit das Land hervortritt!» So geschah es. Und Gott nannte das Land Erde, die Sammlung des Wassers nannte er Meer. Und Gott sah das alles an: Es war gut. Dann sprach Gott: «Die Erde lasse frisches Grün aufspriessen, Pflanzen und Bäume von jeder Art, die Samen und samenhaltige Früchte tragen!» So geschah es: Die Erde brachte frisches Grün hervor, Pflanzen jeder Art mit ihren Samen und alle Arten von Bäumen mit samenhaltigen Früchten. Und Gott sah das alles an: Es war gut. Es wurde Abend und wieder Morgen: der dritte Tag.

Dann sprach Gott: «Am Himmel sollen Lichter entstehen, die Tag und Nacht voneinander scheiden, leuchtende Zeichen, um die Zeiten zu bestimmen: Tage und Feste und Jahre. Sie sollen am Himmelsgewölbe leuchten, damit sie der Erde Licht geben!» So geschah es: Gott machte zwei grosse Lichter, ein grösseres, das den Tag beherrscht, und ein kleineres für die Nacht, dazu auch das ganze Heer der Sterne. Und Gott sah das alles an: Es war gut. Es wurde Abend und wieder Morgen: der vierte Tag.

Dann sprach Gott: «Das Wasser soll von Leben wimmeln, und in der Luft sollen Vögel fliegen!» So schuf Gott das Meerungeheuer und alle Arten von Wassertieren, ebenso jede Art von Vögeln und geflügelten Tieren. Und Gott sah das alles an: Es war gut. Und Gott segnete seine Geschöpfe und sagte: «Seid fruchtbar, vermehrt euch und füllt die Meere, und ihr Vögel, vermehrt euch auf der Erde!» Es wurde Abend und wieder Morgen: der fünfte Tag.

Dann sprach Gott: «Die Erde soll Leben hervorbringen: alle Arten von Vieh und wilden Tieren und alles, was auf der Erde kriecht.» So geschah es. Gott machte die wilden Tiere und das Vieh und alles, was auf dem Boden kriecht, alle die verschiedenen Arten. Und Gott sah das alles an: Es war gut. Dann sprach Gott: «Nun wollen wir Menschen machen, Wesen aus Fleisch und Blut, die ein Abbild von Gott sind! Sie sollen Macht haben über die Fische im Meer, über die Vögel in der Luft, über das Vieh und alle Tiere auf der Erde über alles, was auf dem Boden kriecht.» So schuf Gott die Menschen nach seinem Bild, als Gottes Ebenbild schuf er sie, und er schuf sie als Mann und als Frau. Und Gott segnete die Menschen und sagte zu ihnen: «Seid fruchtbar und vermehrt euch! Füllt die ganze Erde und nehmt sie in Besitz! Ich setze euch über die Fische im Meer, die Vögel in der Luft und alle Tiere, die auf der Erde leben, und vertraue sie eurer Fürsorge an.» Weiter sagte Gott zu den Menschen: «Als Nahrung gebe ich euch die Samen der Pflanzen und die Früchte, die an den Bäumen wachsen, überall auf der ganzen Erde. Den Landtieren aber und den Vögeln und allem, was auf dem Boden kriecht, allen Geschöpfen, die den Lebenshauch in sich tragen, weise ich Gräser und Blätter zur Nahrung zu.» So geschah es. Und Gott sah alles an, was er geschaffen hatte, und sah: Es war alles sehr gut. Es wurde Abend und wieder Morgen: der sechste Tag.

So entstanden Himmel und Erde mit allem, was lebt. Am siebten Tag hatte Gott sein Werk vollendet und ruhte von all seiner Arbeit aus. Und Gott segnete den siebten Tag und erklärte ihn zu einem heiligen Tag, der ihm gehört.

*Genesis (1. Mose) 1,1–16.18b–2,3a*

# 9 Die Erschaffung der Erde

Am Anfang, als es nur das grosse Meer gab, flogen Kaira Khan und ein Mensch über das Wasser. Kaira Khan war ein Gott. Der Mensch jedoch hielt sich für etwas Besseres und neckte Kaira Khan. Er bespritzte ihn mit Wasser und tauchte in die Wellen. So wollte er zeigen, wie mutig und mächtig er war. Doch als der Mensch durch eine besonders grosse Welle tauchte, verlor er das Bewusstsein und wäre fast ertrunken. Aber Kaira Khan rettete ihn und schuf einen Felsen im Meer.

Sie setzten sich darauf und ruhten sich aus. Der Gott sah, dass der Mensch im Wasser nicht leben konnte. Er beschloss darum, für ihn noch mehr Land zu schaffen. Er befahl ihm, noch einmal in das Wasser zu tauchen und Sand vom Grunde des Meeres zu holen. Doch der Mensch traute dem Gott nicht und versteckte etwas Sand in seinem Mund, damit er sein eigenes Land schaffen konnte.

Kaira Khan liess aus dem Sand, den der Mensch aus dem Meer geholt hatte, Inseln entstehen. Die Inseln wurden schnell grösser und bald entstand daraus Land, auf dem der Mensch leben konnte.

Doch der Mensch hatte ja noch den Sand im Mund, den er vor dem Gott verstecken wollte. Auch dieser Sand wurde mehr und mehr und der Mensch drohte daran zu ersticken. Da befahl ihm Kaira Khan, den Sand auszuspucken. Daraus wurden grosse Berge. Sie ragten nun da auf, wo vorher fruchtbares, ebenes Land gewesen war. Kaira Khan sprach zu dem Menschen: «Du wolltest mich betrügen. Das ist eine Sünde. Deshalb soll dein Name Erlik sein. Alle Menschen, die Sünden begehen, sollen dein Volk sein und mit dir auf der Erde leben. Die anderen, die keine Sünden begehen, werden bei mir wohnen.»

So geschah es. Und Kaira Khan liess zum Schluss auf einem Hügel einen grossen Baum wachsen. Unter diesem Baum wohnten Törungey und Eje, von denen alle heutigen Menschen abstammen.

*Aus der Türkei*

# Die Sorge erschafft den Menschen 10

Einst ging die Göttin Sorge über den Fluss. Gedankenverloren nahm sie ein Stück der tonhaltigen Erde am Flussufer in ihre Hände und begann es zu formen. Es entstand in ihren Fingern eine Gestalt.

Das bemerkte der Gott Jupiter. Sorge bat ihn, dem geformten Stück Lehm Geist einzugeben und Jupiter erfüllt diesen Wunsch.

Daraufhin wollte Sorge ihrer tönernen Form einen Namen geben. Das allerdings wurde ihr von Jupiter verboten, denn er selbst wollte das geformten Stück Lehm benennen.

Da nun die beiden in Streit gerieten, erhob sich Tellus, die grosse Erdgöttin und forderte, dass es ihr allein zustünde, der Lehmfigur einen Namen zu geben. Denn es sei ja ein Stück von ihr selbst, das Sorge geformt und Jupiter mit Geist versehen habe.

Die drei Streitenden nahmen sich den Gott Saturn zum Richter, der Sohn der Erdgöttin Tellus und des Jupiter. Saturn fällte folgende Entscheidung: «Du, Jupiter, wirst bei seinem Tod den Geist dieses tönernen Wesens empfangen, weil du ihm Geist verliehen hast. Du, Tellus, wirst mit seinem Tod seinen Körper wieder bekommen, weil du ihm den Körper gegeben hast. Weil aber Sorge dieses Wesen gebildet hat, so soll sie ihr Geschöpf besitzen, solange es lebt.»

Und so kam es, dass Körper und Geist während des Lebens zusammengehören und von der Göttin Sorge begleitet werden. Und so kam es auch, dass sie erst im Tod, wenn sie wieder getrennt werden, die Sorge nicht mehr brauchen.

Da der Streit aber sich am Namen dieses Geschöpfes entzündet hatte, so entschied Saturn, es solle fortan *homo* heissen, da es aus *humus*, also Erde, gemacht worden war.

*Römische Fabel*

# 11 Die Sintflut, Noah und die Arche

Die Menschen begannen sich zu vermehren und sich über die Erde auszubreiten. Doch Gott musste mit ansehen, dass die Menschen auf der Erde böse waren. Sie stahlen und raubten, waren gewalttätig, stritten sich um alles und gönnten einander nichts. Alles, was aus ihrem Herzen kam, ihr ganzes Denken und Planen, war durch und durch böse. Das tat ihm weh, und er bereute, dass er sie erschaffen hatte. Er sagte: «Ich will die Menschen wieder von der Erde ausrotten – und nicht nur die Menschen, sondern auch die Tiere auf der Erde, von den grössten bis zu den kleinsten, und auch die Vögel in der Luft. Es wäre besser gewesen, wenn ich sie gar nicht erst erschaffen hätte.»

Noah war der Einzige, der vor den Augen des Herrn bestehen konnte. Denn im Gegensatz zu den anderen war Noah ein rechtschaffener, durch und durch redlicher Mann; er lebte in enger Verbindung mit Gott. Er hatte drei Söhne: Sem, Ham und Jafet.

Da sagte Gott zu Noah: «Mit den Menschen mache ich ein Ende. Ich will sie vernichten samt der Erde; denn die Erde ist voll von dem Unrecht, das sie tun. Bau dir ein Schiff, eine Arche. Mach sie aus festem Holz und dichte sie innen und aussen mit Pech ab. Im Innern soll sie viele Räume haben. Sie muss 150 Meter lang sein, 25 Meter breit und 15 Meter hoch. Mach oben ein Dach darüber, zieh zwei Zwischendecken ein, sodass es dreistöckig wird, und bring an der Seite eine Tür an. Ich werde eine Flut über die Erde hereinbrechen lassen, in der alles Lebendige umkommen soll. Weder Mensch noch Tier wird mit dem Leben davonkommen.

Mit dir aber schliesse ich meinen Bund. Ich verspreche dir: Du sollst gerettet werden. Geh mit deiner Frau, deinen Söhnen und deinen Schwiegertöchtern in die Arche! Nimm von allen Tieren ein Männchen und ein Weibchen mit, damit sie mit dir gerettet werden. Von jeder Tierart sollst du ein Paar in die Arche bringen, damit sie am Leben bleiben, alle Arten von Landtieren und Vögeln. Nimm jedem Tier sein Futter mit und auch genug zu essen für dich und deine Familie.»

Noah tat alles genau so, wie Gott es ihm befohlen hatte. Und Gott sprach zu Noah: «Noch sieben Tage, dann werde ich es vierzig Tage und Nächte lang ununterbrochen regnen lassen. Alles Leben auf der Erde, das ich geschaffen habe, wird dann ausgelöscht.»

Noah machte alles genau so, wie Gott es befohlen hatte. Noah ging also mit seiner Frau, seinen Söhnen und seinen Schwiegertöchtern in die Arche. Von allen reinen und unreinen Landtieren sowie von allen Vögeln und den am Boden kriechenden Tieren liess er je ein Paar mit sich in die Arche gehen, ein Männchen und ein Weibchen, wie Gott es befohlen hatte.

Sieben Tage später kam die grosse Flut über die Erde. Vierzig Tage und vierzig Nächte lang regnete es von da an in Strömen auf die Erde. Das Wasser stieg an und hob die Arche vom Boden ab. Es stieg immer weiter, und die Arche schwamm jetzt frei auf dem Wasser. Es stieg höher und höher, und schliesslich waren auf der Erde sogar die Berge bedeckt; das Wasser stand sieben Meter über den höchsten Gipfeln. Da starb alles, was auf der Erde lebte und sich regte: Vögel, zahme und wilde Tiere, all die kleinen Tiere, von denen es auf der Erde wimmelte, und alle Menschen. Alles, was Lebensgeist in sich trug und auf dem Land lebte, fand den Tod. So vernichtete der Herr alles Leben auf der Erde, vom Menschen bis zum kriechenden Getier, vom Vieh bis zu den Vögeln. Nur Noah und alle, die bei ihm in der Arche waren, blieben übrig.

Hundertfünfzig Tage lang war das Wasser auf der Erde gestiegen. Da dachte Gott an Noah und an all die Tiere, die bei ihm in der Arche waren. Er liess einen Wind über die Erde wehen, sodass das Wasser fiel. Er liess die Quellen der Tiefe versiegen und schloss die Schleusen des Himmels. So fiel das Wasser nach hundertfünfzig Tagen. Nach weiteren vierzig

Tagen öffnete Noah die Dachluke, die er gemacht hatte, und liess eine Taube fliegen, um zu erfahren, ob das Wasser von der Erde abgeflossen war. Sie fand aber keine Stelle, wo sie sich niederlassen konnte; denn die ganze Erde war noch von Wasser bedeckt. Deshalb kehrte sie zur Arche zurück. Noah streckte die Hand aus und holte sie wieder herein. Er wartete noch einmal sieben Tage, dann liess er die Taube zum zweiten Mal fliegen. Sie kam gegen Abend zurück und hielt einen frischen Ölbaumzweig im Schnabel. Da wusste Noah, dass das Wasser abgeflossen war. Er wartete noch einmal sieben Tage, dann liess er die Taube zum dritten Mal fliegen. Diesmal kehrte sie nicht mehr zurück.

Gott segnete Noah und seine Söhne und sagte zu ihnen: «Seid fruchtbar, vermehrt euch und füllt die ganze Erde! Alle Tiere werden sich vor euch fürchten müssen: die grossen Landtiere, die Vögel, die Tiere, die am Boden kriechen, und die Fische im Meer. Ich übergebe sie euch. Ihr dürft von jetzt an Fleisch essen, nicht nur Pflanzenkost; alle Tiere gebe ich euch als Nahrung. Nur Fleisch, in dem noch Blut ist, sollt ihr nicht essen; denn im Blut ist das Leben. Euer eigenes Blut darf auf keinen Fall vergossen werden. Ich wache darüber und fordere Leben für Leben, vom Tier und erst recht vom Menschen. Weiter sagte Gott zu Noah und zu seinen Söhnen: «Ich schliesse meinen Bund mit euch und mit euren Nachkommen und auch mit allen Tieren, die bei euch in der Arche waren und künftig mit euch auf der Erde leben: Mit den Vögeln, den Landtieren und allen kriechenden Tieren. Ich gebe euch die feste Zusage: Ich will das Leben nicht ein zweites Mal vernichten. Die Flut soll nicht noch einmal über die Erde hereinbrechen. Das ist der Bund, den ich für alle Zeiten mit euch und mit allen lebenden Wesen bei euch schliesse. Als Zeichen dafür setze ich meinen Bogen in die Wolken. Er ist der sichtbare Garant für die Zusage, die ich der Erde mache. Jedes Mal wenn ich Regenwolken über der Erde zusammenziehe, soll der Bogen in den Wolken erscheinen, und dann will ich an das Versprechen denken, das ich euch und allen lebenden Wesen gegeben habe: Nie wieder soll das Wasser zu einer Flut werden, die alles Leben vernichtet. Der Bogen wird in den Wolken stehen, und wenn ich ihn sehe, wird er mich an den ewigen Bund erinnern, den ich mit allen lebenden Wesen auf der Erde geschlossen habe.»

*Genesis (1. Mose) 6,1.5–10.13–24; 7,4–5.7–10.12.17b–8,3.6.8–12; 9,1–5.8–16*

# Frau Holle  12

Eine Witwe hatte zwei Töchter. Die eine war schön und fleissig, die andere war hässlich und faul. Die Witwe hatte die hässliche und faule viel lieber, deshalb musste die andere alle Arbeit tun. Das arme Mädchen musste sich täglich auf die grosse Strasse bei einem Brunnen setzen und so viel spinnen, dass ihr das Blut aus den Fingern sprang. Nun trug es sich zu, dass die Spule einmal ganz blutig war, da bückte sie sich damit in den Brunnen und wollte sie abwaschen; die Spule sprang ihr aber aus der Hand und fiel hinab in die Tiefe. Sie weinte, lief zur Mutter und erzählte ihr das Unglück.

Diese schimpfte heftig und rief ganz wütend: «Hast du die Spule hinunterfallen lassen, so hol sie auch wieder herauf.»

Da ging da Mädchen zum Brunnen zurück, wusste aber gar nicht, was es machen sollte; und in seiner grossen Angst sprang es einfach in den Brunnen hinein, um die Spule zu holen. Es verlor die Besinnung, und als es erwachte und wieder zu sich kam, war es auf einer schönen Wiese, wo die Sonne schien und viele Tausend Blumen blühten. Auf dieser Wiese lief das Mädchen herum und kam zu einem Backofen, der war voll mit Brot, und die Brote riefen: «Zieh uns heraus, zieh und heraus, sonst verbrennen wir. Wir sind schon längst ausgebacken.»

Da trat das Mädchen herzu und holte mit dem Brotschieber alles nacheinander heraus. Danach ging es weiter und kam zu einem Baum, der hing voll Äpfel, und diese riefen: «Ach, schüttle uns, schüttle uns, wir sind schon lange reif.»

Da schüttelte es den Baum, solange bis alle Äpfel heruntergefallen waren. Erst dann ging es weiter.

Schliesslich kam es zu einem kleinen Haus, da schaute eine alte Frau heraus. Sie hatte ein freundliches Gesicht, aber grosse Zähne, so dass es sich ängstigte und fortlaufen wollte.

Die alte Frau aber rief: «Du musst dich nicht fürchten. Mein Name ist Frau Holle. Du kannst bei mir bleiben und mir helfen. Ich bin alt und kann Hilfe gut gebrauchen. Wenn du alle Arbeit im Haus ordentlich tun willst, so soll es dir gutgehen. Du musst nur achtgeben, dass du mein Bett gut machst und es fleissig aufschüttelst, so dass die Federn fliegen, denn dann schneit es in der Welt.»

Weil die alte Frau ihm so gut zusprach, fasste sich das Mädchen ein Herz, willigte ein und blieb bei ihr. Es schüttelte jeden Tag die Bettdecken so stark, dass die Federn wie Schneeflocken umherflogen, und hatte es gut bei Frau Holle. Doch nach einer gewissen Zeit wurde es traurig und wusste anfangs selbst nicht, was ihm fehlte Und obwohl es ihm hier gleich vieltausendmal besser ging als zu Hause, hatte das Mädchen Heimweh und wollte doch nach Hause zur Mutter und zur Schwester. Endlich sagte es: «Ich habe Heimweh, und wenn es mir auch noch so gut hier geht, so kann ich doch nicht länger bleiben, ich möchte wieder nach Hause.»

Frau Holle blickt freundlich und antwortete: «Es gefällt mir, dass du wieder nach Hause willst, aber weil du mir so treu gedient hast, so will ich dich vorher noch belohnen.»

Die alte Frau nahm das Mädchen darauf bei der Hand und führte es vor ein grosses Tor. Das Tor sprang auf, und sobald das Mädchen darunter stand, fiel ein sanfter Goldregen auf es herab, und alles Gold blieb an ihm hängen, sodass es über und über davon bedeckt war. Das Mädchen bedankte sich fröhlich, und beim Abschied gab Frau Holle dem Mädchen auch die Spule wieder, die in den Brunnen gefallen war. Darauf wurde das Tor verschlossen, und das Mädchen befand sich, ohne dass es irgendetwas bemerkt hatte, nicht weit vom Haus seiner Mutter.

Bald kam sie in den Hof, wo der Hahn auf dem Brunnen sass und rief: «Kikeriki, unsere Goldmarie ist wieder hie.»

Da ging die Tochter hinein zur Mutter, und weil sie munter und mit Gold bedeckt ankam, wurde sie von ihrer Mutter und der Schwester mit Freude empfangen. Das Mädchen erzählte alles, was es erlebt hatte.

Als aber die Mutter hörte, wie es zu dem grossen Reichtum gekommen war, wollte sie der anderen, hässlichen und faulen Tochter gerne dasselbe Glück verschaffen. Sie befahl ihr, sich ebenfalls an den Brunnen setzen und zu spinnen, bis ihre Spule blutig wurde. Doch weil sie zu faul zum Spinnen war, stach sie sich in den Finger und stiess sich die Hand in die Dornhecke. Dann warf sie die Spule in den Brunnen und sprang hinein.

Sie kam, wie die andere, auf die schöne Wiese und ging auf demselben Weg weiter wie ihre Schwester zuvor. Als sie zum Backofen gelangte, riefen die Brote: «Zieh uns heraus, zieh und heraus, sonst verbrennen wir. Wir sind schon längst ausgebacken.»

Doch die Faule lief weiter und rief: «Zieht euch doch selbst hinaus, ich bin ja nicht blöd und verbrenne mich.»

Danach ging sie weiter und kam zum Baum mit den Äpfeln und diese riefen: «Ach, schüttle uns, schüttle uns, wir sind schon lange reif.»

Doch das Mädchen lief weiter und rief zurück: «Schüttelt euch besser selbst, ihr fallt mir sonst noch auf den Kopf.»

Schneller als ihre Schwester kam sie daher zum Haus von Frau Holle. Als diese aus dem Fenster schaute, fürchtete sie sich nicht und bat sofort, darum bei ihr bleiben zu können. Am ersten Tag gab sie sich noch Mühe, war fleissig und freundlich, denn sie dachte an das viele Gold, das sie ihr schenken würde. Doch bereits vom zweiten Tag an fing sie mit faulenzen und murren an. Und am dritten Tag kam sie schon gar nicht mehr aus dem Bett und rief, als Frau Holle sie wecken kann: «Mach's doch selbst, Alte, und lass mich schlafen.»

Das wurde Frau Holle bald zu viel, und sie sagte der faulen Tochter, dass sie nun nach Hause gehen könne. Der war das wohl recht, und als Frau Holle sie zum Tor führte, stand sie erwartungsfroh darunter und freute sich auf das viele Gold.

Aber wie erschrak sie, als statt des Goldes ein grosser Kessel voller Pech über ihr ausgeschüttet wurde: «Das ist die Belohnung für deine Dienste», sagte Frau Holle und schloss das Tor zu.

Da musste sie nun ganz mit Pech bedeckt auf den Heimweg, und als der Hahn auf dem Brunnen sie sah, rief er: «Kikeriki, unsere Pechmarie ist wieder hie.»

Das Pech aber blieb fest an ihr hängen und ging nicht mehr ab, solange sie lebte.

*Aus der Sammlung der Gebrüder Grimm*

# 13  Hans im Glück

Hans hatte sieben Jahre bei seinem Herrn gedient, da sprach er zu ihm: «Herr, meine Zeit ist herum, nun möchte ich gerne wieder heim zu meiner Mutter, gebt mir meinen Lohn.»

Der Herr antwortete: «Du hast mir treu und ehrlich gedient; wie der Dienst war, so soll der Lohn sein», und er gab ihm ein Stück Gold, das so gross wie Hansens Kopf war.

Hans zog ein Tüchlein aus der Tasche, wickelte den Klumpen hinein, setzte ihn auf die Schulter und machte sich auf den Weg nach Haus. Wie er so dahinging und immer ein Bein vor das andere setzte, kam ihm ein Reiter in die Augen, der frisch und fröhlich auf einem muntern Pferd vorbeitrabte. «Ach», sprach Hans ganz laut, «wie schön ist doch das Reiten! Da sitzt einer wie auf einem Stuhl, stösst sich an keinen Stein, spart die Schuhe und kommt fort, er weiss nicht wie.»

Der Reiter, der das gehört hatte, hielt an und rief: «Ei, Hans, warum läufst du auch zu Fuss?»

«Ich muss ja wohl», antwortete er, «da habe ich einen Klumpen heimzutragen. Es ist zwar Gold, aber ich kann den Kopf dabei nicht mal gerade halten, auch drückt er mir stark auf die Schulter.»

«Weisst du was», sagte der Reiter, «wir wollen tauschen: Ich gebe dir mein Pferd, und du gibst mir deinen Klumpen.»

«Von Herzen gern», sprach Hans, «aber ich sage Euch, jetzt müsst ihr Euch damit abschleppen.»

Der Reiter stieg ab, nahm das Gold und half dem Hans hinauf, gab ihm die Zügel fest in die Hände und sprach: «Wenn's geschwind gehen soll, so musst du mit der Zunge schnalzen und hopp, hopp rufen.»

Hans war froh, als er auf dem Pferd sass und so frank und frei dahinritt. Bald fiel es ihm ein, es sollte noch schneller gehen, und er fing an mit der Zunge zu schnalzen und hopp, hopp zu rufen. Das Pferd setzte sich in starken Trab, und ehe sich Hans versah, war er abgeworfen und lag in einem Graben, der die Äcker von der Landstrasse trennte. Das Pferd wäre auch durchgegangen, wenn es nicht ein Bauer aufgehalten hätte, der des Weges kam und eine Kuh vor sich hertrieb. Hans suchte seine Glieder zusammen und machte sich wieder auf die Beine. Er war aber missmutig und sprach zu dem Bauern:

«Das Reiten ist ein schlechter Spass, vor allem wenn man auf so einen alten Gaul gerät wie diesen, der bockt und einen herabwirft, dass man sich den Hals brechen kann; ich setze mich nie mehr wieder auf. Da lob ich mir Eure Kuh, da kann einer schön hinterhergehen und hat seine Milch, Butter und Käse jeden Tag gewiss. Was gäb' ich darum, wenn ich so eine Kuh hätte!»

«Nun», sprach der Bauer, «geschieht Euch so ein grosser Gefallen, so will ich Euch wohl die Kuh für das Pferd eintauschen.» Hans willigte mit tausend Freuden ein: Der Bauer schwang sich aufs Pferd und ritt eilig davon.

Hans trieb seine Kuh ruhig vor sich her und bedachte den glücklichen Handel. «Habe ich nur ein Stück Brot, und daran wird mir's doch nicht fehlen, so kann ich, so oft ich will, Butter und Käse dazu essen; habe ich Durst, so melke ich meine Kuh und trinke Milch. Herz, was verlangst du mehr?» Als er zu einem Wirtshaus kam, machte er halt, ass in der grossen Freude alles, was er bei sich hatte, sein Mittags- und Abendbrot, auf, und liess sich für seine letzten paar Münzen ein halbes Glas Bier einschenken. Dann trieb er seine Kuh weiter, immer nach dem Dorf seiner Mutter zu. Die Hitze wurde drückender, je näher der Mittag kam, und Hans befand sich in einer Heide, wo er wohl noch eine Stunde Weg vor sich hatte. Da wurde es ihm ganz heiss, so dass ihm vor Durst die Zunge am Gaumen klebte. Dem Ding ist zu helfen, dachte Hans, jetzt will ich meine Kuh melken und von der Milch trinken. Er band sie an einen dürren Baum, und da er keinen Eimer hatte, so stellte er seine Ledermütze unter, aber wie er sich auch bemühte, es kam kein Tropfen Milch zum Vorschein. Und weil er sich ungeschickt dabei anstellte, so gab ihm das ungeduldige Tier endlich mit einem der Hinterfüsse einen solchen Schlag an den Kopf, dass er zu Boden taumelte und eine Zeit lang sich gar nicht besinnen konnte, wo er war.

Glücklicherweise kam gerade ein Metzger des Weges, der auf einem Schubkarren ein junges Schwein liegen hatte. «Was machst du für Sachen!», rief er und half dem guten Hans auf.

Hans erzählte, was vorgefallen war. Der Metzger reichte ihm seine Flasche und sprach: «Da trinkt einmal und erholt Euch. Die Kuh will wohl keine Milch geben, das ist ein altes Tier, das höchstens noch zum Ziehen eines Wagens taugt oder zum Schlachten.»

«Ei, ei», sprach Hans und strich sich die Haare über den Kopf, «wer hätte das gedacht! Es ist freilich gut, wenn man so ein Tier schlachten kann, was gibt's für Fleisch! Aber ich mache mir aus dem Kuhfleisch nicht viel, es ist mir nicht saftig genug. Ja, wer so ein junges Schwein hätte! Das schmeckt anders, dabei noch die Würste.»

«Hört, Hans», sprach da der Metzger, «Euch zuliebe will ich tauschen und will Euch das Schwein für die Kuh lassen.»

«Gott lohn Euch Eure Freundschaft», sprach Hans, übergab ihm die Kuh, liess sich das Schweinchen vom Karren losmachen und den Strick, woran es gebunden war, in die Hand geben. Hans zog weiter und überdachte, wie ihm doch alles nach Wunsch ginge, denn alles Unglück hatte sich bisher immer in Glück verwandelt.

Schon bald gesellte sich ein Bursche zu ihm, der trug eine schöne weisse Gans unter dem Arm. Sie plauderten über dieses und jenes und Hans fing an, von seinem Glück zu erzählen, und wie er immer so vorteilhaft getauscht hätte.

Der Bursche erzählte ihm, dass er die Gans zu einem Tauffest brächte. «Hebt einmal», fuhr er fort und packte sie bei den Flügeln, «wie schwer sie ist, die ist aber auch acht Wochen lang gemästet worden. Wer in den Braten beisst, muss sich das Fett von beiden Seiten abwischen.»

«Ja», sprach Hans, und wog sie mit der einen Hand, «die hat ihr Gewicht, aber mein Schwein ist auch nicht schlecht.»

Indessen sah sich der Bursche nach allen Seiten um, schüttelte auch mit dem Kopf. «Hört», fing er darauf an, «mit Eurem Schwein stimmt irgendetwas nicht. In dem Dorf, durch das ich gekommen bin, ist eben dem Bürgermeister eins aus dem Stall gestohlen worden. Ich fürchte, ich fürchte, Ihr habt's da in der Hand. Sie haben Leute ausgeschickt, und es wäre eine schlimme Sache, wenn sie Euch mit dem Schwein erwischten: Das Geringste ist, dass Ihr ins finstere Loch gesteckt werdet.»

Der gute Hans bekam Angst. «Ach Gott», sprach er, «helft mir aus der Not, Ihr wisst hier besser Bescheid, nehmt mein Schwein da und lasst mir Eure Gans.»

«Ich muss schon etwas aufs Spiel setzen», antwortete der Bursche, «aber ich will doch nicht schuld sein, dass Ihr ins Unglück geratet.» Er nahm also das Seil in die Hand und trieb das Schwein schnell auf einen Seitenweg fort.

Der gute Hans aber ging ohne Sorgen mit der Gans unter dem Arm der Heimat zu. «Wenn ich's recht überlege», sprach er mit sich selbst, «habe ich noch Vorteil bei dem Tausch: erstens den guten Braten, danach die Menge von Fett, die herausträufeln wird, das gibt viel gutes Gänsefettbrot. Zweitens die schönen weissen Federn, die lass ich mir in mein Kopfkissen stopfen, und darauf will ich ungewiegt einschlafen. Was wird meine Mutter eine Freude haben!»

Als er durch das letzte Dorf gekommen war, stand da ein Scherenschleifer mit seinem Karren, sein Rad schnurrte, und er sang dazu: «Ich schleife die Schere und drehe geschwind, und hänge mein Mäntelchen nach dem Wind.»

Hans blieb stehen und sah ihm zu; endlich redete er ihn an und sprach: «Euch geht's gut, weil Ihr so lustig bei Eurem Schleifen seid.»

«Ja», antwortete der Scherenschleifer, «das Handwerk hat einen goldenen Boden. Ein rechter Schleifer ist ein Mann, der, so oft er in die Tasche greift, auch Geld darin findet. Aber wo habt Ihr die schöne Gans gekauft?»

«Die habe ich nicht gekauft, sondern für mein Schwein eingetauscht.»

«Und das Schwein?»

«Das habe ich für eine Kuh gekriegt.»

«Und die Kuh?»

«Die habe ich für ein Pferd bekommen.»

«Und das Pferd?»

«Dafür habe ich einen Klumpen Gold, so gross wie mein Kopf, gegeben.»

«Und das Gold?»

«Ei, das war mein Lohn für sieben Jahre Dienst.»

«Ihr habt Euch jederzeit zu helfen gewusst», sprach der Schleifer, «könnt Ihr's nun dahin bringen, dass Ihr das Geld in der Tasche springen hört, wenn Ihr aufsteht, so habt Ihr Euer Glück gemacht.»

«Wie soll ich das machen?», sprach Hans.

«Ihr müsst ein Schleifer werden wie ich; dazu gehört eigentlich nichts als ein Wetzstein, das andere findet sich schon von selbst. Da habe ich einen, der ist zwar ein wenig angebrochen, dafür sollt Ihr mir aber auch nichts als Eure Gans geben; wollt Ihr das?»

Vom Anfang und Ende der Welt

«Wie könnt Ihr noch fragen», antwortete Hans, «ich werde ja zum glücklichsten Menschen auf Erden; habe ich Geld, so oft ich in die Tasche greife, was brauche ich da länger zu sorgen?» Er gab ihm die Gans und nahm den Wetzstein in Empfang.

«Nun», sprach der Schleifer und hob einen gewöhnlichen schweren Feldstein, der neben ihm lag, auf, «da habt Ihr noch einen tüchtigen Stein dazu, auf dem sich's gut schlagen lässt und Ihr Eure alten Nägel gerade klopfen könnt. Nehmt ihn, und hebt ihn ordentlich auf.»

Hans lud den Stein auf und ging mit vergnügtem Herzen weiter; seine Augen leuchteten vor Freude. «Ich muss in einer Glückshaut geboren sein», rief er aus, «alles, was ich mir wünsche, trifft ein.» Weil er aber seit Tagesanbruch auf den Beinen gewesen war, begann er müde zu werden; auch plagte ihn der Hunger, da er allen Vorrat auf einmal in der Freude über die erhandelte Kuh aufgegessen hatte. Er konnte nur mit Mühe weitergehen und musste jeden Augenblick halt machen; dabei drückten ihn die Steine ganz erbärmlich. Da konnte er sich des Gedankens nicht erwehren, wie gut es wäre, wenn er sie gerade jetzt nicht zu tragen brauchte.

Wie eine Schnecke kam er zu einem Feldbrunnen geschlichen, wollte da ruhen und einen frischen Schluck Wasser trinken. Damit er aber die Steine im Niedersitzen nicht beschädigte, legte er sie bedächtig neben sich auf den Rand des Brunnens. Darauf setzte er sich nieder und wollte sich zum Trinken bücken, da geschah es: Er stiess nur ein klein wenig an, und beide Steine plumpsten hinab. Hans, als er sie mit seinen Augen in die Tiefe hatte versinken sehen, sprang vor Freuden auf, kniete dann nieder und dankte Gott mit Tränen in den Augen, dass er ihm auch diese Gnade noch erwiesen und ihn auf eine so gute Art, und ohne dass er sich einen Vorwurf zu machen brauchte, von den schweren Steinen befreit hatte, die ihm allein noch hinderlich gewesen waren. «So glücklich wie ich», rief er aus, «gibt es keinen Menschen unter der Sonne.» Mit leichtem Herzen und frei von aller Last sprang er nun fort, bis er daheim bei seiner Mutter war.

*Aus der Sammlung der Gebrüder Grimm*

# Jona und der Wal  14

Gott rief Jona, den Sohn von Amittai, und sagte zu ihm: «Geh nach Ninive, der grossen Stadt, und kündige ihr mein Strafgericht an! Ich kann nicht länger mit ansehen, wie böse die Leute dort sind.»

Jona machte sich auf den Weg, aber in die entgegengesetzte Richtung. Er hatte Angst, den Leuten von Ninive diese Drohung von Gott zu überbringen, und er wollte nach Tarschisch in Spanien fliehen, um Gott zu entkommen. In der Hafenstadt Jafo fand er ein Schiff, das dorthin segeln sollte. Er bezahlte das Fahrgeld und stieg ein. Da schickte Gott einen Sturm aufs Meer, der war so heftig, dass das Schiff auseinander zu brechen drohte. Die Leute auf dem Schiff hatten grosse Angst, und jeder schrie zu seinem Gott um Hilfe. Um die Gefahr für das Schiff zu verringern, warfen sie die Ladung ins Meer. Jona war nach unten gegangen, hatte sich hingelegt und schlief fest.

Der Kapitän kam zu ihm herunter und sagte: «Wie kannst du schlafen? Steh auf, rufe zu deinem Gott! Vielleicht hilft er uns, und wir müssen nicht untergehen!»

Die Leute auf dem Schiff wollten durch das Los herausfinden, wer an ihrem Unglück schuld sei. Da fiel das Los auf Jona. Sie bestürmten ihn mit Fragen: «Sag uns: Warum sind wir in diese Gefahr geraten? Wer bist du eigentlich? Was für Geschäfte treibst du? Zu welchem Volk gehörst du, wo ist deine Heimat?»

Jona antwortete: «Ich bin ein Hebräer und verehre den Herrn, den Gott des Himmels, der Land und Meer geschaffen hat.» Er sagte ihnen auch, dass er auf der Flucht vor Gott war.

Da bekamen die Männer noch mehr Angst, und sie fragten ihn: «Wie konntest du das tun? Was sollen wir jetzt mit dir machen, damit das Meer sich beruhigt und uns verschont?» Denn es war inzwischen noch stürmischer geworden.

Jona sagte: «Werft mich ins Meer, dann wird es sich beruhigen. Ich weiss, dass dieser Sturm nur meinetwegen über euch gekommen ist.»

Die Leute auf dem Schiff machten einen letzten Versuch, durch Rudern das Land zu erreichen; doch sie schafften es nicht, denn der Sturm tobte immer heftiger. Da beteten sie: «Herr, strafe uns nicht, wenn wir diesen Mann jetzt über Bord werfen müssen! Rechne uns seinen Tod nicht als Mord an. Es war dein Wille, und alles, was du willst, geschieht.»

Dann nahmen sie Jona und warfen ihn ins Meer. Sofort wurde es ruhig. Da packte sie alle grosse Furcht vor diesem Gott. Sie schlachteten ein Opfertier für ihn und machten ihm Versprechen für den Fall ihrer Rettung.

Gott aber liess einen grossen Fisch kommen. Der verschlang Jona. Drei Tage und drei Nächte lang war Jona im Bauch des Fisches. Dort betete er zum Herrn, seinem Gott: «In meiner Not rief ich zu dir, Herr, und du hast mir geantwortet. Aus der Tiefe der Totenwelt schrie ich zu dir, und du hast meinen Hilfeschrei vernommen. Du hattest mich mitten ins Meer geworfen, alle deine Wellen und Wogen schlugen über mir zusammen. Ich dachte schon, du hättest mich vergessen, deinen heiligen Tempel würde ich nie mehr sehen. Aber du, Herr, mein Gott, hast mich lebendig aus der Grube gezogen.»

Da befahl der Herr dem Fisch, ans Ufer zu schwimmen und Jona wieder auszuspucken.

Als Jona am Strand entlanglief und nach Hause zurückkehren wollte, rief Gott Jona zum zweiten Mal und sagte zu ihm: «Geh nach Ninive, der grossen Stadt, und rufe dort aus, was ich dir auftrage!»

Diesmal gehorchte Jona und ging nach Ninive. Die Stadt war ungeheuer gross; man brauchte drei Tage, um vom einen Ende zum andern zu kommen. Jona ging eine Tagesreise weit in die Stadt hinein, dann stellte er sich hin und rief: «Noch vierzig Tage und Ninive ist ein Trümmerhaufen!»

Und wie überrascht war Jona, als er sah, dass die Leute von Ninive ihm glaubten. Sie setzten ihre letzte Hoffnung auf Gott. Sie beschlossen zu fasten; und alle, Reiche wie Arme, legten zum Zeichen der Reue einen Sack an. Jonas Botschaft war nämlich dem König von Ninive gemeldet worden. Der stieg von seinem Thron, legte den Königsmantel ab, zog auch einen Sack an und setzte sich in die Asche. Er liess in der ganzen Stadt ausrufen: «Hört den Befehl des Königs und seiner Minister: Niemand darf etwas essen oder trinken, weder Mensch noch Rind noch Schaf! Menschen und Vieh sollen einen Sack anlegen und laut zu Gott rufen. Alle sollen von ihrem bösen Weg umkehren und aufhören, Unrecht zu tun. Vielleicht lässt Gott sich umstimmen. Vielleicht können wir seinen schweren Zorn besänftigen, und er lässt uns am Leben.»

Gott sah, dass sie sich von ihrem bösen Treiben abwandten. Da tat es ihm leid, dass er die Stadt vernichten wollte, und er führte seine Drohung nicht aus.

Das wiederum gefiel Jona gar nicht, und er wurde zornig. Er sagte: «Ach Herr, genau das habe ich vermutet, als ich noch zu Hause war! Darum wollte ich ja auch nach Spanien fliehen. Ich wusste es doch: Du bist voll Liebe und Erbarmen, du hast Geduld, deine Güte kennt keine Grenzen. Das Unheil, das du androhst, tut dir hinterher leid. Jetzt habe ich mich mit meiner Drohung lächerlich gemacht. Deshalb nimm mein Leben zurück, Herr! Sterben will ich, das ist besser als weiterleben!»

Aber Gott fragte ihn: «Hast du ein Recht dazu, so zornig zu sein?»

Jona verliess die Stadt in Richtung Osten. In einiger Entfernung hielt er an und machte sich ein Laubdach. Er setzte sich darunter in den Schatten, um zu sehen, was mit der Stadt geschehen würde. Da liess Gott eine Rizinusstaude über Jona emporwachsen, die sollte ihm Schatten geben und seinen Ärger vertreiben. Jona freute sich riesig über diese wunderbare Staude. Aber früh am nächsten Morgen schickte Gott einen Wurm. Der nagte den Rizinus an, sodass er verdorrte. Als dann die Sonne aufging, liess Gott einen heissen Ostwind kommen. Die Sonne brannte Jona auf den Kopf und ihm wurde ganz elend. Er wünschte sich den Tod und sagte: «Sterben will ich, das ist besser als in dieser Hitze weiterleben!»

Aber Gott fragte ihn: «Hast du ein Recht dazu, wegen dieser Pflanze so zornig zu sein?»

«Ja», sagte Jona, «mit vollem Recht bin ich zornig und wünsche mir den Tod!»

Da sagte der Herr: «Schau her, du hast diese Staude nicht grossgezogen, du hast sie nicht gehegt und gepflegt; sie ist in der einen Nacht gewachsen und in der andern abgestorben. Trotzdem tut sie dir leid. Und mir sollte nicht diese grosse Stadt Ninive leidtun, in der mehr als hundertzwanzigtausend Menschen leben, die rechts und links nicht unterscheiden können, und dazu noch das viele Vieh?»

*Jona 1,2–2,5.7b.11; 3–4*

# 15  Rumpelstilzchen

Es war einmal ein Müller, der war arm, aber er hatte eine schöne Tochter. Nun traf es sich, dass er einmal mit dem König sprechen durfte, und um sich wichtig zu machen, sagte er zu ihm: «Ich habe eine Tochter, die kann Stroh zu Gold spinnen.»

Der König sprach zum Müller: «Das ist eine Kunst, die mir sehr gut gefällt. Wenn deine Tochter so geschickt ist, wie du sagst, so bring sie morgen in mein Schloss, da will ich sie auf die Probe stellen.»

Als nun das Mädchen zu ihm gebracht wurde, führte er es in eine Kammer, die ganz voll Stroh lag, gab ihr Rad und Haspel und sprach: «Jetzt mache dich an die Arbeit, und wenn du diese Nacht durch bis morgen früh dieses Stroh nicht zu Gold versponnen hast, so musst du sterben.»

Darauf schloss er die Kammer selbst zu, und sie blieb allein darin. Da sass nun die arme Müllerstochter und wusste um ihr Leben keinen Rat. Sie verstand gar nichts davon, wie man Stroh zu Gold spinnen konnte, und ihre Angst wurde immer grösser, dass sie endlich zu weinen anfing.

Da ging auf einmal die Türe auf, und es trat ein kleines Männchen herein, das sprach: «Guten Abend, junge Müllerin, warum weinst du so sehr?»

«Ach», antwortete das Mädchen, «ich soll Stroh zu Gold spinnen und verstehe das nicht.»

Da sprach das Männchen: «Was gibst du mir, wenn ich dir's spinne?»

«Mein Halsband», sagte das Mädchen. Das Männchen nahm das Halsband, setzte sich vor das Rädchen, und schnurr, schnurr, schnurr, dreimal gezogen, war die Spule voll. Dann steckte es eine andere auf, und schnurr, schnurr, schnurr, dreimal gezogen, war auch die zweite voll. Und so ging's weiter bis zum Morgen, da war alles Stroh versponnen, und alle Spulen waren voll Gold.

Bei Sonnenaufgang kam schon der König, und als er das Gold erblickte, erstaunte er und freute sich, aber sein Herz wurde nur noch geldgieriger. Er liess die Müllerstochter in eine andere Kammer voll Stroh bringen, die noch viel grösser war, und befahl ihr, auch dies in einer Nacht zu spinnen, wenn ihr das Leben lieb wäre.

Das Mädchen wusste sich nicht zu helfen und weinte, da ging wieder die Türe auf, und das kleine Männchen erschien und sprach: «Was gibst du mir, wenn ich dir das Stroh zu Gold spinne?»

«Meinen Fingerring», antwortete das Mädchen. Das Männchen nahm den Ring, fing wieder an zu schnurren mit dem Rad und hatte bis zum Morgen alles Stroh zu glänzendem Gold gesponnen.

Der König freute sich ungemein bei dem Anblick, war aber noch immer nicht zufrieden, sondern liess die Müllerstochter in eine noch grössere Kammer voll Stroh bringen und sprach: «Die musst du noch in dieser Nacht verspinnen: gelingt dir auch dies, so sollst du meine Gemahlin werden.»

«Wenn's auch eine Müllerstochter ist», dachte er, «eine reichere Frau finde ich in der ganzen Welt nicht.»

Als das Mädchen allein war, kam das Männlein zum dritten Mal wieder und sprach: «Was gibst du mir, wenn ich dir noch diesmal das Stroh spinne?»

«Ich habe nichts mehr, das ich geben könnte», antwortete das Mädchen. «So versprich mir, wenn du Königin wirst, dein erstes Kind.»

«Wer weiss, wie das noch geht», dachte die Müllerstochter und wusste sich aber in der Not nicht anders zu helfen; sie versprach also dem Männchen, was es verlangte, und das Männchen spann dafür noch einmal das Stroh zu Gold. Und als am Morgen der König kam und alles fand, wie er gewünscht hatte, so hielt er Hochzeit mit ihr, und die schöne Müllerstochter wurde eine Königin.

Nach einem Jahr brachte sie ein schönes Kind zur Welt und dachte gar nicht mehr an das Männchen: da trat es plötzlich in ihre Kammer und sprach: «Nun gib mir, was du versprochen hast.»

Die Königin erschrak und bot dem Männchen alle Reichtümer des Königreichs an, wenn es ihr das Kind lassen wollte.

Aber das Männchen sprach: «Nein, etwas Lebendes ist mir lieber als alle Schätze der Welt.»

Da fing die Königin so an zu jammern und zu weinen, dass das Männchen Mitleid mit ihr hatte: «Drei Tage will ich dir Zeit lassen», sprach er, «wenn du bis dahin meinen Namen weisst, so sollst du dein Kind behalten.»

Nun besann sich die Königin die ganze Nacht über auf alle Namen, die sie jemals gehört hatte, und schickte einen Boten über Land, der sollte sich erkundigen weit und breit, was es sonst noch für Namen gäbe. Als am andern Tag das Männchen kam, fing sie an mit Kaspar, Melchior, Balthasar, und sagte alle Namen, die sie wusste, aber bei jedem sprach das Männlein: «So heiss ich nicht.»

Am zweiten Tag liess sie in der Nachbarschaft herumfragen, wie die Leute da genannt würden, und darauf sagte sie dem Männlein die ungewöhnlichsten und seltsamsten Namen vor «Heisst du vielleicht Rippenbiest oder Hammelswade oder Schnürbein?

Aber es antwortete immer: «So heiss ich nicht.»

Am dritten und letzten Tag kam der Bote wieder zurück und erzählte: «Neue Namen habe ich keinen einzigen finden können, aber wie ich an einen hohen Berg um die Waldecke kam, wo Fuchs und Hase sich gute Nacht sagen, so sah ich da ein kleines Haus, und vor dem Haus brannte ein Feuer, und um das Feuer sprang ein ganz kleines Männchen, hüpfte auf einem Bein und sang: «Heute back' ich, morgen brau' ich, übermorgen hol' ich der Königin ihr Kind. Ach, wie gut, dass niemand weiss, dass ich Rumpelstilzchen heiss'!»

Da könnt ihr denken, wie die Königin froh war, als sie den Namen hörte, und als bald danach das Männlein hereintrat und fragte: «Nun, Frau Königin, wie heiss ich?», fragte sie erst: «Heissest du Kunz?»

«Nein.»

«Heissest du Heinz?»

«Nein.»

«Heisst du etwa Rumpelstilzchen?»

«Das hat dir der Teufel gesagt! Das hat dir der Teufel gesagt!», schrie das Männlein und stiess mit dem rechten Fuss vor Zorn so tief in die Erde, dass es bis an den Leib hineinfuhr, dann packte es in seiner Wut den linken Fuss mit beiden Händen und riss sich selbst mitten entzwei.

*Aus der Sammlung der Gebrüder Grimm*

# Vielleicht fehlt nur noch eine Stimme 16

Es war einmal ein kleines Mädchen, das die Erwachsenen belauschte, als sie von den Schrecken der Kriege redeten. Besonderen Eindruck machte es dem Mädchen, dass die Erwachsenen sagten, jeder einzelne Mensch solle sich jederzeit fragen, was er für den Frieden tun könne. «Ich kann nichts für den Frieden tun. Ich bin noch zu klein und zu schwach», sagte das kleine Mädchen darauf zu seiner Mutter.

«Normalerweise stimmt das», erwiderte die Mutter. «Aber es stimmt nicht immer.» Und danach erzählte die Mutter dem Mädchen eine Geschichte:

«Eine Tannenmeise fragte einst eine Wildtaube: ‹Wie viel wiegt eine Schneeflocke?› ‹Natürlich nichts›, lautete die Antwort. ‹Da wäre ich nicht so sicher. Lass mich dir Folgendes erzählen›, sagte die Meise. ‹Ich sass einmal auf einem Ast, ganz dicht am Stamm. Es begann zu schneien – es war kein stiebendes, sturmtosendes Schneewetter, sondern es schneite ganz still und lautlos, fast ein wenig wie in einem Traum. Weil ich auf dem Ast sass und gerade nichts zu tun hatte, fing ich an, die Schneeflocken zu zählen, die auf meinem Ast liegenblieben. Es waren 3 741 951 Schneeflocken! Als nun aber die 3 741 952ste Flocke landete, brach der Ast ab.› Und damit flog die Meise davon.»

*Fabel*

# 17 Was man tragen kann

Eine alte Geschichte berichtet, wie Gott einmal Erbarmen hatte mit einem Menschen, der sich über sein schweres Leben und seine vielen Leiden und schweren Lasten beklagte. Er führte ihn in einen Raum, wo alle Lasten, alle Schmerzen und Sorgen der Menschen in unzähligen grossen Rucksäcken gelagert waren, und sagte zu ihm: «Jeder Mensch hat einen eigenen Rucksack, den er sein laben lang trägt. Du allein aber kannst dir einen neuen aussuchen. Wähle!»

Der Mensch machte sich auf die Suche. Da sah er zuerst einen ganz schmalen Rucksack, aber dafür war er länger und grösser. Er sah einen ganz kleinen, aber als er ihn aufheben wollte, war er schwer wie Blei.

Dann sah er einen, der gefiel ihm, und er legte ihn auf seine Schultern. Doch da merkte er, wie der Rucksack gerade an der Stelle, wo er auf der Schulter auflag, etwas Spitzes hatte, das ihm wie ein Dorn ins Fleisch drang.

So hatte jeder Rucksack etwas Unangenehmes, und so sehr er sich auch bemühte, er fand keinen der passen wollte. Erst ganz zum Schluss entdeckte er einen, den hatte er übersehen, so versteckt stand er, und so verbeult sah er aus. Aber zu seiner Überraschung war er nicht zu schwer, nicht zu leicht, so richtig handlich, wie geschaffen für ihn. Diesen Rucksack wollte er in Zukunft tragen. Aber als er näher hinschaute, da merkte er, dass es sein eigener, alter Rucksack war, den er ausgewählt hatte.

*Mittelalterliche Legende*

# Wie das Feuer zu den Griechen kam 18

Traurig irrte Prometheus über die Erde. Er suchte nach einem Lebewesen, das ihm von Angesicht glich. Da er keines fand, mischte er Lehm und Wasser und formte daraus den ersten Menschen.

Die Menschen vermehrten sich, doch sie lebten wie kleine Kinder. Sie sahen und hörten, aber sie verstanden nichts. Sie konnten weder Ziegel brennen noch Balken zimmern und Häuser bauen. Wie Ameisen lebten sie auf und unter der Erde und suchten Schutz in dunklen Höhlen. Sie wussten nicht einmal, dass dem Frühling der Sommer folgt, dem Sommer der Herbst und dem Herbst der Winter.

Da ging Prometheus unter die Menschen und brachte ihnen bei, wie man Häuser baut, er lehrte sie lesen, schreiben und rechnen und die Natur zu verstehen, Tiere ins Joch zu spannen und Wagen zu bauen. Er zeigte ihnen, wie man Schiffe baut und segelt. Er führte sie in die Tiefen der Erde zu verborgenen Schätzen wie Kupfer, Eisen, Silber und Gold. Er lehrte die Menschen, wie man heilende Salben und Arzneien mischt.

Die Götter lebten auf dem Berg Olymp. Voller Misstrauen betrachteten sie das Menschengeschlecht, das von Prometheus Arbeit, Kunst und Wissenschaft lernte.

Zeus, der oberste aller Götter, wurde immer wütender. Er sagte zu Prometheus: «Du hast die Menschen arbeiten und denken gelehrt, aber du hast ihnen nicht beigebracht, die Götter zu ehren und ihnen zu opfern. Du weisst doch, von den Göttern hängt es ab, ob die Erde fruchtbar oder arm ist, ob die Menschen Not leiden oder in Fülle leben. Geh zu ihnen und sage ihnen, sie sollen uns opfern, sonst trifft sie unser Zorn.»

Also überlegte Prometheus, wie er die Menschen lehren konnte, den Göttern Opfer darzubringen Er nahm einen Stier und schlachtete ihn. Er hüllte das Fleisch in die Haut des Tieres und legte darauf den Magen. Die Knochen türmte er zu einem zweiten Haufen auf, umgab sie jedoch mit dem Fett, so dass sie nicht zu sehen waren. Kaum war er fertig, roch Zeus den verlockenden Duft und stieg vom Himmel herab.

Prometheus erblickte Zeus und rief: «Wähle, welcher Teil dir lieber ist.»

Zeus war zwar misstrauisch, aber da das Fett so schön glänzte, wählte er diesen Haufen. Prometheus schob lächelnd das Fett weg – und darunter kamen die nackten Knochen zum Vorschein. Als er aber die Stierhaut wegzog, duftete das frische Fleisch. Seitdem opferten die Menschen den Göttern das Fett und die Knochen, das Fleisch behielten sie für sich zur Nahrung.

Da beschloss der wütende Zeus, den Menschen das Feuer zu nehmen. Sie sollten nun alles Fleisch roh essen. Zeus befahl den Wolken, mit Regen alle Feuer zu löschen. Die Menschen konnten nun weder Brot backen noch kochen. An kalten Tagen und frostigen Nächten konnten sie sich nirgends wärmen.

Doch Prometheus hatte Mitleid mit ihnen. Er wusste, dass im Palast des Zeus Tag und Nacht ein helles Feuer flackerte. Im Dunkel der Nacht schlich er in den goldenen Palast. Leise nahm er ein brennendes Scheit vom Feuer. Und fröhlich brachte er das Feuer zu den Menschen zurück.

Die Flammen in den Öfen und Werkstätten der Menschen loderten wieder, und der Duft gekochter Speisen und gebratenen Fleisches stieg zum Himmel. Zeus blickte zur Erde und sah den Rauch aus den Schornsteinen steigen. Zornig bedachte er die Menschen deshalb mit einer neuen Strafe. Er befahl, aus Lehm ein schönes Mädchen zu erschaffen und ihr Schönheit, Sprache und viele Begabungen zu schenken. Als sie fertig war, legte ihr Zeus eine goldene Büchse in die Hand und gab ihr den Namen Pandora. Pandora wurde auf die Erde zu einem Bruder des Prometheus geführt.

Freundlich empfing dieser das Mädchen und bat es, den Deckel der Büchse zu lüften. Doch in dem Augenblick, als Pandora die Büchse öffnete, flogen Seuchen, Schmerzen, Not und Leid heraus, und verbreiteten sich über die ganze Erde. Pandora erschrak und schloss die Büchse schnell wieder. Aber alle Übel waren schon der Büchse entwichen, und nur die Hoffnung war darin geblieben.

Der Zorn des Zeus traf auch Prometheus. Er befahl, ihn mit Ketten an einen hohen Felsen im Kaukasus-Gebirge anzuschmieden, so dicht, dass er sich nicht einmal rühren konnte. Dann sandte Zeus einen riesigen Adler zu ihm. Der Adler hackte ihm täglich die Leber aus dem Leib und frass sie.

In der Nacht wuchs die Leber wieder nach, doch der Adler kam am nächsten Tag zurück.

Nach vielen Jahrhunderten fand schliesslich Herakles, ein Sohn des Zeus, den Felsen mit Prometheus. Als gerade der Adler wieder herbeiflog, um sich an der Leber des Prometheus zu sättigen, spannte Herakles den Bogen, zielte und erlegte den Vogel. Dann zerbrach er die Fesseln des Prometheus und gab ihm die Freiheit wieder.

*Griechische Mythologie*

# Wie das Feuer zu den San kam 19

Bei den San, einem Volk im südlichen Afrika, wird seit Urzeiten folgende Geschichte erzählt: Am Anfang der Zeit hatte Mantis, die grosse Gottesanbeterin, Bedenken, den Menschen das Feuer zu schenken. Mantis hatte Angst, dass die Menschen mit dem Feuer den Pflanzen, Tieren und sich selbst viele Schmerzen zufügen könnten. Also beschloss sie, Vogel Strauss damit zu beauftragen, das Feuer zu hüten, um die Menschen auf die Probe zu stellen. Denn sie sagte sich: Wenn irgendein Wesen dem treuen und sturen Strauss das Feuer wegnehmen kann, dann ist es sicher auch klug genug, um es so zu gebrauchen, dass es keinen Schaden anrichtet.

Zufrieden mit dieser Idee übergab sie Vogel Strauss das Feuer samt genauen Anweisungen, wie er damit umgehen solle, und verschwand wieder im Himmel.

Vogel Strauss versteckte das Feuer sorgfältig unter seinem rechten Flügel. Aber die schlaue Urmutter der San beobachtete ihn dabei und wollte das Feuer unbedingt in ihren Besitz bringen. Sie wollte damit Essen kochen, es sollte sie nachts wärmen, wenn es kalt wurde, und es sollte die Raubtiere fernhalten, die auf Beutezug waren. Wie gut wäre es doch für sie und ihren

Stamm, Feuer zu besitzen! Sie dachte darüber nach, wie sie Vogel Strauss das Feuer entwenden könnte. Dann hatte sie eine Idee!

Am nächsten Tag ging die Urmutter zum Vogel Strauss und machte ihm höflich ihre Aufwartung. Damals konnten die San noch mit allen Tieren reden. Vogel Strauss starrte sie misstrauisch an, doch trotz seinen Vorbehalten erwiderte er den Gruss des Menschen.

«O du schöner und weiser Vogel Strauss», sagte die Urmutter. «O du grösster aller Vögel. Ich habe eine gute Nachricht für dich!»

«So?», fragte Vogel Strauss neugierig.

«Ja wirklich, o du Prächtiger. Ich hatte letzte Nacht einen wunderschönen Traum. Ich träumte, du könntest fliegen.»

Vogel Strauss blickte sie verdriesslich an. Die Urmutter hatte ihn an seinem wundesten Punkt erwischt. Denn in Wirklichkeit konnte Vogel Strauss nicht fliegen. Jeder wusste das!

«Wie denn das?», verlangte er zu wissen.

«Ich träumte, dir würde die Gabe des Fliegens geschenkt, wenn du vor Sonnenaufgang mit ausgebreiteten Flügeln im starken Wind stehst. Der Traum sagte mir, wenn du deine Augen schliessen und deine Flügel ausbreiten würdest, könntest du abheben und dich wie ein Adler in die Lüfte schwingen!»

Vogel Strauss liess der Gedanke nicht mehr los, fliegen zu können. Es war sein grösster Herzenswunsch. Und so stand er gleich am nächsten Tag vor Sonnenaufgang hoch oben auf einem Hügel im frischen Morgenwind, die Flügel ausgebreitet und die Augen fest geschlossen. Er bemerkte nicht, dass er nicht allein war. Die Urmutter war ihm gefolgt und wartete nur auf ihre Chance. Während Vogel Strauss dort stand und gerade abheben wollte, schlich sie sich heran. Sie schnappte sich das Feuer aus dem Versteck unter dem rechten Flügel und machte sich damit davon, so schnell sie konnte. So erhielten die Menschen die grösste aller Gaben, das Feuer!

Vogel Strauss aber war so erbittert, dass er sich hatte überlisten lassen, und so enttäuscht, dass er doch nicht fliegen konnte, dass er darüber den Verstand verlor. Tatsächlich wurde er so dumm, dass er heute sogar beim Brüten einiges verkehrt macht. Während er auf dem ersten Ei sitzt, muss er die anderen Eier neben sein Nest legen, damit er nicht vergisst, was nachher noch zu tun ist.

*Aus Namibia*

# Von Eltern, Geschwistern und Freunden

# Das Märchen von der einsamen Prinzessin 20

In allen Räumen eines prächtigen Schlosses strahlten Kronleuchter. Denn der König liebte das Licht. Selbst für die Mauselöcher gab es Glühbirnen. Mit grossen Scheinwerfern wurde nachts die Dunkelheit vor den Fenstern vertrieben. Dann sass der König an seiner weiss gedeckten Tafel und ass Zitroneneis mit Schlagsahne. Sängerinnen sangen mit hellen Stimmen. Auf dem Schachbrett standen nur weisse Figuren: weisse Könige, weisse Damen, weisse Bauern. Niemand konnte damit spielen. Nur Schneeball, die Katze, warf manchmal die Pferdchen herunter, weil sie sich so langweilte. Eines Nachts fiel der König beim Tanzen um. Er hatte seit Jahren nicht mehr richtig geschlafen. Der Leibarzt trug ihn in sein Himmelbett. «Aber die Lampe anlassen», flüsterte der König schon halb im Traum.

Im Norden des Parks stand ein dunkler Turm. Dort wohnte die Königin. Sie liess am Morgen schwarze Samtvorhänge vor die Fenster ziehen. Den ganzen Tag lag sie im schwarzen Pyjama in schwarzen Seidenkissen und schlief. Den Turm verliess sei nur in mondlosen Nächten. Natürlich fuhr sie schwarz in der Strassenbahn, und der Fahrer musste extra das Licht ausschalten. Am Schwarzmarkt stieg sie aus. Dort traf sie sich mit düsteren Gestalten, um Schwarzer Peter zu spielen. Gewann sie Lakritzschnecken dabei, konnte man ihr dunkles Lachen hören. In der rabenschwarzen Nacht leuchtete nur die Glut ihrer schwarzen Zigarre. Kam sie endlich nach Hause, ass sie Pumpernickel mit Blutwurst, dazu trank sie Starkbier. Dann kämmte sie ihr langes pechschwarzes Haar und träumte vom Schwarzen Meer.

Die Tochter der Nachtkönigin und des Lichtkönigs war eine kleine, einsame Prinzessin. Im hellen Schloss ihres Vaters musste sie immerzu auf Bällen tanzen, spielen, Eistorte essen und Bilderbücher mit Glitzerbildern betrachten. Die Augen taten ihr weg davon. Im Turm der Mutter stürzte sie in der Finsternis die Treppen hinunter. Auch hasste sie die Kleider, die sie dort tragen musste, die Hüte und Sonnenbrillen. So ging sie früh eigne Wege. Kehrte nur heim, wenn sie Hunger hatte. Ass in der weissen Küche: Nudeln mit Sahnesosse – oder in der schwarzen: Mokkatorte und Fliederbeersuppe.

Im Schlosspark sah die Prinzessin den Enten beim Schwimmen und den Schmetterlingen beim Fliegen zu. Niemand kümmerte sich um sie. Eines Tages entdeckte sie einen Brunnen. Die Sonne schien warm auf den alten gemauerten Rand. Leer und trocken führte ein Schacht in die Tiefe.

Der Wind schüttelte den Holunderbusch, und zwischen seinen Blättern ertönte eine Melodie. Da sprang die Prinzessin auf den Brunnenrand. Sie tanzte, tanzte, bis der Wind weiterflog zu den Pappeln.

Erschöpft setzte sich die kleine Tänzerin und liess ihre Beine in den Schacht baumeln. Auf einmal – wutsch! – kam ein grüngoldener Drache aus dem Brunnen gesaust. «Wer stört meinen Frieden?», zischte er.

Zuerst erschrak die Prinzessin ein wenig, doch dann freute sie sich. «Wie schön du bist!», rief sie bewundernd.

Das hörte der Drache gern. Sofort erinnerte er sich daran, dass er der entfernte Verwandte eines chinesischen Glücksdrachens war. Das verbesserte seine Stimmung. «Wenn du zufällig einen Wunsch hast», sagte er freundlich, «will ich ihn dir erfüllen.»

Gewiss umgab ein Geheimnis den Brunnen. Denn kaum hatte der Drache gesprochen, summte eine Biene am Ohr der Prinzessin: «Wünsch dir Wasser in den Brunnen!»

Und ein Frosch quakte: «Wasser in den Brunnen!»

Die Drossel rief: «Frisch, frisch, frisch!»

Artig bat die Prinzessin: «Bring doch den Brunnen wieder zum Fliessen. Und bitte zaubere mir etwas Schönes zu essen, ich hab die Sahnewindbeutel und Mokkatörtchen so satt.»

Schwupps – verschwand der Drache im Brunnen. Gleich darauf kehrte er mit einem dicken schwarzweissen Stein zurück, den er herauswarf. Und schon füllte sich der Brunnen, der verstopft gewesen war, bis zum Rand mit Wasser.

Auf der Suche nach ihrer Tochter begegnete die Königin dem König im Park. Sie hatten sich schon seit Jahren nicht mehr gesehen. Nun standen sie voreinander und schauten sich an.

«Immer noch so schwarz?», fragte der König lächelnd.

«So schwarz wie du weiss», erwiderte die Königin.

Da merkten sie plötzlich, dass sie sich immer noch liebten. Denn Gegensätze ziehen sich bekanntlich an.

Als sie eine Weile gegangen waren, sagte die Königin: «Mir genügt eigentlich, wenn die Nacht dunkel ist.»

«Meinetwegen», antwortete der König. «Aber am Tage muss es hell sein.»

In diesem Moment rauschte es in der Luft, und sie trauten ihren Augen nicht. War das ihre Tochter, die auf einem grüngoldenen Drachen dahergeflogen kam? Die Prinzessin landete vor ihren Eltern im Gras, während der Drache kurz darauf im Wasser des Brunnens verschwand.

Vorher aber zauberte er dem Mädchen eine ganze Handvoll wunderbarer Samenkörner herbei und rief: «Tomaten, Kresse und Salat, Möhren, Radieschen und Spinat!»

«Das habe ich mir gewünscht!», jubelte die Prinzessin und wollte gleich ein bisschen davon naschen.

«Zuerst müssen die Samen in die dunkle Erde gesät werden», sagte der König und lächelte weise.

«Und zum Wachsen brauchen sie die Sonne», rief die Königin fröhlich.

Die drei machten sich an die Arbeit. Zum Glück kamen ihnen der Gärtner und seine Kinder zu Hilfe, sonst wären sie wohl heute noch nicht fertig.

*Renate Schoof*

# Das Wasser vom Klosterbrunnen   21

Zur Äbtissin Edith kam einst eine Frau. Sie beklagte sich bitter über ihre Tochter: Sie sei so missgelaunt und jähzornig, man könne es schier nicht mehr mit ihr aushalten. Schwester Edith solle ihr doch ein Mittel geben, damit der Friede wieder in ihr Haus einziehe.

«Geh zu unserem Kloster», sprach die Äbtissin, «und sag der Pförtnerin, sie solle dir etwas Wasser vom Klosterbrunnen geben. Kommt dann deine Tochter nach Hause, so nimmst du einen Schluck von diesem Wasser. Behalt es aber vorsichtig im Munde. Dann wirst du Wunder erleben!»

Die Frau tat, was die Äbtissin befohlen hatte. Als die Tochter abends heimkam und am Essen rummeckerte, wurde sie sofort wieder wütend und ungeduldig. Schnell nahm die Frau von dem geheimnisvollen Wasser und presste die Lippen aufeinander, um ja das Wunderwasser gut im Munde zu behalten. Wirklich! Bald schon schwieg die Tochter. So war für diesen Tag das Ungewitter schnell vorüber. Noch mehrmals versuchte die Frau ihr Geheimmittel: immer wieder der gleiche wunderbare Erfolg! Ihre Tochter war seitdem wie verwandelt. Sie gab ihr wieder liebe Worte und lobte sogar ihre Sanftmut und Geduld. Die Frau, ganz selig über die Veränderung der Tochter, eilte zu Schwester Edith und berichtete ihr freudestrahlend über den Erfolg des Geheimmittels.

«Das Wasser vom Klosterbrunnen, das ich dir geben liess, liebe Frau», sprach lächelnd Edith, «hat dieses Wunder nicht bewirkt, sondern nur dein Schweigen. Früher hast du deine Tochter durch deine spitzen Antworten nur noch mehr gereizt. Aber durch dein Schweigen kam es ihr plötzlich blöd vor, allein zu schimpfen, sie bekam die erwartete negative Reaktion von dir nicht mehr, und sie begann sich zu schämen und wurde allmählich wieder freundlich.»

*Legende*

# 22 Der König und der Hund

Als Yudhisthira den Gipfel des Himalayas erreicht hatte, erschien der grosse Gott Indra in seinem Strahlenwagen, um ihn in das himmlische Reich zu geleiten. Yudhisthira war der einzige Mensch, der den Himmel vor seinem Tod betreten durfte. Als Indra ihm befahl, seinen Wagen zu besteigen, sagte Yudhisthira, dass seine Frau und seine Brüder tot auf dem Wege lägen. Ohne sie könne er nicht in das himmlische Reich eintreten.

Der grosse Gott Indra versicherte ihm, dass diese bereits gleich nach ihrem Tod, also schon lange vor ihm in den Himmel eingegangen wären und dort inzwischen auf ihn warteten.

Yudhisthira sprach weiter und zeigte auf einen Hund: «Dieser Hund folgt uns, seit wir uns auf unsere Wanderung begaben. Ich will den Himmel nicht betreten, wenn der Hund nicht mit mir kommt.»

Indra sprach: «Heute noch wirst du die Unsterblichkeit, Erlösung und unvergängliche Glückseligkeit gewinnen. Du begehst keine Sünde, wenn du diesen unreinen Hund zurücklässt.»

«Nein», beharrte Yudhisthira, «nicht für alle Schätze des Himmels will ich diesen Hund zurücklassen.»

Indra sprach wieder: «Ein Hund ist ein unreines Tier. Wer immer einen Hund hält, kann nicht in den Himmel gelangen. Die Götter des Zorns vernichten alle Opferfrüchte, sobald sie einen Hund sehen. Du machst dich keiner Untreue schuldig, wenn du dieses widerwärtige Tier verlässt.»

Doch Yudhisthira blieb unbewegt. Lieber wolle er auf den Himmel verzichten. Er habe Frau und Brüder zurücklassen müssen, weil sie unterwegs gestorben seien, und er habe nichts für sie tun können. Dieser Hund aber sei bei ihm. Wie könne er ihn im Stich lassen, der seinen Schutz gesucht habe und ihm treu ergeben gewesen sei?!

Der Hund war jedoch kein Hund, sondern Yama selbst, der Gott des Todes und der Gerechtigkeit, aber in der Gestalt eines Hundes. Und als er Yudhisthira so sprechen hörte, warf er die Haut des Hundes ab und erschien in seiner wahren Gestalt. Er sprach: «Ich folgte dir in Gestalt eines Hundes, um dich zu prüfen. Du bist wahrhaftig fromm und gut zu allen Geschöpfen. Keiner im Himmel gleicht dir. Du bist willkommen in seinem Glanz und seinen Freuden.»

*Aus dem «Mahabharata»*

# 23  Der Vater und seine zwei Söhne

Jesus erzählte folgende Geschichte: «Ein Mann hatte zwei Söhne. Der Jüngere sagte: ‹Vater, gib mir den Teil der Erbschaft, der mir zusteht!› Da teilte der Vater seinen Besitz unter die beiden auf.

Nach ein paar Tagen machte der jüngere Sohn seinen ganzen Anteil zu Geld und zog weit weg in die Fremde. Dort lebte er in Saus und Braus und verjubelte alles. Als er nichts mehr hatte, brach in jenem Land eine grosse Hungersnot aus; da ging es ihm schlecht. Er hängte sich an einen Bürger des Landes, der schickte ihn aufs Feld zum Schweinehüten. Er war so hungrig, dass er auch mit dem Schweinefutter zufrieden gewesen wäre; aber er bekam nichts davon. Endlich ging er in sich und sagte: Mein Vater hat so viele Arbeiter, die bekommen alle mehr, als sie essen können, und ich komme hier um vor Hunger. Ich will zu meinem Vater gehen und zu ihm sagen: Vater, ich bin vor Gott und vor dir schuldig geworden; ich bin es nicht mehr wert, dein Sohn zu sein. Nimm mich als einen deiner Arbeiter in Dienst!

So machte er sich auf den Weg nach Hause.

Er war noch ein gutes Stück vom Haus entfernt, da sah ihn schon sein Vater kommen, und das Mitleid ergriff ihn. Er lief ihm entgegen, fiel ihm um den Hals und überhäufte ihn mit Küssen.

‹Vater›, sagte der Sohn, ‹ich bin vor Gott und vor dir schuldig geworden, ich bin es nicht mehr wert, dein Sohn zu sein!›

Aber der Vater rief seinen Dienern zu: ‹Schnell, holt die besten Kleider für ihn, steckt ihm einen Ring an den Finger und bringt ihm Schuhe! Holt das Mastkalb, und schlachtet es! Wir wollen ein Fest feiern und uns freuen! Denn mein Sohn hier war tot, jetzt lebt er wieder. Er war verloren, jetzt ist er wiedergefunden.›

Und sie begannen zu feiern.

Der ältere Sohn war noch auf dem Feld. Als er zurückkam und sich dem Haus näherte, hörte er das Singen und Tanzen. Er rief einen der Diener herbei und fragte ihn, was denn da los sei. Der sagte: ‹Dein Bruder ist zurückgekommen, und dein Vater hat das Mastkalb schlachten lassen, weil er ihn gesund wiederhat.›

Der ältere Sohn wurde zornig und wollte nicht ins Haus gehen.

Da kam der Vater heraus und redete ihm gut zu. Aber der Sohn sagte zu ihm: ‹Du weisst doch: All die Jahre habe ich wie ein Sklave für dich geschuftet, nie war ich dir ungehorsam. Was habe ich dafür bekommen? Mir hast du nie auch nur einen Ziegenbock gegeben, damit ich mit meinen Freunden feiern konnte. Aber der da, dein Sohn, hat dein Geld in kurzer Zeit verschwendet. Doch jetzt, wo er arm und elend nach Hause kommt, da schlachtest du gleich das Mastkalb für ihn.›

‹Mein Sohn›, sagte der Vater, ‹du bist immer bei mir, und dir gehört alles, was ich habe. Aber jetzt müssen wir doch feiern und uns freuen! Denn dein Bruder war tot und ist wieder am Leben. Er war verloren und ist wiedergefunden.›»

*Lukas-Evangelium 15,11–32*

# Der weise Richter Salomon 24

Eines Tages kamen zwei junge Mütter zu König Salomon und verlangten von ihm eine gerechte Entscheidung in ihrem Streit.

«Mein Herr und König», sagte die eine, «diese Frau und ich wohnen zusammen im selben Haus. Sie war dabei, als ich einen Sohn gebar. Zwei Tage danach gebar sie selbst einen Sohn. Nur wir beide waren zu dieser Zeit im Haus; sonst war niemand da. Eines Nachts wälzte sie sich im Schlaf auf ihr Kind und erdrückte es, sodass es starb. Da stand sie mitten in der Nacht auf und nahm mir mein Kind weg, während ich schlief. Dafür legte sie ihr totes Kind neben mich. Als ich am Morgen erwachte und mein Kind stillen wollte, fand ich es tot. Doch als ich es genau ansah, merkte ich, dass es gar nicht das meine war.»

«Das ist nicht wahr!», rief die andere. «Mein Kind ist das lebende und deins das tote!»

«Nein!», rief die Erste. «Das tote Kind ist deins, das lebende meins!»

So stritten sie sich vor dem König. Da sagte König Salomo zu seinen Leuten: «Bringt mir ein Schwert!» Sie brachten es ihm. Er befahl weiter: «Zerschneidet das lebende Kind in zwei Teile und gebt die eine Hälfte der einen, die andere Hälfte der andern!»

Da rief die Frau, der das lebende Kind gehörte – denn die Mutterliebe regte sich mächtig in ihr: «Ach, mein Herr und König! Gebt es der andern, aber lasst es leben!»

Die andere aber sagte: «Weder dir noch mir soll es gehören! Zerschneidet es nur!»

Darauf entschied der König: «Gebt das Kind der ersten, tötet es nicht! Sie ist die Mutter.»

Überall in Israel erfuhr man von diesem Urteil des Königs, und alle schauten in Ehrfurcht zu ihm auf. Sie sahen, dass Gott ihm Weisheit geschenkt hatte, so dass er gerechte Entscheidungen fällen konnte.

*1 Könige 3,16–22.24–28*

# 25 Die Bremer Stadtmusikanten

Vor langer Zeit lebte ein alter Esel bei einem Bauern. Der Esel hatte für den Mann sein ganzes Leben Mehlsäcke zur Mühle getragen. Doch langsam gingen seine Kräfte zu Ende, und der Bauer wollte sich einen neuen Esel kaufen und den alten zum Schlachthof bringen. Der Esel merkte das und lief fort. Er dachte sich: Etwas Besseres als den Tod finde ich überall. Und weil er einst von Stadtmusikanten in Bremen gehört hatte, machte er sich auf den Weg nach Bremen. Denn auch er wollte Stadtmusikant werden.

Auf seinem Weg sah er einen Hund am Strassenrand liegen. «Ich bin schon alt und tauge nicht mehr für die Jagd, deshalb hat mich meine Herrin fortgejagt. Nun liege ich hier und warte auf den Tod», sagte der Hund.

Da sprach der Esel zu ihm: «Etwas Besseres als den Tod findest du überall. Komm doch mit mir nach Bremen, um wie ich Stadtmusikant zu werden.»

Der Hund fand die Idee gut, und so gingen sie zusammen weiter. Schon bald trafen sie auf eine Katze. Sie machte ein Gesicht wie drei Tage Regenwetter. «Was ist los mit dir?», fragte der Esel.

«Ach», antwortete die Katze, «ich bin schon alt und kann keine Mäuse mehr fangen, deshalb hat man mich vom Hof weggeschickt.»

«Komm mit uns nach Bremen. Wir werden dort Stadtmusikanten. Du kannst die Nachtmusik miauen», sagten der Esel und der Hund zu ihr. Die Katze strahlte und folgte den anderen.

Nach dem nächsten Dorf kamen die drei an einem Bauernhof vorbei. Dort sass ein Hahn auf dem Tor und schrie aus Leibeskräften.

«Was ist los mit dir? Warum schreist du so?», fragte der Esel.

«Ach, morgen kommen Gäste, und da will mich die Hausherrin in den Suppentopf stecken, weil ich schon alt bin und ab und zu verschlafe. Jetzt schrei ich noch, solange ich kann», erwiderte der Hahn.

«Das ist gar nicht schön», meinte der Hund. «Komm mit uns nach Bremen, um Stadtmusikant zu werden. Du hast eine gute Stimme.»

Dem Hahn gefiel die Idee, und so schloss er sich den dreien an. Als es Abend wurde und sie sich gerade im Wald befanden, wollten sie dort übernachten. Sie suchten sich alle einen Platz: Der Esel und der Hund legten sich unter einen grossen Baum, die Katze kletterte in die Äste des Baums und der Hahn flog ganz nach oben auf die Spitze. Nach einer Weile sah er in der Ferne ein kleines Licht und rief den anderen zu: «Ganz in der Nähe muss es ein Haus geben, denn ich sehe noch Licht.»

Der Esel sagte zu den anderen: «Lasst und dorthin gehen. Da ist es bestimmt gemütlicher als hier im Wald, und vielleicht gibt es ja auch noch etwas zu essen für uns.»

Also machten sie sich auf den Weg und kamen dem Licht immer näher. Bald standen sie vor einem hübschen Haus. Der Esel schaute durch das Fenster und erkannte Räuber, die um einen herrlich gedeckten Tisch sassen. «Das wäre etwas für uns. Wir sollten den Räubern Angst machen und sie hinausjagen», meinte der Esel.

Gesagt, getan: Der Esel stellte sich mit den Vorderfüssen auf das Fenster, der Hund sprang auf seinen Rücken, die Katze auf den Rücken des Hundes, und schliesslich flog der Hahn der Katze auf den Kopf. Auf ein

Zeichen veranstalteten sie einen Höllenlärm: Der Esel schrie, der Hund bellte, die Katze miaute, und der Hahn krähte aus Leibeskräften, und gleichzeitig stürzten sie mit lautem Getöse durch das Fenster in die Stube.

Die Räuber erschraken fürchterlich und meinten ein Gespenst zu sehen. Sie liefen hinaus und versteckten sich im Wald. Die vier Musikanten aber setzten sich an den Tisch und assen mit Freude alles, was noch übrig war. Dann suchten sich alle einen gemütlichen Schlafplatz und machten das Licht aus. Als die Räuber sahen, dass kein Licht mehr brannte, meinten sie, dass sie das Ganze vielleicht nur geträumt hätten. Sie schickten einen Räuber los, um das Haus zu untersuchen. Ängstlich schlich sich dieser ins Haus. Doch als er in die Küche kam, hielt er die funkelnden Augen der Katze für glühendes Feuer und wollte ein Streichholz daran anzünden. Die Katze sprang ihm dabei ins Gesicht und kratzte ihn heftig, worauf der Räuber aus der Küche rannte und im Gang über den Hund stolperte, der ihn ins Bein biss. Im Hof gab ihm der Esel noch einen kräftigen Tritt, und der Hahn, der von dem Lärm wach geworden war, schrie laut «Kikeriki!»

Der Räuber lief, so schnell er konnte, in den Wald zu den anderen Räubern und erzählte ihnen, dass in dem Haus eine Hexe wohne, die ihm das Gesicht zerkratzt habe. Ausserdem habe ihm ein Mann mit einem Messer ins Bein gestochen, und oben auf dem Dach sitze jemand, der gerufen habe: «Bringt mir den Räuber her.» Die Räuber trauten sich nie wieder in ihr Haus und gingen weit fort.

Den Stadtmusikanten aber gefiel es im Räuberhaus so gut, dass sie nicht mehr nach Bremen wollten und dort bis ans Ende ihrer Tage friedlich zusammenwohnten.

*Aus der Sammlung der Gebrüder Grimm*

# Josef und seine Brüder  26

## A  Josef wird von seinen Brüdern verkauft

Jakob wohnte im Land Kanaan. Sein zweitjüngster Sohn hiess Josef und war 17 Jahre alt. Zusammen mit seinen Brüdern hütete er die Schafe. Dabei hatte er seine Ohren überall – ihm entging nichts, und alles, was er mitbekam, erzählte er seinem Vater Jakob, sobald er wieder zu Hause war. Jakob liebte Josef mehr als seine anderen Kinder. Darum hatte er ein Gewand für ihn gemacht, wie es sogar ein Königssohn hätte tragen können.

Das sahen natürlich auch Josefs Brüder, und als ihnen klar wurde, dass Jakob ihn lieber hatte, da verabscheuten sie ihn! Es war so schlimm, dass sie es nicht einmal mehr ertragen konnten, wenn sie Josef begegneten und er einfach nur «Schalom» sagte.

Eines Tages erzählte Josef ihnen einen Traum. Seine Brüder blickten finster: Wenn er doch bloss seinen Mund hielte. «Hört ihr? Ich habe einen Traum gehabt: Wir waren auf den Feldern und haben Garben gebunden, meine Garbe richtete sich auf und blieb aufrecht stehen. Eure Garben bildeten einen Kreis um meine Garbe und warfen sich vor ihr auf den Boden.»

«Das hättest du wohl gern, Bruder: König sein – über uns herrschen und wir fallen vor dir auf die Knie.» Jetzt hassten sie ihn wegen seines Traumes noch mehr – hätte er ihn doch wenigstens für sich behalten!

Und es wurde noch schlimmer, als Josef ihnen noch einen zweiten Traum erzählte. Er sagte: «Ich habe noch einen Traum gehabt! Die Sonne, der Mond und elf Sterne haben sich vor mir niedergeworfen.» Diesmal erzählte Josef auch seinem Vater von dem Traum.

«Ist das dein Traum, Josef?», schrie Jakob ihn an. «Willst du wirklich, dass wir alle uns vor dir zu Boden werfen?»

Als Josefs Brüder mit den Viehherden einmal länger unterwegs waren, schickte Jakob ihn hinterher, um zu sehen, ob alles in Ordnung sei. Schon von Weitem konnten die Brüder Josef sehen. «Da kommt der Herr der Träume», riefen sie. Und auf einmal war die Idee da: «Wir bringen ihn um! Wir sagen einfach, ein wildes Tier habe ihn gefressen. Dann werden wir ja sehen, was aus seinen Träumen wird …»

«Nein, das dürft ihr nicht tun!», rief Ruben, der Älteste. Er musste Zeit gewinnen, um Josef vor seinen wütenden Brüdern zu schützen. Wenn sie sich erst beruhigt hätten, würde er Josef zu Jakob bringen. Ruben schlug deshalb vor: «Wir werfen ihn in einen der leeren Brunnen in der Wüste, das ist das richtige Loch für ihn! Aber wir werden ihm nicht an die Kehle gehen!»

Als Josef bei ihnen angekommen war, packten sie ihn, rissen ihm sein Gewand vom Leib und warfen ihn nackt in den Brunnen. Dann setzten sie sich hin und assen gemeinsam.

Da sah Juda eine Karawane von Ismaeliterinnen und Ismaelitern näher kommen: «Brüder, was haben wir davon, wenn wir Josef umbringen? Wir sollten ihn lieber verkaufen, statt ihn umzubringen, schliesslich ist er ja unser Bruder», schlug er vor.

Seine Brüder stimmten zu: «Das ist die Lösung!»

Aber Josef war bereits an die Ismaeliter verkauft – doch nicht von seinen Brüdern! Denn während diese noch assen und überlegten, was sie tun sollten, waren Leute aus Midian an dem Brunnen vorbeigekommen. Sie hatten Josef entdeckt und herausgezogen. Sie waren es, die Josef an die ismaelitische Karawane verkauft hatten, für zwanzig Silberstücke. So war er bereits auf dem Weg nach Ägypten, als Ruben kam, um ihn aus dem Loch herauszuholen. Entsetzt zerriss Ruben seine Kleider und rannte zurück zu seinen Brüdern: «Josef ist nicht mehr da! Er ist weg! Das Loch ist leer!»

Was sollten sie jetzt tun? Ihrem Vater die Wahrheit sagen? Was war denn die Wahrheit? Sie wussten doch selbst nicht, was wirklich mit Josef geschehen war. Also blieb ihnen nichts anderes übrig, als die Geschichte vom wilden Tier zu erfinden, das Josef gefressen habe: Schnell schlachteten sie einen Ziegenbock. In dessen Blut tauchten sie Josefs Gewand. Dann nahmen sie es, kehrten nach Hause zurück und brachten es zu ihrem Vater. Als Jakob das Gewand seines Lieblingssohnes erkannte, war er von Josefs Tod überzeugt: Er zerriss seine Kleidung und zog stattdessen einen Sack an. So war seine Trauer um Josef für alle sichtbar. Zwar kamen alle seine Töchter und Söhne, um ihn zu trösten, aber niemand unter ihnen konnte Jakob auch nur einen Moment lang zum Aufatmen bringen, so sehr schnürte ihm seine Traurigkeit die Kehle zu. Er weinte immer nur und sagte: «Ich werde trauern, solange ich lebe!»

*Genesis (1. Mose) 37*

## B  Neue Kleider – neues Gefängnis

Josef wurde in Ägypten an einen Mann namens Potifar verkauft, einen engen Vertrauten des Pharaos. Er lebte im Haus Potifars, aber Ägypten war fremd für ihn: Leute wie sein Vater und seine Brüder, die als Hirten lebten, wurden hier verachtet. Ausserdem sahen die Menschen ganz anders aus, ihre Kleidung war für ihn ungewohnt, und die Männer hatten keine Bärte. Sogar andere Göttinnen und Götter waren in Ägypten wichtig. Josef aber vertraute dem GOTT Israels, und dieser war auf seiner Seite, so dass ihm alles gelang. Das bemerkte auch Potifar. Er mochte Josef und überliess ihm alle wichtigen Aufgaben in seinem Haus: Josef beaufsichtigte alle anderen, die dort arbeiteten, und er konnte frei über Potifars gesamtes Eigentum verfügen. Von da an segnete GOTT das Haus Potifars wegen Josef, und der Segen ruhte auf allem, was er hatte, im Haus und auf dem Feld.

Inzwischen war Josef erwachsen geworden, ein gutaussehender Mann. Da kam Potifars Frau zu ihm und sagte zu ihm: «Schlaf mit mir!»

Josef weigerte sich zwar, aber Potifars Frau gab nicht auf. Als sie einmal allein im Haus waren, riss sie ihm sein Gewand weg: «Schlaf mit mir!» Josef rannte davon. Sein Gewand liess er bei Potifars Frau und floh nackt nach draussen. Da fing sie an zu schreien: «Wo sind denn alle? Kommt schnell her!» Sie rief so lange, bis alle Leute aus dem Haus zusammengekommen waren: «Seht euch das an! Da bringt mein Mann diesen hebräischen Kerl mit ins Haus, und was passiert? Er kommt zu mir und sagt: «Schlaf mit mir!» Aber ich habe angefangen zu schreien, da ist er weggelaufen. Hier ist sein Gewand, das hat er liegen lassen!»

Sie wartete, bis ihr Mann kam, so lange liess sie Josefs Kleidung neben sich liegen. Als Potifar nach Hause kam, fuhr sie ihn an: «Es ist alles deine Schuld! Du hast ihn hergebracht! Hier, das gehört deinem hebräischen Lieblingssklaven. Er hat es liegen gelassen, als ich anfing zu schreien, weil er sagte: ‹Schlaf mit mir!›»

Potifar schäumte vor Wut. Er liess Josef in das Gefängnis des Pharaos werfen. Josef war wieder ein Gefangener. Aber GOTT war auf seiner Seite. Im Gefängnis war es genauso wie im Haus Potifars: Der Gefängnisaufseher mochte Josef und übertrug ihm schnell alle Verantwortung im Gefängnis, denn GOTT war ja mit Josef und liess ihm alles gelingen.

*Genesis (1. Mose) 39*

## C  Der Träumer als Traumdeuter

Einmal hatte der Pharao einen Traum, der ihn sehr beunruhigte. Doch alle Weisen Ägyptens wussten den Traum nicht zu deuten.

Der oberste Mundschenk des Pharaos trat zum Pharao und sagte: «Ich glaube, ich weiss, wer dir helfen kann, Pharao! Es ist mir eben wieder eingefallen: Ich kenne einen Mann, einen hebräischen Sklaven. Wie konnte ich ihn nur so lange vergessen? Es war vor zwei Jahren, damals als ich im Gefängnis sass. Mit mir war auch der Oberste der Bäcker ins Gefängnis geworfen worden: ‹Verfehlung gegen den Pharao› lautete die Anklage. Ein junger hebräischer Mann führte Aufsicht über uns. Nach einiger Zeit geschah etwas Seltsames: Der Bäcker und ich hatten beide in derselben Nacht einen Traum. Wir waren uns sicher, dass unsere Träume eine Bedeutung hatten, aber wir konnten sie nicht deuten. Um Hilfe bitten konnten wir auch niemanden – wer kannte sich im Gefängnis schon in der Kunst der Traumdeutung aus? Wir rätselten hin und her. Schliesslich waren wir sogar so weit, dass wir dem Hebräer davon erzählten.

Darauf sagte er etwas Sonderbares: ‹Sind Deutungen nicht allein Gottes Angelegenheit? Aber erzählt mir ruhig trotzdem eure Träume.›

Als er unsere Träume gehört hatte, sagte er, ich würde drei Tage später in mein Amt zurückkehren, den Bäcker aber würdest du zum Tode verurteilen – und tatsächlich ist es genauso gekommen, das weisst du selbst, mein Herr. Ich war damals so froh, dass ich aus dem Gefängnis raus war! Darüber habe ich den Hebräer völlig vergessen.

‹Erinnere dich an mich, wenn es dir wieder gut geht›, hat er mich gebeten. ‹Erinnere den Pharao daran, dass ich hier im Gefängnis bin und darauf warte, dass er mich wieder freilässt. Erst wurde ich aus meiner Heimat, dem Land der Hebräerinnen und Hebräer, gestohlen und hierher verkauft – und hier werde ich für eine Sache, die ich gar nicht getan habe, schon wieder eingesperrt. Vergiss mich nicht! Hol mich hier raus, bitte!›

Zwei Jahre lang habe ich nicht an ihn gedacht, aber jetzt ist er mir wieder eingefallen. Er kann dir helfen! Er wird dir deine Träume deuten!»

Der Pharao liess Josef rufen, was konnte es schaden? Als Josef hereingebracht wurde, sagte er zu ihm: «Niemand kann meine Träume deuten. Von dir nun habe ich Erstaunliches gehört: Angeblich brauchst du kein Buch, gar nichts, um Träume zu verstehen – du sollst sie nur hören müssen und gleich sagen können, was sie bedeuten.»

Josef antwortete dem Pharao, was er schon dem Mundschenk und dem Bäcker geantwortet hatte: «An mir liegt es nicht. Es ist allein GOTTES Sache, die Träume zu deuten. Er wird zu deiner Zufriedenheit antworten.»

Da erzählte der Pharao ihm, was er in der letzten Nacht geträumt hatte: «In meinem ersten Traum stand ich am Nil. Plötzlich stiegen sieben fette, schöne Kühe aus dem Nil, die im Riedgras weideten. Doch dann stiegen sieben magere Kühe aus dem Nil, sie waren so armselig, solche Kühe habe ich in ganz Ägypten noch nicht gesehen. Die sieben mageren Kühe frassen die sieben fetten Kühe, aber sie blieben so mager wie vorher. Dann wachte ich auf. Als ich wieder eingeschlafen war, träumte ich erneut: An einem einzigen Halm wuchsen sieben fette Ähren, voll von prallem goldenem Korn. Doch dann wuchsen sieben magere Ähren, das Korn war klein, hart, versengt vom Ostwind – ungeniessbar. Die sieben schlechten Ähren verschlangen die sieben guten Ähren, aber sie sahen genauso schlecht aus wie vorher!»

Josef deutete die Träume Pharaos: «Deine beiden Träume waren tatsächlich nur *ein* Traum. GOTT hat dir durch sie angekündigt, was ER tun wird: Die sieben fetten Kühe und die die sieben guten Ähren bedeuten sieben gute Jahre. Sieben Jahre lang wird es in Ägypten gute Ernten geben, die Menschen werden so viel ernten, dass sie gar nicht alles verbrauchen können. Die mageren Kühe und die schlechten Ähren stehen auch für sieben Jahre, nämlich für die sieben Hungerjahre danach. Niemand wird sich mehr an die sieben guten Jahre erinnern, so gross wird der Hunger sein. Du hast zweimal geträumt, also hat GOTT die Sache sicher beschlossen. Es wird so kommen, wie ich es gesagt habe! Pharao, such einen vernünftigen und klugen Mann, den du als deinen obersten Verwalter über ganz Ägypten einsetzt. Lass während der sieben reichen und guten Jahre von allen Menschen ein Fünftel ihrer Ernteerträge einsammeln und in den Städten als Vorrat für die sieben Hungerjahre speichern. So wird das Land in den sieben Hungerjahren genug zu essen haben.»

Alles, was Josef gesagt hatte, leuchtete dem Pharao ein. Er erkannte, dass GOTT auf Josefs Seite war: «Hat man jemals einen Mann wie diesen gesehen, in dem so deutlich die Geistkraft einer Gottheit zu spüren ist?», fragte er seine Dienerinnen und Diener.

Und zu Josef sagte er: «Niemand konnte mir meine Träume erklären, nur du. Kann es denn einen Mann geben, der vernünftiger und klüger, der weiser ist als du? Du sollst über meinem ganzen Land stehen. Was du sagst, soll mein ganzes Volk tun, ohne zu murren. Ich, Pharao, Herrscher über ganz Ägypten, werde nur um meinen Thron grösser sein als du.»

Zum Zeichen dafür schenkte Pharao Josef seinen goldenen Ring.

Josef war 30 Jahre alt, als der Pharao ihn zum Aufseher über Ägypten machte, und er war ein ganz anderer geworden. Er sah aus wie ein Ägypter, hatte jetzt einen ägyptischen Namen, Zafenat-Pa'aneach, und der Pharao hatte ihm eine Frau gegeben: Asenat – Josef war ein gemachter Mann.

In den sieben guten Jahren sammelte er von allen Menschen ein Fünftel ihrer Ernte ein. Den Ertrag schaffte er vom Land in die Städte. Dort liess er grosse Speicher bauen und alles Korn hinbringen. Irgendwann gab es in den Speichern Getreide wie Sand am Meer – so viel, dass niemand es mehr zählen konnte.

Noch in den guten Jahren brachte Asenat zwei Kinder zur Welt: Efraim und Manasse.

Dann endeten die sieben Jahre des Überflusses, und die sieben Hungerjahre begannen. Der Hunger war in allen Ländern, aber nur in Ägypten gab es noch Brot. Trotzdem hungerte auch das ägyptische Volk. Es schrie zu Pharao. Pharao schickte sie zu Josef. Da öffnete Josef die Getreidespeicher und fing an, das Getreide, das er eingesammelt hatte, zu verkaufen. Von überall her kamen Menschen, um von Josef Getreide zu kaufen.

*Genesis (1. Mose) 40–41*


### D «Bringt mir euren jüngsten Bruder!»

Eines Tages kamen auch Josefs Brüder nach Ägypten. Jakob hatte sie geschickt, nur Benjamin, seinen jüngsten Sohn, hatte er nicht mitgehen lassen. Sie gingen zu Josef und warfen sich vor ihm auf die Erde – Josef erkannte sie sofort, aber er liess sich nichts anmerken und behandelte sie wie Fremde: «Woher kommt ihr?»

«Aus Kanaan, wir wollen Getreide kaufen!», antworteten seine Brüder, die ihn nicht erkannt hatten.

«Ach was! Spione seid ihr!»

«Nein, Herr, deine Diener sind wirklich nur gekommen, um Vorräte zu kaufen. Wir sind aufrichtige Leute! Wir sind Brüder, eigentlich sind wir zwölf, aber einer ist nicht mehr da, und den Jüngsten haben wir bei unserem Vater gelassen.»

«Nun, ich mache euch einen Vorschlag: Nehmt Vorräte, zieht nach Hause zurück und bringt mir euren jüngsten Bruder, dann werde ich ja sehen, ob ihr die Wahrheit gesagt habt oder nicht. Einer von euch bleibt so lange in meinem Gewahrsam! Wenn ihr tut, was ich sage, werdet ihr leben!»

Die Brüder willigten ein. Alle waren sich einig: «Es musste ja irgendwann so kommen. Es geschieht uns ganz recht: Als unser Bruder Angst um sein Leben hatte und uns anflehte, da haben wir ihn nicht erhört. Es ist seine Angst, die uns jetzt trifft!»

Bei diesen Worten fing Josef an zu weinen. Schnell drehte er sich weg, damit sie seine Tränen nicht sahen. Dann liess er Simeon, den jüngsten der anwesenden Brüder, vor den Augen der anderen einsperren. Diese machten sich auf den Heimweg. Als einer von ihnen am Abend seinen Futtersack öffnete, um seinen Esel zu füttern, entdeckte er einen Beutel mit Silbergeld darin. Josef hatte nämlich seinen Dienern befohlen, ihnen ihr Geld heimlich wieder zurückzulegen. Die Brüder bekamen Angst: «Was hat GOTT uns da angetan?»

Zu Hause angekommen erzählten sie Jakob alles, was vorgefallen war, und dass der Ägypter von ihnen verlangt hatte, ihm ihren jüngsten Bruder zu bringen.

Jakob wehrte entsetzt ab: «Niemals! Ihr macht mich zum verwaisten Vater! Josef ist nicht mehr da, Simeon ist nicht mehr da – und jetzt wollt ihr mir auch noch Benjamin wegnehmen!»

Ruben sah seinen Vater an: «Ich verspreche, dass ich ihn dir zurückbringe, ihm wird nichts geschehen. Dafür bürge ich mit meinen Söhnen: Breche ich mein Versprechen, gehören meine Söhne dir.»

«Mein Sohn wird nicht mit euch hinabziehen. Sein Bruder ist schon tot, wenn Benjamin auch noch etwas passiert, bringt ihr mich um!»

Irgendwann waren die Vorräte aufgebraucht, und Jakob verlangte von seinen Söhnen, noch einmal welche zu besorgen.

Da ergriff Juda das Wort: «Vater, du musst Benjamin mit uns gehen lassen, damit wir und unsere Kinder überleben können! Ich verbürge mich für ihn: Wenn Benjamin etwas zustösst, dann kannst du mich zur Verant-

Von Eltern, Geschwistern und Freunden

wortung ziehen! Wir könnten schon zweimal wieder hier sein, wenn wir nicht so lange gewartet hätten.»

«Wenn es denn sein muss ... Aber nehmt Geschenke für diesen Fremden mit. Und nehmt die doppelte Menge an Silbergeld mit, damit ihr das Geld, das in euren Futtersäcken lag, eigenhändig zurückgeben könnt. GOTT gebe, dass dieser Mann gnädig mit euch umgeht, damit ihr zurückkehrt und Simeon und Benjamin mit euch!»

Also zogen sie hinunter nach Ägypten. Als Josef sie sah und bemerkte, dass Benjamin wirklich bei ihnen war, befahl er seinem Hausvorsteher, sie in sein Haus zu bringen.

Die Brüder bekamen Angst: Sicher wollte der Ägypter sie wegen des Silbergeldes in ihren Futtersäcken gefangen nehmen. Schnell gingen sie zum Hausvorsteher: «Wir waren schon einmal hier und haben Vorräte gekauft. Auf dem Rückweg, als wir unsere Futtersäcke öffneten, bemerkten wir, dass unser Silbergeld, mit dem wir bezahlt hatten, noch da war. Darum haben wir jetzt die doppelte Menge an Geld mitgebracht. Wir wissen nicht, wie das Geld wieder in unsere Futtersäcke kam!»

Der Hausvorsteher beruhigte sie: «Habt keine Angst! Eure Gottheit, die Gottheit eurer Eltern, hat euch einen Schatz in eure Futtersäcke gegeben, denn ich habe damals ja euer Silbergeld bekommen!» Dann brachte er Simeon zu ihnen.

Als Josef zu ihnen kam, fragte er zuerst, ob Jakob noch am Leben sei. Aber dann entdeckte er Benjamin, den Sohn seiner Mutter, unter seinen Brüdern. Das zu sehen war mehr, als er ertragen konnte: Er ging in seine Räume und weinte.

Beim gemeinsamen Essen mit Josef schöpften seine Brüder keinen Verdacht, obwohl sie verwundert waren, dass sie in der richtigen Reihenfolge am Tisch sassen: der Erstgeborene ganz oben, hinab bis zu dem Jüngsten. Selbst als Josef Benjamin fünfmal so viel Essen auffüllen liess wie seinen übrigen Brüdern, dachte wohl keiner daran, dass der Fremde ihr Bruder Josef sein könnte.

Nach dem Essen befahl Josef seinem Hausvorsteher, die Futtersäcke seiner Brüder zu füllen. Auch diesmal ordnete er an, ihnen ihr Silbergeld oben in die Futtersäcke zu legen. «Und dann nimm meinen Silberbecher, und leg ihn bei dem Jüngsten noch dazu!»

Der Hausvorsteher machte alles so, wie Josef gesagt hatte. Kaum waren Josefs Brüder am nächsten Morgen aufgebrochen, holte sie sein

Hausvorsteher schon ein: «Bleibt stehen! Ist das der Dank für die Freundlichkeit meines Herrn, dass ihr ihm seinen silbernen Trinkbecher stehlt?» Er sagte genau das, was Josef ihm aufgetragen hatte.

Die Brüder waren empört: «Warum sollten wir so etwas tun? Durchsuche alles! Findest du den Becher bei einem von uns, dann soll dieser sterben und die übrigen werden als Zwangsarbeiter in Ägypten bleiben!»

«Nun gut», entgegnete der Mann, «derjenige, bei dem ich den Becher finde, der bleibt als Zwangsarbeiter hier, die anderen können nach Hause ziehen!» Natürlich fand er den Becher in Benjamins Gepäck.

Die Brüder zerrissen ihre Kleider und kehrten in die Stadt zurück. Josef erwartete sie schon: «Was habt ihr getan?»

Juda und seine Brüder warfen sich vor ihm auf die Erde: «Was sollen wir uns rechtfertigen? GOTT kennt unsere Schuld! Jetzt sind wir also deine Zwangsarbeiter!»

Aber Josef winkte ab: «Nur der, bei dem der Becher gefunden wurde, muss bleiben. Ihr anderen könnt zu eurem Vater zurückkehren!»

Da ging Juda zu ihm: «Mein Herr, tut das nicht! Es würde unseren Vater das Leben kosten, wenn wir ohne Benjamin zurückkehren. Er wollte ihn ja gar nicht mitziehen lassen, er sagte: ‹Zwei Söhne hat Rahel mir geboren, der eine ist von einem wilden Tier gerissen worden, ich habe ihn nie wieder gesehen. Wenn ihr mir jetzt auch Benjamin wegnehmt, bringt ihr mich um.› Ich aber habe mich für Benjamin verbürgt, darum behaltet mich hier und lasst ihn ziehen!»

«Raus, alle raus! Nur die Hebräer bleiben hier!», rief darauf Josef, denn er konnte sich nicht länger zusammenreissen. Als er mit seinen Brüdern allein war, brach es aus ihm heraus: «Ich bin Josef! Sagt mir, lebt unser Vater noch? Starrt mich nicht so an. Kommt her, seht doch: Ich bin es wirklich Josef, euer Bruder, den ihr verkauft habt.»

Vorsichtig traten sie näher, aber sie schwiegen.

«Zwei Jahre dauert der Hunger jetzt schon, und es werden fünf weitere Jahre folgen. GOTT hat dafür gesorgt, dass ich Herr über ganz Ägypten werde, nicht einmal der Pharao hat mehr Macht als ich. Los, geht zu unserem Vater, und erzählt ihm, wie mächtig ich hier in Ägypten bin. Ihr und mein Bruder Benjamin habt es doch jetzt mit eigenen Augen gesehen. Sagt unserem Vater, dass er hierherkommen soll und dass er und seine ganze Familie hier leben können. Bringt ihn so schnell wie möglich hierher!»

Dann fiel er seinem Bruder Benjamin um den Hals und weinte, und auch Benjamin weinte. Nacheinander küsste Josef alle seine Brüder – dann erst konnten sie mit ihm reden.

So zogen Josefs Brüder wieder zurück nach Kanaan, ausgestattet mit Wagen und neuer Kleidung, denn auch der Pharao wollte, dass Josefs Familie nach Ägypten kam. Benjamin hatte von Josef fünf neue Gewänder und 300 Silberstücke obendrein bekommen. Als sie zu Hause ankamen und Jakob erzählten: «Josef lebt noch! Er ist der mächtigste Mann in Ägypten», da konnte er ihnen einfach nicht glauben. Erst als sie es ihm immer und immer wieder erzählten und er die Wagen sah, die der Pharao ihm geschickt hatte, da vertraute er ihnen schliesslich doch: «Mein Sohn Josef lebt noch! Ich will ihn sehen, bevor ich sterbe!»

Und so machte sich der alte Jakob mit seinen Söhnen auf, um nun selbst nach Ägypten zu gehen. Als sie nach langer, beschwerlicher Reise endlich ankamen, eilte Josef seinem Vater auf seinem schnellen Pferdewagen entgegen, fiel ihm um den Hals und konnte nicht mehr aufhören zu weinen. Und Jakob sagte zu ihm: «Jetzt kann ich sterben, denn nun weiss ich, dass du lebst!»

*Genesis (1. Mose) 46*

*Genesis (1. Mose) 37–39; 40–41; 46; auf der Grundlage von:*
*Diana Klöpper und Kerstin Schiffner, «Erzählbibel»*

# Sand oder Stein  27

Einst wanderten zwei Freunde durch die Wüste. Während der Wanderung stritten sie, und der eine schlug dem anderen ins Gesicht. Der Geschlagene war gekränkt. Wortlos kniete er nieder und schrieb in den Sand: «Heute hat mich mein bester Freund ins Gesicht geschlagen.»

Die zwei Freunde wanderten weiter und kamen bald darauf zu einer Oase. Dort nahmen sie ein Bad. Der Freund, der geschlagen worden war, blieb auf einmal im Schlamm stecken und ertrank fast. Doch sein Freund rettete ihn in letzter Minute.

Nachdem sich der Freund, der fast ertrunken war, wieder erholt hatte, nahm er einen Stein und ritzte folgende Worte hinein: «Heute hat mein bester Freund mir das Leben gerettet.»

Der Freund, der den anderen geschlagen und auch gerettet hatte, fragte erstaunt: «Als ich dich gekränkt hatte, hast du deinen Satz in den Sand geschrieben, aber nun ritzt du die Worte in einen Stein. Warum?»

Der Freund antwortete: «Wenn uns jemand gekränkt oder beleidigt hat, sollten wir es in den Sand schreiben, damit der Wind des Verzeihens es wieder auslöschen kann. Aber wenn jemand etwas tut, was für uns gut ist, dann sollen wir das in einen Stein gravieren, damit kein Wind es jemals löschen kann.»

*Islamische Tradition*

# 28  Schneeweisschen und Rosenrot

Es war einmal eine arme Witwe, die mit ihren beiden Töchtern in einem kleinen Häuschen im Wald lebte. In ihrem Garten standen zwei Rosenbäume, ein roter und ein weisser. Weil das eine Mädchen eine ganz weisse Haut und das andere ganz rosa Wangen hatte, nannte sie ihre Mutter genauso wie die Rosenbäumchen: Das eine Mädchen hiess Schneeweisschen und das andere Rosenrot. Die Schwestern liebten sich sehr und waren gut zueinander. Was die eine hatte, teilte sie mit der anderen, und sie waren genauso liebenswürdig zu ihrer Mutter und den Tieren des Waldes.

Deswegen machte sich die Mutter auch nie Sorgen um die Mädchen, wenn sie in den Wald gingen und dort schliefen, denn die Tiere waren ihre Freunde, und sie waren ja nie alleine. Obwohl sie nicht viel hatten, hatte die Familie es schön in dem kleinen Haus. Abends sassen sie im Sommer draussen unter den Rosen und im Winter drinnen in der Stube um den warmen Ofen und erzählten sich Geschichten.

An einem solchen Abend mitten im kalten Winter klopfte es an die Tür. Die Mutter schickte Rosenrot um aufzumachen. Sie dachte, es sei vielleicht ein Wanderer auf der Suche nach einem warmen Platz für die Nacht.

Als das Mädchen die Tür aufmachte, erschrak es sehr, denn dort stand ein grosser, schwarzer Bär. Der Bär sprach: «Habt keine Angst, ich will euch nichts tun, ich suche nur Schutz vor der Kälte.»

Da liessen sie den Bären hinein und warteten ängstlich in grossem Abstand, was nun passieren würde. Doch der Bär legte sich zum Ofen, zupfte sich hier und dort das Eis aus dem Fell und schlief ein. Am nächsten Morgen, noch bevor die Mädchen erwachten, war er fort. Von da an kam er den ganzen Winter jede Nacht, und die Mädchen verloren allmählich ihre Scheu und fingen an mit ihm zu spielen und herumzutoben. Aber als bereits die Frühlingssonne den Schnee geschmolzen hatte, sagte der Bär eines Morgens, dass er jetzt gehen müsse und erst im nächsten Winter wiederkommen könne. Er bedankte sich sehr und zog Richtung Wald davon. Traurig liessen in die Mädchen ziehen.

Einige Zeit später gingen Schneeweisschen und Rosenrot in den Wald, um etwas Holz zu suchen. Da sahen sie wie ein grosser Baum krachend zu Boden fiel, und bald darauf hörten sie ein schreckliches Geschrei und

Geschimpfe. So rasch sie konnten liefen sie zum Baum und fanden dort einen Zwerg, dessen Bart unter dem umgefallenen Stamm eingeklemmt war.

Und kaum hatten die zwei Schwestern gesehen, was los war, schimpfte der Zwerg sie aus und schrie: «Was steht ihr hier herum wie die letzten Dummköpfe. Nun helft mir doch endlich.»

So versuchten die zwei, so gut sie konnten, den Bart unter dem Baum herauszuzerren. Doch so sehr sie auch zogen, der Bart bewegte sich keinen Millimeter, und der Zwerg wurde immer wütender. Schnell zog daher Rosenrot ihre kleine Schere aus der Schürze und schnipp-schnapp war ein Stücklein des Bartes ab und der Zwerg befreit.

Doch anstatt sich zu bedanken, jammerte der Zwerg bloss über das abgeschnittene Stück Bart und verschwand.

Einige Wochen später trafen sie beim Beerensuchen nochmals auf den Zwerg. Diesmal hatte sich sein Bart in einer Angelschnur verfangen, und wieder konnten ihn die Mädchen nur befreien, indem sie ihm ein Stück seines Bartes abschnitten. Und noch ein drittes Mal retteten sie dem Zwerg das Leben, als ein grosser Raubvogel ihn an seinem Bart in die Luft heben wollte. Nachdem sie ihm das dritte Mal den Bart hatten kürzen müssen, wurde der Zwerg so wütend, dass die Mädchen richtig Angst bekamen. Doch weil sie sehr gerne im Wald spazieren gingen, liessen sie sich nicht davon abhalten und verbrachten die Nachmittage den ganzen Sommer über im kühlen Wald.

Als es schon Herbst zu werden begann, trafen sie ein letztes Mal auf den bösen Zwerg. Sie kamen hinzu, als dieser sich am Eingang einer kleinen Höhle über einen ganzen Haufen funkelnder Edelsteine beugte. Seine Augen blitzen in der Sonne, als er die Steine zählte, und er war dabei so vertieft, dass er weder die Mädchen noch den grossen Bären bemerkte, der sich ihm langsam näherte. Als der Zwerg ein Knacken hinter sich hörte, wollte er schnell die Edelsteine verschwinden lassen, doch es war zu spät. Der Bär hatte ihn bereits mit seiner Pranke gepackt, in die Höhe gehoben und rief: «Hab ich dich endlich erwischt, du böser Geist!» Und mit der anderen Pranke gab er ihm einen solchen Schlag, dass der Zwerg weit durch die Luft flog und nie mehr gesehen wurde.

In dem Moment fiel das Bärenfell von ihm ab und es erschien ein wunderschöner Prinz. Er erzählte den herbeigeeilten und staunenden Schwestern, dass er von dem Zwerg verzaubert und beraubt worden sei. Nun aber sei der Zauber gelöst. Die nächsten Jahre besuchte der Prinz die

Mädchen immer wieder in ihrem Haus mit seinem Bruder, und Schneeweisschen und Rosenrot besuchten die beiden Brüder in deren Schloss. Irgendwann dann heiratete der Prinz Schneeweisschen, und Rosenrot heiratete den Bruder, und sie lebten glücklich im Palast, in den sie auch ihre Mutter mitnahmen. Die beiden Rosenbäume pflanzten sie ebenfalls im Schlossgarten, den einen links, den anderen rechts vom Eingang.

*Aus der Sammlung der Gebrüder Grimm*

# 29 Siebenundsiebzigmal

In einer armen Gegend eines kleinen Landes in Südamerika kam in jedes Dorf einmal im Monat die Friedensrichterin. Sie sass im Rathaus an einem grossen Tisch und wartete auf die Leute. Zu ihr kamen alle, die einen Streit hatten oder sich ungerecht behandelt fühlten, aber doch nicht vor Gericht gehen wollten oder sonst nicht genau wussten, was sie in ihrer Not tun sollten. So geschah in einem der Dörfer einmal Folgendes. Früh am Morgen kam ein Mann ins Rathaus und verlangte nach Esperanza, der Friedensrichterin.

Esperanza rief ihn herein und fragte ihn nach seinem Befinden.

«Mir geht's gar nicht gut: Weil ich es meiner Mutter auf dem Sterbebett versprochen habe, muss ich mit meinem dummen Bruder das Haus teilen. Er ist laut, hält sich an keine Abmachung und vergisst immer wieder die Arbeiten, die er erledigen müsste. Wenn ich wütend werde, wird er ganz traurig und bittet mich um Verzeihung. Dann lasse ich mich immer wieder erweichen. Aber ewig mache ich das nicht mehr mit! Was soll ich tun?»

Esperanza hörte zu und fragte dann: «Wievielmal hast du ihm schon verziehen?»

«Ah pah, sicher siebenundsiebzigmal!»

«Das ist viel», sagte sie und fragte weiter: «Wem gehört das Haus?»

«Es gehört mir.»

«Würde es dein Bruder auch gerne haben?»

«Ja sicher, aber wenn er es hätte, würde er schlecht dafür sorgen, es würde verfallen, und er müsste es bald verkaufen.»

Darauf sagte die Friedensrichterin zum Mann: «Es ist gut, dass du das Haus hast, pflege es weiterhin. Es ist auch gut, dass du deinem Bruder verzeihst, verzeihe ihm weiter.» Und damit schickte sie ihn nach Hause.

Wenig später trat ein zweiter Mann ins Rathaus und verlangte Esperanza zu sprechen.

«Was führt dich zu mir, guter Mann?», fragte sie.

«Edle Richterin», sprach der Mann, «ich bin arm und kann mir kein Haus leisten, und ich kann auch nichts Richtiges arbeiten, da ich kaum etwas gelernt habe. Darum muss ich bei meinem Bruder wohnen. Er aber ist nie zufrieden mit mir. Er schimpft mich immer aus, weil ich alles vergesse. Dann bitte ich ihn jeweils um Entschuldigung. Meistens verzeiht er mir, und ich gebe mir wieder Mühe, es besser zu machen. Gestern aber, da hat er mich geschlagen, seht her, diese Schramme im Gesicht ist von seiner Hand. Was soll ich tun?»

Esperanza hörte zu und fragte dann: «Wievielmal hat dein Bruder dir schon verziehen?»

«Ah pah, sicher siebenundsiebzigmal.»

«Das ist viel», sagte sie und fragte weiter: «Wie oft hat dich dein Bruder schon geschlagen?»

«Das war gestern das erste Mal», sagte der Mann.

Darauf sagte die Friedensrichterin zu ihm: «Es ist gut, dass du dir Mühe gibst, es besser zu machen. Gib dir weiterhin Mühe. Es ist nicht gut, dass dein Bruder dich geschlagen hat. Geh zum Richter und verklage ihn.»

Als der Mann gegangen war, kam der Bürgermeister vom Nebenzimmer und sagte: «Hast du nicht gemerkt, dass das Brüder waren? Warum sagst du dem ersten, er solle seinem Bruder weiter verzeihen bis zum Sanktnimmerleinstag, und dem zweiten, er solle den Bruder nach dem ersten Schlag gleich verklagen?»

Und Esperanza antwortete: «Das Verzeihen ist für die Starken, damit sie demütig bleiben, das Gesetz ist für die Schwachen, damit sie Recht bekommen.»

*Motive aus Genesis (1. Mose) 4,24 und dem Matthäus-Evangelium 18,21 f.*

Von Eltern, Geschwistern und Freunden

# 30  Über Freunde und Feinde

Einst besuchte der König einen buddhistischen Mönch und fragte ihn: «Herr, wie ist es möglich, bei einem Menschen zu erkennen, ob er freundlich oder feindlich gesinnt ist?»

Darauf erwiderte der Meister: «Schon früher, o Grosskönig, überlegten Weise diese Frage und fragten andere Weise danach.» Nach diesen Worten erzählte er auf die Bitte des Königs folgende Begebenheit aus der Vergangenheit:

Zu der Zeit, als Brahmadatta regierte, war der Bodhisattva sein Ratgeber in geistlichen und weltlichen Dingen. Damals wurde bei dem König ein anständiger Minister von den übrigen verleumdet. Als der König den Fall untersuchte, aber keine Schuld an ihm fand, fragte er den Bodhisattva: «Wie ist denn möglich zu erkennen, ob einer Feind oder Freund ist?»

Dieser antwortete Folgendes: «Den Feind erkennst du so: Er lächelt nicht, wenn er dich sieht, er bietet dir nicht den Willkommensgruss; er kann dir nicht ins Auge sehen und tut, was dir nicht gefällt. Deine Feinde verehrt er, doch deine Freunde ehrt er nicht; diejenigen, die gut von dir sprechen, hält er fern, doch lobt er die, die dich anklagen. Auch kein Geheimnis sagt er dir, doch plaudert er alle deine Geheimnisse aus; er preist nicht eine Tat von dir und lobt auch nicht deine Einsicht. Über dein Unglück freut er sich, über dein Glück freut er sich nicht. Wenn er ein gutes Essen erhält und du nichts bekommen hast, so zeigt er kein Mitleid für dich, dass du auch etwas bekommst. Dies sind die Zeichen, die man bei dem Feind bemerken kann.»

Darauf wurde er nach den Eigenschaften eines Freundes gefragt und er gab folgende Auskunft: «Den Freund erkennst du so: Wenn du weit weg bist, so denkt er an dich, und wenn du kommst, so freut er sich; von Jubel ist er dann erfüllt, mit frohem Wort begrüsst er dich. Deine Freunde verehrt er, doch deine Feinde ehrt er nicht; diejenigen, die dich anklagen, hält er fern, doch lobt er die, die gut von dir sprechen. Auch ein Geheimnis sagt er dir, doch dein Geheimnis verrät er niemandem; er preist auch deine Taten und rühmt deine Klugheit. Über dein Glück freut er sich, über dein

Unglück aber nicht. Wenn er ein gutes Essen hat, du aber nichts bekommen hast, so zeigt er Mitleid und teilt mit dir.»

Der König war über die Rede des Bodhisattva hocherfreut und liess ihm grosse Ehrung zuteilwerden.

*Buddhistische Lehrgeschichte*

# Wasser statt Wein 31

Irgendwo in China sollte eine Hochzeit gefeiert werden. Die Brautleute waren arm, aber eine schöne Hochzeit wollten sie doch feiern und viele Menschen dazu einladen. Geteilte Freude ist doppelte Freude, dachten sie. Ihre Freude sollte ansteckend sein und allen Trübsinn überwinden. Darum baten sie ihre Gäste, jeder möge zum Fest einen Krug Wein mitbringen. Am Eingang würde ein grosses Fass stehen, in das alle ihren Wein giessen könnten. So sollte einer die Gabe des anderen trinken, und alle sollten miteinander fröhlich sein.

Das Fest begann. Es kamen viele Gäste, keiner war zu Hause geblieben, und alle schöpften aus dem grossen Fass.

Doch wie tief war das Erschrecken der Brautleute und ihrer Gäste, als sie merkten, dass in ihren Bechern nichts als Wasser war. Versteinert starrten sie sich an. Jeder von ihnen hatte gedacht: Den einen Krug Wasser, den ich in das Fass giesse, wird niemand bemerken.

*Aus China*

# 32  Zwei ungleiche Geschwister

Es lebten einst zwei alte Geschwister zusammen in einem kleinen Haus am Rand einer Stadt. Und obwohl sie sehr verschieden waren und darum auch oft miteinander stritten, lebten sie doch einigermassen zufrieden. Sie gingen selten in die Stadt, denn sie hatten kaum Freunde und waren auch nicht gern unter vielen Menschen. Der Bruder war sehr gläubig. Er vertraute allein auf Gott. Er sagte sich: Die Menschen sind trügerische Wesen, wer auf sie vertraut, hat schlecht gebaut, allein Gott kann mir helfen. Die Schwester hingegen glaubte nicht an Gott. Sie sagte sich, ich bin stark und kann gut für mich selbst sorgen, ich brauche niemanden, der mir hilft und schon gar keinen Gott.

Es begab sich nun, dass sie eines schönen Nachmittags zusammen einen Spaziergang um den nahen Froschweiher machten. Als sie nach einer halben Stunde noch immer keinen Frosch quaken hörten, gerieten sie in Streit über die Gründe. Er behauptete, dass es in diesem Weiher keine Frösche mehr gäbe. Sie wiederum sagte, dass es sehr wohl welche habe, sie aber um diese Zeit nicht quakten. Um sich zu vergewissern, wer recht habe, wollten sie zusammen nachsehen. Sie verliessen den Weg und schlugen sich ins Schilf. Aber schon nach ein paar Schritten sanken beide bis zu den Knien in den Sumpf.

Eine Wanderin, die des Weges kam, sah die gefährliche Lage und wollte helfen. Da rief ihr die alte Frau zu, sie solle bleiben, wo sie sei, sie brauche keine Hilfe und käme allein zurecht und stampfte zum Beweis mit den Füssen, so dass es gluckste im Sumpf. Auch der Mann wollte auf keinen Fall das Angebot der Frau annehmen, denn Gott würde ihm dann schon rechtzeitig Hilfe schicken.

Die Wanderin schüttelte den Kopf und ging weiter. Weil sie aber der Sache nicht recht traute, rief sie zur Sicherheit die Feuerwehr. Diese kam rasch und fand die zwei bereits bis zur Hüfte eingesunken im Morast, doch beide wollten sich auf keinen Fall helfen lassen. «Wäre doch gelacht, wenn ich das nicht selbst könnte», rief die Frau. Und ihr Bruder meinte, er hätte sein ganzes Leben treu Gottes Gesetze befolgt, und dieser werde ihn nun sicher nicht im Stich lassen.

Als am Abend die Wanderin nochmals zum Froschweiher kam, um nach dem Rechten zu sehen, da war es schon zu spät. Sie fand im Schilf nur noch die Sonnenhüte der Geschwister und rief die Pfarrerin, damit diese ein anständiges Begräbnis organisierte.

Unsere zwei starrköpfigen Alten aber waren bereits im Himmel. Sie warteten vor dem Tor, und als man sie einliess, da verlangten sie sofort, von Gott gehört zu werden. Man führte sie zu ihm, und sobald sie Gott sahen, schimpfte die Frau ihn aus, was für ein nichtsnutziger Niemand er doch sei.

Gott liess sie reden, und als sie fertig war, sagte er: «Ich kann gut verstehen, wenn Du nichts von mir wissen willst. Denn es gibt auf der Erde zwar viele Gründe, an mich zu glauben, doch es gibt wahrlich auch viele Gründe, es nicht zu tun. Aber etwas verstehe ich nicht, liebe Frau, wenn du schon nicht an Gott glauben wolltest, warum hast du denn nicht wenigstens an die Menschen geglaubt? Sie wollten dir zweimal helfen und du hast ihnen nicht vertraut.

Da wandte sich auch der Bruder der Frau vorwurfsvoll an Gott und sagte zu ihm: «Aber ich, mein Gott, ich habe dir immer vertraut und mein Leben lang zu dir gebetet; trotzdem hast du mich in höchster Not nicht gerettet!»

Und Gott antwortete ihm so: «Mein lieber Freund, ich habe dir sofort eine Wanderin und dann auch noch die Feuerwehr geschickt, aber du hast beide abgewiesen. Mehr konnte ich wirklich nicht für dich tun.»

*Vielfach variierte Überlieferung*

# Vom Kleinen und Grossen und von der Wahrheit

# Dädalus und Ikarus 33

Dädalus war ein Verwandter des Gottes Hephaistos und ein grosser Erfinder und Techniker. Doch er war auch sehr eifersüchtig: Als einer seiner Schüler die Säge erfand, stürzte er diesen aus Neid vom Dach. Für diese Tat wäre er natürlich ins Gefängnis gekommen. Dies wollte er auf keinen Fall, und darum floh er mit seinem Sohn Ikarus aus Athen und ging nach Kreta. Dort kam er an den Hof von König Minos und seiner Frau Pasiphaë. Minos hatte vor Jahren einen schönen Stier bekommen und hätte ihn dem Meergott Poseidon opfern sollen. Aber er opferte ihn nicht und versteckte ihn in seinem Stall. Poseidon war darum sehr böse auf Minos und bestrafte ihn damit, dass seine Frau Pasiphaë sich unsterblich in diesen Stier verliebte.

Weil sie wusste, dass Dädalus ein grosser Erfinder war, bat sie ihn, ihr zu helfen, damit sie sich dem Stier nähern konnte, ohne von ihm zerrissen zu werden. Dädalus fertigte eine perfekt täuschende Kuhverkleidung für Pasiphaë. Damit ging sie in den Stall zum Stier, um sich mit ihm zu paaren. Sie wurde schwanger und brachte ein schreckliches Wesen auf die Welt, halb Mensch, halb Stier: den Minotaurus. Der Minotaurus wütete auf der Insel, frass Menschen und zerstörte Häuser und Felder.

Daraufhin beauftragte Minos Dädalus, ein Labyrinth zu bauen, einen Irrgarten mit zahllosen verschlungenen Gängen, Sackgassen und Scheinwendungen, aus dem niemand ohne Hilfe entkommen konnte. In diesem Labyrinth wurde Minotaurus gefangen gehalten und mit Menschenopfern gefüttert.

Nun wusste König Minos nicht mehr ein noch aus. Wenn der Minotaurus nicht mit Menschen gefüttert wurde, musste man befürchten, dass er sich aus dem Labyrinth befreite und wieder ganz Kreta verwüstete, wenn man ihn fütterte, so musste man jedes Jahr junge Menschen opfern. Der Sieg in einem Streit mit König Ägëus von Athen brachte für Minos die Lösung. Ägëus nämlich wollte mit Kreta auf keinen Fall Krieg führen, weil er dachte, dass er ihn verlieren würde. Stattdessen musste er in Athen alle neun Jahre sieben Jünglinge und sieben Jungfrauen auswählen und an Kreta ausliefern, um sie dort dem Minotaurus zu opfern. Doch beim dritten Mal weigerte sich die Bevölkerung von Athen, die jungen Menschen auszuliefern.

Darauf wurde Theseus, der Sohn des Königs Ägëus, dazu bestimmt, mit den Jünglingen und Jungfrauen nach Kreta zu fahren, um dort den Minotaurus zu besiegen. Als das Schiff aus Athen ankam, stand gerade Ariadne, die Tochter von König Minos, am Strand. Ariadne erblickte Theseus, als dieser gerade das Schiff verliess, und verliebte sich Hals über Kopf in ihn. Theseus vertraute ihr an, dass er den Minotaurus töten wolle. Ariadne versprach ihm zu helfen, wenn er sie als seine Frau mit nach Athen nähme. Von Dädalus erhielt sie eine Rolle Garn, die sie Theseus gab, und dazu ein Schwert, mit dem er den Minotaurus besiegen könne. Theseus befestigte das Garn am Eingang und spulte es auf dem Weg zum Minotaurus ab. So fand er schliesslich durch das Labyrinth zum Minotaurus, tötete ihn mit dem Schwert und konnte am Faden entlang wieder aus dem Irrgarten herausfinden. Danach flüchtete er mit Ariadne von Kreta.

Als König Minos von all dem erfuhr, war er wütend auf Dädalus und gab ihm die Schuld, dass seine Tochter mit Theseus nach Athen verschwunden war. Zur Strafe verbot er Dädalus und Ikarus, die Insel zu verlassen.

Aber die beiden wollten fliehen und fassten einen Plan: Weil Minos alle Schiffe kontrollierte, wollten die beiden sich Flügel bauen und durch die Luft fliehen. Als der Tag der Flucht gekommen war, stieg Dädalus mit seinem Sohn auf einen hohen Felsen nahe dem Meer und schärfte Ikarus noch einmal ein, ja nicht zu hoch zu fliegen – denn die Sonne könnte das Wachs schmelzen, mit dem die Federn an den Flügeln befestigt waren – oder zu tief – denn die Gischt des Meeres könnte seine Flügel durchnässen und schwer machen. Dann flogen die beiden los und waren bald schon über dem offenen Meer. Der junge Ikarus genoss das Fliegen und stieg übermütig immer höher in den Himmel hinauf. Doch dann geschah es: Er kam der glühenden Sonne zu nahe, und es passierte, was sein Vater prophezeit hatte: Ikarus verlor seine Federn, stürzte tief hinab ins Meer und ertrank. Die Insel, auf der man später seinen angespülten Leichnam fand, heisst heute noch ihm zu Ehren Ikaria.

Dädalus trauerte sehr um den Verlust seines Sohnes, gelangte aber wohlbehalten nach Sizilien, wo ihn der König Kokalos freundlich empfing. Kokalos beschützte ihn später auch vor Minos, der seinen entflohenen Techniker zurückholen wollte. So lebte Dädalus noch lange und machte noch viele grosse Erfindungen – zum Segen und zum Fluch für die Menschen.

*Griechische Mythologie*

# Der Fischer und der Tourist 34

Ein gutgekleideter unternehmungslustiger Tourist machte einst auf einer griechischen Insel an einem kleinen Fischerhafen ein paar Fotos. Da bemerkte er, dass ein schäbig gekleideter Fischer in seinem Boot ein Schläfchen machte. Der Tourist wunderte sich, dass er einen gesunden und einigermassen jungen Mann am helllichten Tag beim Schlafen fand. Daher näherte er sich neugierig, stand ihm vor die Sonne, so dass der Schatten auf seine Augen fiel. Der Fischer bemerkte den Touristen, schlug die Augen auf und blinzelte. Der Tourist grüsste ihn freundlich und fragte sofort, warum er denn hier herumliege, anstatt Fische zu fangen. Der Fischer rieb sich den Schlaf aus den Augen und erklärte, dass er morgens bereits rausgefahren sei mit seinem Boot und der kleine Fang für die nächsten zwei Tage wohl ausreichen würde.

Der Tourist erklärte ihm darauf, dass er, wenn er mehrmals am Tag Fische fangen würde, in weniger als einem Jahr genug verdienen würde, um ein grösseres Boot zu kaufen, und dass er dann in weniger als zwei Jahren ein zweites Boot kaufen könnte, ein drittes und viertes und dann noch ein schöneres Haus, ein Restaurant, ein teures Auto und so weiter.

Der Fischer hörte aufmerksam zu und sagte: «O. K., verstehe, aber was dann?»

«Ja dann», fuhr der Tourist begeistert fort, «dann könnten Sie, ohne sich um etwas zu kümmern, einfach hier im Hafen sitzen, in der Sonne dösen und auf das herrliche Meer schauen.»

«Aber das mache ich ja schon», sagte der Fischer, schüttelte den Kopf, schob sich die Mütze ins Gesicht und legte sich wieder hin.

*Alte Anekdote, bekannt geworden in der Fassung von Heinrich Böll*

# 35 Der Mann mit den Bäumen

In Frankreich lebte ein alter Bauer, dessen Frau schon lange tot war. Als dann auch noch sein einziger Sohn starb, verliess er seinen grossen Bauernhof und zog mit 50 Schafen in die Berge im Süden des Landes. Die Cevennen, so heisst die Gegend, war eine Wüstenlandschaft, in der es fast nichts gab, keine Häuser, keinen Wald. Die wenigen Menschen, die dort wohnten, waren nicht glücklich, und viele zogen fort. Da erkannte der alte Bauer, dass dieses Land abstirbt, wenn nichts geschieht.

Und er begann überall, wo er hinkam, auf den Hügeln und in den Tälern, kleine Eicheln in den Boden zu setzen. Zuerst mit wenig Erfolg. Aber die wenigen zarten kleinen Bäumchen, die aus dem kahlen Boden sprossen, machten ihm solche Freude, dass er weitermachte. Er besorgte sich immer wieder einen Sack mit Eicheln. Die kleinen sortierte er aus, auch die mit Rissen warf er fort. Die guten, kräftigen Eicheln legte er in einen Eimer mit Wasser, damit sie sich richtig vollsaugen konnten. Mit diesen Eicheln und einem Eisenstab in der Hand zog er Tag für Tag los. Mit dem Eisenstab machte er ein kleines Loch in die Erde und legte eine Eichel hinein.

Nach drei Jahren hatte er auf diese Weise 100 000 Eicheln gesetzt. Er hoffte, dass es wenigstens aus 10 000 davon eine Eiche geben würde. Und er hoffte auch, dass Gott ihm noch ein paar Jahre schenkte, um weiterzumachen. Als er im Jahre 1947 im Alter von 89 Jahren starb, hatte er einen der schönsten Wälder Frankreichs geschaffen. Die unzähligen Wurzeln hielten den Regen fest. In den Bächen floss wieder Wasser. Es konnten wieder Weiden, Wiesen, Blumen wachsen und die Vögel kamen zurück. Auch in den Dörfern veränderte sich einiges: Die Häuser wurden wiederaufgebaut und neu angestrichen. Viele Menschen kamen seitdem schon dorthin, um zu wandern und sich in der Natur zu erholen. Aber noch lange Zeit wussten die Leute nicht, wem sie diese Veränderung zu verdanken hatten.

*Jean Giono, «L'homme qui plantait des arbres»*

# Der Turmbau zu Babel 36

Vor langer Zeit, als die Menschen begannen, in Dörfern und Städten zusammenzuleben, hatten alle dieselbe Sprache und gebrauchten dieselben Wörter.

Damals sagten einige zueinander: «Ans Werk! Wir bauen uns eine Stadt mit einem Turm, der bis an den Himmel reicht! Dann wird unser Name in aller Welt berühmt. Dieses Bauwerk wird uns zusammenhalten, sodass wir nicht über die ganze Erde zerstreut werden.» Sie wollten die Ziegel als Bausteine verwenden und Asphalt als Mörtel und sprachen zueinander: «Ans Werk! Wir machen Ziegel aus Lehm und brennen sie!»

Da kam Gott vom Himmel herab, um sich die Stadt und den Turm anzusehen, die sie bauten. Als er alles gesehen hatte, sagte er: «Wohin wird das noch führen? Sie sind ein einziges Volk und sprechen alle dieselbe Sprache. Wenn sie diesen Bau vollenden, wird ihnen nichts mehr unmöglich sein. Sie werden alles machen, was ihnen in den Sinn kommt.»

Und dann sagte er: «Ans Werk! Ich steige hinab und verwirre ihre Sprache, damit niemand mehr den anderen versteht; damit sie diesen Turm nicht fertigstellen können.»

Und sofort verstand keiner mehr den anderen, und die Menschen konnten die Stadt nicht weiterbauen. Nach und nach zogen alle weg und verstreuten sich über die ganze Erde. Diese Stadt, in der dies geschah, hiess Babel. In Babel hat Gott die Sprache der Menschen verwirrt und von dort aus die Menschheit über die ganze Erde zerstreut.

*Genesis (1. Mose) 11,1.3–9*

# 37  Des Kaisers neue Kleider

Vor vielen Jahren lebte ein Kaiser, der neue Kleider so unglaublich liebte, dass er all sein Geld dafür ausgab. Er kümmerte sich nicht um seine Soldaten, kümmerte sich nicht um das Theater und liebte es nicht, spazieren zu fahren, ausser um seine neuen Kleider zu zeigen. Er hatte ein Kleid für jede Stunde des Tages. Statt das Land zu regieren, wie man es von ihm erwartete, war der Kaiser immer nur in der Stadt beim Kleiderkaufen oder in der Garderobe beim Umziehen. In der grossen Stadt, in der er wohnte, ging es sehr munter zu. Jeden Tag kamen viele Fremde an. Eines Tages kamen auch zwei Betrüger; sie gaben sich als Weber aus und sagten, dass sie verstünden, den schönsten Stoff zu weben, den man sich denken könne. Nicht nur die Farben und das Muster wären ungewöhnlich schön; die Kleider, die von dem Stoff genäht würden, besässen überdies die wunderbare Eigenschaft, dass sie für jeden Menschen unsichtbar wären, der nicht für sein Amt tauge oder der unverzeihlich dumm sei.

«Das wären ja prächtige Kleider!», dachte der Kaiser. «Wenn ich die anhätte, könnte ich dahinterkommen, welche Männer in meinem Reich zu dem Amt, das sie haben, nicht taugen. Ich könnte die Klugen von den Dummen unterscheiden! Ja, dieser Stoff muss sogleich für mich gewebt werden!» Und er gab den beiden Betrügern viel Handgeld, damit sie ihre Arbeit beginnen möchten.

Sie stellten sofort zwei Webstühle auf und taten, als ob sie arbeiteten. Aber sie hatten nicht das Geringste auf dem Stuhl. Frischweg verlangten sie die feinste Seide und das prächtigste Gold. Doch das steckten sie in ihre eigene Tasche und arbeiteten an den leeren Stühlen bis spät in die Nacht hinein.

«Ich möchte doch wohl wissen, wie weit sie mit dem Stoff sind», dachte der Kaiser. Aber es war ihm ordentlich beklommen ums Herz, wenn er daran dachte, dass derjenige, welcher dumm sei oder schlecht zu seinem Amte tauge, es nicht sehen könne. Nun glaubte er zwar, dass er für sich selbst nichts zu fürchten brauche, aber er wollte doch erst einen anderen senden, um zu sehen, wie es damit stünde. Alle Menschen in der ganzen Stadt wussten, welche besondere Kraft dieser Stoff habe, und alle waren begierig, zu sehen, wie schlecht oder dumm ihr Nachbar sei.

«Ich will meinen alten, ehrlichen Minister zu den Webern schicken!», dachte der Kaiser. «Er kann am besten beurteilen, wie das Zeug sich ausnimmt, denn er hat Verstand, und keiner übt sein Amt besser aus als er!»

Nun ging der alte, gute Minister in den Saal hinein, wo die zwei Betrüger sassen und an den leeren Webstühlen arbeiteten. «Gott behüte uns!», dachte der alte Minister und riss die Augen auf. «Ich kann ja nichts erblicken!» Aber das sagte er nicht.

Beide Betrüger baten ihn näherzutreten, und fragten, ob es nicht ein hübsches Muster und schöne Farben seien. Dann zeigten sie auf den leeren Webstuhl, und der arme, alte Minister fuhr fort, die Augen aufzureissen: Aber er konnte nichts sehen, denn es war nichts da. «Herr Gott!», dachte er. «Sollte ich dumm sein? Das hätte ich nie geglaubt, und das darf kein Mensch wissen! Sollte ich nicht zu meinem Amte taugen? Nein, es geht nicht an, dass ich erzähle, ich könne den Stoff nicht sehen!»

«Nun, sie sagen nichts dazu?», fragte der eine, der da webte.

«Oh, es ist reizend! Ganz allerliebst!», antwortete der alte Minister und sah durch seine Brille. «Dieses Muster und diese Farben! Ja, ich werde es dem Kaiser sagen, dass es mir sehr gefällt.»

«Nun, das freut uns!», sagten die Weber, und darauf nannten sie die Farben mit Namen und erklärten das seltsame Muster. Der alte Minister passte gut auf, damit er dasselbe sagen könne, wenn er zum Kaiser zurückkäme, und das tat er.

Nun verlangten die Betrüger mehr Geld, mehr Seide und mehr Gold, das sie zum Weben brauchen wollten. Sie steckten alles in ihre eigenen Taschen, auf den Webstuhl kam kein Faden, aber sie fuhren fort, wie bisher, an dem leeren Webstuhle zu arbeiten.

Der Kaiser sandte bald wieder einen anderen ehrlichen Minister hin, um zu sehen, wie es mit dem Weben stünde und ob der Stoff bald fertig sei. Es ging ihm gerade wie dem ersten; er sah und sah, weil aber ausser dem leeren Webstuhl nichts da war, konnte er nichts sehen.

«Ist das nicht ein hübsches Stück Stoff?», fragten die beiden Betrüger und zeigten und erklärten das prächtige Muster, das gar nicht da war.

«Dumm bin ich nicht!», dachte der Mann. «Es ist also mein gutes Amt, zu dem ich nicht tauge? Das wäre komisch genug, aber das muss man sich nicht anmerken lassen!» Und so lobte er das Zeug, das er nicht sah, und versicherte ihnen seine Freude über die schönen Farben und das herrliche Muster.

«Ja, es ist ganz allerliebst!», sagte er zum Kaiser.

Alle Menschen in der Stadt sprachen von dem prächtigen Stoff.

Nun wollte der Kaiser ihn selbst sehen, während er noch auf dem Webstuhl war. Mit einer ganzen Schar auserwählter Männer, unter denen auch die beiden ehrlichen Staatsminister waren, die schon früher dort gewesen waren, ging er zu den beiden listigen Betrügern hin, die nun aus vollen Kräften webten, aber ohne Faser und Faden.

«Ist das nicht prächtig?», sagten die beiden alten Minister, die schon einmal da gewesen waren. «Sehen Eure Majestät, welches Muster, welche Farben!» Und dann zeigten sie auf den leeren Webstuhl, denn sie glaubten, dass die anderen das Zeug wohl sehen könnten.

«Was!», dachte der Kaiser. «Ich sehe gar nichts! Das ist ja schrecklich! Bin ich dumm? Tauge ich nicht dazu, Kaiser zu sein? Das wäre das Schrecklichste, was mir begegnen könnte!»

«Oh, es ist sehr hübsch!», sagte er. «Es hat meinen allerhöchsten Beifall!» Und er nickte zufrieden und betrachtete den leeren Webstuhl, denn er wollte nicht sagen, dass er nichts sehen könne.

Das ganze Gefolge, das er bei sich hatte, sah und sah und bekam nicht mehr heraus als die anderen; aber sie sagten wie der Kaiser: «Oh, das ist hübsch!» Und sie rieten ihm, diese neuen, prächtigen Kleider das erste Mal bei der grossen Prozession zu tragen, die bevorstand. «Es ist herrlich, niedlich, exzellent!», ging es von Mund zu Mund. Man schien allerseits innig erfreut darüber, und der Kaiser verlieh den Betrügern den Titel: Kaiserliche Hofweber.

Die ganze Nacht vor dem Morgen, an dem die Prozession stattfinden sollte, waren die Betrüger auf und hatten über sechzehn Lichter angezündet. Die Leute konnten sehen, dass sie stark beschäftigt waren, des Kaisers neue Kleider fertig zu machen. Sie taten, als ob sie den Stoff von dem Webstuhl nähmen, sie schnitten mit grossen Scheren in die Luft, sie nähten mit Nähnadeln ohne Faden und sagten zuletzt: «Nun sind die Kleider fertig!»

Der Kaiser mit seinen vornehmsten Kavalieren kam selbst dorthin, und beide Betrüger hoben den einen Arm in die Höhe, gerade als ob sie etwas hielten, und sagten: «Seht, hier sind die Beinkleider! Hier ist der Rock! Hier der Mantel!», und so weiter. «Es ist so leicht wie Spinngewebe; man sollte glauben, man habe nichts auf dem Leibe; aber das ist gerade das Schöne daran!»

«Ja!», sagten alle Kavaliere; aber sie konnten nichts sehen, denn es war nichts da.

«Belieben Euer kaiserliche Majestät, Ihre Kleider allergnädigst auszuziehen», sagten die Betrüger, «so wollen wir Ihnen die neuen anziehen, hier vor dem grossen Spiegel!»

Der Kaiser legte alle seine Kleider ab, und die Betrüger taten so, als ob sie ihm jedes Stück der neuen Kleider anzögen, und der Kaiser wendete und drehte sich vor dem Spiegel.

«Ei, wie gut sie kleiden! Wie herrlich sie sitzen!», sagten Alle. «Welches Muster, welche Farben! Das ist eine kostbare Tracht!»

«Draussen stehen sie mit dem Thronhimmel, der über Eure Majestät in der Prozession getragen werden soll», meldete der Oberzeremonienmeister.

«Seht, ich bin ja fertig!», sagte der Kaiser. «Sitzen sie nicht gut?» Und dann wendete er sich nochmals zu dem Spiegel, denn es sollte scheinen, als ob er seine Staatsgewänder recht betrachte.

Die Kammerherren, die die Schleppe tragen sollten, griffen mit den Händen nach dem Fussboden, als ob sie die Schleppe aufhöben; sie gingen und taten, als ob sie etwas in der Luft hielten; sie wagten nicht, es sich merken zu lassen, dass sie nichts sehen konnten.

So ging der Kaiser in der Prozession unter dem prächtigen Thronhimmel, und alle Menschen auf der Strasse und in den Fenstern sprachen: «Gott, wie sind des Kaisers neue Kleider unvergleichlich; welche schöne Schleppe er am Kleide hat, wie herrlich alles sitzt!» Keiner wollte es sich anmerken lassen, dass er nichts sah, denn dann hätte er ja nicht zu seinem Amte getaugt oder wäre sehr dumm gewesen. Keine Kleider des Kaisers waren so bewundert worden wie diese.

«Aber er hat ja gar nichts an!», sagte endlich ein kleines Kind.

«Herr Gott, hört des Unschuldigen Stimme!», sagte der Vater; und einer flüsterte dem andern zu, was das Kind gesagt hatte.

«Aber er hat ja nichts an!», rief zuletzt das ganze Volk. Das ergriff den Kaiser, denn es schien ihm, sie hätten Recht; aber er dachte bei sich: «Nun muss ich die Prozession durchhalten.» Und die Kammerherren gingen noch stolzer und trugen die Schleppe, die gar nicht da war.

*Hans Christian Andersen*

Vom Kleinen und Grossen und von der Wahrheit

# 38 Die Glocke von grünem Erz

Es pflügte einmal in Russland ein Bauer das Feld. Da stiess er im Boden auf einen eisernen Ring, an dem etwas Schweres befestigt war. Er schlang durch den Ring ein Seil, daran spannte er seinen Ochsen – und siehe, der Ochse zog aus dem Ackergrund eine Glocke von grünem Erz hervor. Das ging leicht und glatt, wie man eine Rübe zieht. Und doch war die Glocke grösser und schwerer als alle Glocken im ganzen Land. Die Nachbarn kamen herbeigelaufen und staunten. «Seht nur!», riefen sie. «Iwan hat eine Glocke im Acker gefunden!» Niemand wusste sich zu erklären, wie sie dahin gekommen war. «Es muss wohl ein Wunder sein», meinten sie.

Der Bauer Iwan reichte dem Ochsen ein Büschel Gras. «Ihr mögt recht haben», sagte er. «Wenn ich es hin und her bedenke, sieht das nach einem Wunder aus.»

Nun holten sie ihre Beile und zimmerten einen hölzernen Glockenturm für die Glocke von grünem Erz. Zwölfmal im Jahr, an jedem der hohen Feiertage, wurde die Glocke geläutet. Auf allen Dörfern im Umkreis von sieben Meilen war sie zu hören. Wer sie vernahm, dem war es, als sei er für eine Weile ein neuer Mensch. Wer Kummer hatte, vergass seinen Kummer; wer einsam war, seine Einsamkeit. Den Kranken wurde die Krankheit leichter, die Traurigen fassten Mut. Die Armen fühlten sich reich, und die Reichen erinnerten sich der Armen und halfen ihnen. So eine Glocke war das.

Der grosse und strenge Zar, der das Land beherrschte, hörte von Iwans Glocke. «Das ist keine Glocke für Bauern», sagte er. «Ich will sie mir holen und sie im höchsten Glockenturm meines Schlosses aufhängen.» Tausend Soldaten nahm er, an ihrer Spitze zog er vor jenes Dorf.

Die Bauern flehten den Zaren an: «Lass uns die Glocke, Herr! Hier hat sie Gott uns beschert, und hier soll sie bleiben.»

Der Zar liess sich nicht erweichen. «Die Glocke», sprach er, «ist mir zu gut für euch. Holt sie herunter, sie soll ihren Platz auf dem höchsten Turm meines Schlosses haben. Ich bin der Zar, und der Wille des Zaren geht über alles.»

Sie liessen die Glocke herab, und die Leute des Zaren hoben die Glocke auf einen Wagen von Eichenholz, der mit Eisenbändern beschlagen war.

Sechs Rösser spannten sie vor den Wagen. «Hüh!», rief der Zar – doch die Rösser erwiesen sich als zu schwach für die Glocke von grünem Erz: Sie vermochten den Wagen nicht wegzuziehen.

«Zwölf Ochsen!», befahl der Zar, seine Leute spannten ein Dutzend Ochsen vor. «Hoh!», rief der Zar. «Zwölf Ochsen werden es schaffen!» Mit eigener Hand ergriff er die Knute und schlug auf die Ochsen ein. Die Ochsen brüllten, die Ochsen legten sich ins Geschirr: Sie vermochten den Wagen mit Iwans Glocke nicht wegzuziehen, nicht eine Handbreit.

Der grosse und strenge Zar befahl den Soldaten, sich vor den Wagen zu spannen. «Und du», gab er seinem Hauptmann Befehl, «spann dich auch vor! Und zieh, was du ziehen kannst!»

Aber die tausend Soldaten mit ihrem Hauptmann vermochten auch nicht, den Wagen mit Iwans Glocke vom Fleck zu ziehen: So schwer war die Glocke mit einem Mal.

Der grosse und strenge Zar erkannte, dass ihm die Glocke um nichts auf der Welt gehören wollte. Da wurde er zornig und rief seinen Schmied herbei. «Schmied!», rief er. «Nimm deinen schwersten Hammer, und schlag mir die Glocke in tausend Stücke. Wenn sie dem Zaren nicht läuten will, so soll sie nie mehr läuten – in alle Ewigkeit!»

Der Schmied nahm den schwersten Hammer, und wie es der Zar befohlen hatte, zerschlug er die Glocke in tausend Stücke. Die Scherben bedeckten das Feld, und der grosse und strenge Zar zog mit seinen Soldaten davon.

Am nächsten Morgen – der Winter stand vor der Tür, und der erste Schnee fiel – ging Iwan aufs Feld hinaus. Er wollte, bevor der Frost kam, die Scherben der Glocke wieder ins Erdreich pflügen, aus dem sie gekommen war. Tausend Scherben aus grünem Erz gedachte er vorzufinden – aber was fand er?

Das Feld war mit tausend Glöckchen besät, eines so rund und vollkommen wie die anderen. Die las Iwan nun alle, alle in seine Schürze auf und verschenkte sie an die Leute im Dorf und den Nachbardörfern. Die Leute hängten die kleinen Glocken in das Geschirr der Pferde. Und wenn sie mit ihren Schlitten ausfahren, klingen die Glöckchen über das weite, verschneite Land.

*Otfried Preussler*

# 39 Diogenes und Alexander der Grosse

Im alten Griechenland lebte ein Mann namens Diogenes von Sinope. Er war allen Leuten in Athen bestens bekannt, denn er wohnte mitten in der Stadt in einem Fass. Er hatte keinen Besitz ausser dem alten Kleid, das er auf sich trug. Die einen waren beeindruckt durch seine Klugheit, doch andere störten sich an seiner Lebensweise. Und weil sich die Leute über Diogenes nicht einig waren, kann man auch viele der Geschichten, die sie sich über ihn erzählten, ganz verschieden erklären.

Zum Beispiel streitet man sich bis heute über folgende Begebenheit: Einmal soll Diogenes am helllichten Tag mit einer angezündeten Laterne über den vollen Marktplatz gelaufen sein, laut rufend: «Ich suche einen Menschen, zeigt mir bitte einen einzigen Menschen!» Nun kann man sagen, Diogenes war verrückt, denn am Tag mit einer Laterne einen Menschen zu suchen auf einem Platz voller Menschen ist doch verrückt. Oder vielleicht war er einsam und suchte einen Freund. Aber wir wollen doch bedenken: Wenn er nur dies damit gewollt hätte, wäre dann diese Geschichte über mehr als 2500 Jahre lang immer weitererzählt worden? Vielleicht wollte er daher mit der Laterne noch etwas anderes sagen. Er wollte vielleicht die Menschen aufrütteln und ihnen zurufen. «Hallo, das, was ihr da macht jeden Tag auf dem Markt, wenn ihr die Bettler missachtet, die Händler beschimpft, einander die beste Ware wegschnappt und so weiter, das reicht doch nicht aus, sich Mensch zu nennen. Strengt euch doch bitte etwas an. Erst, wenn ihr es gut miteinander meint, wird's warm und hell, erst dann braucht's auch keine Laterne mehr, denn gute Menschen leuchten selbst.»

Eine zweite Geschichte, die man sich über Diogenes erzählt, geht so: Einst kam Alexander der Grosse, der mächtige und berühmte König der Griechen, der die halbe Welt erobert hatte, nach Athen. Und weil er viel von Diogenes gehört hatte, besuchte er ihn bei seinem Fass. Dieser machte gerade ein Schläfchen. Da stellte sich Alexander ganz nahe vor ihn hin und lobte ihn mit lauter Stimme für seine grosse Weisheit. Und zum Schluss sagte er noch: «Weil du so klug bist, lieber Diogenes, darfst du dir von mir,

Alexander dem Grossen, etwas wünschen.» Diogenes, der vom Schatten des Königs geweckt worden war, hörte sich seine Worte an, schwieg eine Weile, überlegte und gähnte. Dann sagte er: «Ich bitte dich, grosser Alexander, geh mir etwas aus der Sonne.»

Nun sind die einen natürlich ganz begeistert über die Bescheidenheit, die Diogenes zeigt. Er hätte sich ja auch viel Geld, ein Schloss oder Ruhm und Ehre wünschen können, doch er wollte stattdessen nur ein wenig warmes Sonnenlicht. Aber vielleicht dachte Diogenes auch bloss, dass Alexander ja gar nichts anzubieten hatte, was er gebrauchen konnte. Und wenn man nun weiter noch bedenkt, dass es ja nicht viel Grösseres und Besseres gibt auf der Welt als die grosse, warme, immer scheinende Sonne, so ist der Wunsch des Diogenes eigentlich auch sehr gross und auch ein bisschen frech. Vielleicht aber wollte er damit Alexander gerade dies sagen: Das Sonnenlicht ist nicht nur für euch Mächtige und Herrscher da, die Sonne ist für alle da, sogar für so komische Typen wie mich.

Und noch etwas könnte Diogenes gemeint haben. Es gab nämlich zu dieser Zeit einen grossen Philosophen mit Namen Platon, den alle kannten. Dieser Platon hatte behauptet, dass die meisten Menschen in einer dunklen Höhle leben würden und gar keine Ahnung hätten von der Wahrheit. Und diese Wahrheit, sagte Platon, könne man nämlich nur an der Sonne, ausserhalb der Höhle sehen. Aber da die Menschen dumm und faul seien, wollten sie sich gar nicht anstrengen, um an die Sonne zu kommen, und darum seien es nur einige wenige Auserwählte und Gescheite, die an der Sonne lebten und die Wahrheit kannten. Diese wenigen Gescheiten hätten darum auch das Recht, die Menschen in der Höhle zu regieren.

Als Diogenes nun den König aufgefordert hat, ihm aus der Sonne zu gehen, hatte er vielleicht diese Behauptung von Platon im Kopf und Alexander dem Grossen sagen wollen: Wir gewöhnlichen Menschen gelten für euch, die ihr über uns regiert, nur darum als dumm, weil ihr uns nichts übrig lasst von der Wahrheit, weil ihr nämlich die ganze Wahrheit selbst gefressen habt. Ihr glaubt, dass wir in einer Höhle leben und dass wir die Wahrheit nicht richtig sehen können. Aber das stimmt nur, weil ihr uns dauernd vor der Sonne steht. Geht uns erst mal aus der Sonne, lasst uns auch das Licht sehen, dann werden wir sehen, ob wir immer noch dumm sind.

Und vielleicht ist darum diese kleine Bitte des Diogenes der Anfang gewesen dafür, dass nicht nur die Reichen und Mächtigen, sondern alle Menschen zur Schule gehen dürfen, damit sie selbst klug werden und sich in der Wahrheit sonnen können.

*Nach Plutarch*

# 40 Gewohnheit macht unempfindlich

Rabbi David von Lelow rief einst ein Treffen aller wichtigen Mitglieder der jüdischen Gemeinden aus seiner Stadt und der Umgebung zu sich. In einer ausführlichen Rede erinnerte er sich an die schwere Verantwortung, die sie mit ihrem Amt übernommen hatten – die Pflicht, für die Witwen und Waisen, die Armen und Bedürftigen, die Leidenden und Einsamen zu sorgen. Und er ermahnte sie, sich nie an die Armut und das Unrecht zu gewöhnen. Dazu erzählte er ihnen folgende Geschichte:

«Ganz am Anfang, als ich mich zum ersten Mal mit Gemeindeangelegenheiten befasste, geschah es, dass jedes Mal wenn eine Witwe vor mir weinte oder ich mit einem Waisenkinde sprach, ich selbst mit ihnen weinen musste. Nach und nach gewöhnte ich mich dann an ihr Elend und brauchte nicht mehr selbst zu schluchzen, wenn ich mir ihre schlimmen Schicksale anhörte. Aber noch immer fiel es mir schwer, am gleichen Tag zu essen und zu trinken, an dem sie mich aufgesucht hatten.

Einige Zeit später hatte ich mich dann daran gewöhnt, trotz der vielen armen Leuten um mich herum ein gutes Essen zu kochen, obwohl es mir noch immer Mühe machte, mein Mahl zu geniessen. Wieder einige Jahre später begann mir mein Essen auch dann zu schmecken, wenn ich eben noch tiefsten Jammer miterlebt hatte, und nach ein paar weiteren Jahren kam dann die gefährlichste Phase von allen – ich konnte nicht mehr fröhlich essen oder trinken, es sei denn, Dutzende jammervoller Gestalten wollten etwas von mir.»

«So bedenkt denn stets», schloss Rabbi David, «wie leicht man – was der Himmel verhüten möge – unter der Gewohnheit abstumpfen kann.»

*Martin Buber, «Aus dem Lehrhaus des ‹Sehers› von Lublin»*

# Joachim der Zöllner 41

Rund um das winzige Ländchen eines Königs lief einst eine Grenze. An einer einzigen Stelle führte ein Weg hinüber. Damit man die Grenze sehen konnte, stand dort eine grellbemalte Barriere und gleich daneben ein Zollhäuschen. Das leuchtete von weither.

Im Zollhäuschen wohnte der Zöllner. Er trug eine blaue Uniform mit goldenen Tressen und hiess Joachim. Sogar einen Säbel hatte er, aber der lehnte seit vielen Wochen an einem Baum und war schon ganz verrostet. Joachim vergass auch meist, seinen Hut aufzusetzen, und wenn jemand an den Zoll kam, musste er erst seinen Hut suchen.

Eigentlich kam aber fast nie jemand. Nur der Wind rüttelte an der Barriere, aber der durfte ja ungehindert über die Grenze. Joachim sass hinter dem Zollhäuschen und spielte von morgens bis abends auf seinem Horn. Die Vögel bewunderten seine schmetternden Hornstösse; die Amseln trillerten mit, und der Specht klopfte den Takt dazu. Auch der Wald machte mit: Immer wenn Joachim ins Horn blies, brachte der Wald die Klänge noch schöner zurück.

Und weil das Horn und der Wald so gut zusammenstimmten, nannte Joachim sein Instrument «Waldhorn». Seine grösste Freude wäre es gewesen, einmal vor dem König zu spielen. Aber der König wohnte in seinem Palast in der Stadt und hatte keine Ahnung, was ein Waldhorn war.

Einmal, als Joachim wieder hinter dem Zollhäuschen sielte, hörte er plötzlich ein merkwürdiges Pfeifen. Er erschrak; das klang ganz anders als das Pfeifen der Vögel. Hastig suchte er nach seinem Hut und eilte zur Barriere. Erst sah er niemanden, aber dann pfiff es wieder und diesmal gerade vor ihm. Joachim staunte: Hinter der Barriere sass eine Ratte und hielt eine Pfeife im Mund!

«Guten Tag», sagte die Ratte etwas atemlos.

«Guten Tag», sagte Joachim. «Ist das aber ein merkwürdiges Instrument!»

«Willst du es ausprobieren?», fragte die Ratte höflich.

«Aber gewiss, gerne!», sagte Joachim und blies mächtig in die Pfeife, doch er brachte keinen Ton heraus.

«Tut mir leid», sagte die Ratte und lächelte fast ein wenig. «Es ist eine Rattenpfeife und nur für Ratten zu spielen.»

Joachim war verärgert. Er rückte seine Zöllnerhut zurecht und fragte barsch: «Na also, was willst du?»

«Ich möchte hinüber», sagte die Ratte.

«Hast du Ausweispapiere?»

«Leider nein», sagte die Ratte.

«Dann kann ich dich auch nicht herüberlassen», sagte Joachim streng. Da begann die Ratte kläglich zu pfeifen. «Ratten haben überhaupt keine Ausweispapiere», schluchzte sie endlich.

«Tut mir leid», sagte Joachim, «es ist ein Befehl des Königs, und Befehl ist Befehl.»

«Aber die Katze ist hinter mir her», wimmerte die Ratte, «und wenn du mich nicht durchlässt, wird sie mich auffressen mit Haut und Haar!» Da liess sich Joachim umstimmen. Er hatte ein weiches Herz und nahm es mit den Vorschriften auch sonst nicht so genau. Rasch hob er die Barriere, und die Ratte sprang mit einem Satz über die Grenze.

«Danke!», flüsterte sie und lief so schnell sie konnte. Joachim sah ihr nach, bis sie verschwunden war. Dann ging er zu seinem Waldhorn zurück.

Kaum war er wieder hinter dem Zollhäuschen, da hörte er einen langgezogenen Geigenton: «Miiiaaauuu!»

Joachim suchte umständlich nach seinem Hut. Dann trat er mit würdigen Schritten vors Zollhaus. Hinter der Barriere sass die Katze und hielt eine kleine Geige zwischen den Vorderpfoten. «Das ist aber ein merkwürdiges Instrument!», sagte Joachim erstaunt.

«Oh, nichts Besonderes», meinte die Katze. «Es ist eine Geige fürs Katzenkonzert.»

«Darf ich mal?», fragte der Zöllner.

«Bitte», sagte die Katze höflich und reichte ihm das Instrument über die Barriere.

Aber wie sehr sich Joachim bemühte, der Geigenbogen kratzte entsetzlich auf den Saiten. Da erinnerte sich Joachim an die Rattenpfeife. «Ja, nun willst du sicher auch herüber und hast keine Ausweispapiere», brummte er ärgerlich.

«Tut mir leid», bedauerte die Katze, «unsereiner hat überhaupt keine Ausweispapiere.»

«Dann kann ich dich auch nicht herüberlassen», sagte Joachim streng. «Befehl ist Befehl, und ausserdem bist du nur hinter der Ratte her.»

Da strich die Katze über die höchsten Saiten und begann jämmerlich zu miauen. «Der Ratte werde ich ganz gewiss nichts zuleide tun, aber mich jagt ein Hund, und wenn du mich nicht hinüberlässt, gibt es ein Unglück!»

«Gemach!», sagte Joachim, obwohl ihm die Katze ein wenig leidtat. «Spiel erst mal ein Katzenkonzert, dann wollen wir weitersehen.»

Die Katze setzte ihre Geige an und begann so wunderschön zu spielen, dass sie ihre Angst ganz vergass. Joachim freut sich; schliesslich gewann so die Ratte auch einen gewissen Vorsprung. Aber da sah er plötzlich, wie etwas in grossen Sprüngen herbeihetzte, direkt auf die Zollstelle zu.

«Rasch, pack deine Geige ein!», rief Joachim und hob die Barriere, und die Katze schlüpfte mit einem leisen «Dankeschön!» an ihm vorbei über die Grenze.

Joachim war wieder hinter das Zollhäuschen gegangen, denn mit dem Hund wollte er nun wirklich nichts zu tun haben. Aber kaum hatte er zu blasen begonnen, da ertönte ein lauter Paukenschlag und gleich darauf mehrere hintereinander: «Wau – Wau – Wau – Wau!» Als Joachim zur Barriere trat, sah er den Hund, der eine riesige Pauke umgehängt hatte.

«Ich weiss schon», sagte Joachim, «dies ist eine Hundepauke, auf der nur Hunde spielen können, und jetzt willst du über die Grenze und hast keine Ausweispapiere.»

«Hunde haben leider keine Ausweispapiere», knurrte der Hund bedauernd, «aber wenn du mir das Leben retten willst, so lass mich bitte über die Grenze. Der König selbst ist hinter mir her, hoch zu Ross, und wird mich gleich einholen!»

«Wie ist das möglich?», staunte Joachim.

Vom Kleinen und Grossen und von der Wahrheit

«Wir waren auf Schweinejagd», sagte der Hund, «und wie du dir vorstellen kannst, liegt mir an Wildschweinen wenig. Katzen sind mir sympathischer. Und da, mitten im Treiben, kreuzte plötzlich eine Katze meinen Weg! Aus alter Gewohnheit jagte ich hinter ihr her und achtete dabei nicht auf Grenzsteine. Und der König selbst war so wütend, dass er sein Pferd herumwarf und mir nachsetzte. Er wird gleich da sein.»

Joachim hob nachdenklich die Barriere. «Wenn das nur gut ausgeht!», seufzte er.

Nach einer Weile kam der König herangeritten und hinter ihm sein Gefolge. Er war sehr böse, und die Feder auf seinem Hut wippte unruhig. «Hast du meinen Hund gesehen?», fragte er barsch den Zöllner.

Joachim, der dem König gern auf dem Waldhorn vorgespielt hätte, erschrak ein wenig. «Majestät», begann er und verbeugte sich tief, «da kam eine Ratte zur Zollstelle, und ich musste sie durchlassen, obwohl sie keine Ausweispapiere besass. Sie wurde nämlich von einer Katze verfolgt. Und als die Katze kam, zeigte es sich, dass sei ebenfalls verfolgt wurde, und zwar von ihrem Hund, Majestät. Und bei ihrem Hund war es ganz ähnlich.»

Der König wurde vor Zorn ganz rot im Gesicht. «Nehmt ihn gefangen!», befahl er dem Oberjäger.

«Aber den Verfolgten soll man doch helfen!», protestierte Joachim.

«Darüber kannst du im Kerker nachsinnen», sagte der König und gab seinem Pferd die Sporen.

Rasch setzte sich der Zug in Bewegung. Die Jäger nahmen Joachim in die Mitte. Er musste neben den Pferden herlaufen, bis sie vor die Stadt kamen. Dem Pferd des Königs aber wollte die Sache nicht sogleich aus dem Kopf. Es dachte auf dem ganzen Weg über die Ungerechtigkeit seines Herrn nach. «Seit wann braucht es Ausweispapiere, um über die Grenze zu kommen?», dachte es bei sich selbst. «Und warum sollte man die Verfolgten nicht durchlassen?»

Als sie vor dem Stadttor anlangten, kam dem Pferd plötzlich der Gedanke, dass man die Tiere warnen sollte. «Vielleicht, wenn ich meinen Freund, den Hund, einhole und die Katze und die Ratte auch, können wir sogar den Zöllner befreien. Schliesslich war er sehr anständig zu uns und muss jetzt dafür büssen.»

Im nächsten Augenblick sprang das Pferd so schnell zur Seite, dass der König aus dem Sattel fiel. Er landete in einer riesigen Pfütze, eben als der Herold mit drei Hornstössen seine Ankunft verkündete. Das Pferd galoppierte davon. Die Leute aber schauten verwundert durchs Stadttor, und als sich der König über und über beschmutzt aus der Pfütze erhob, schmunzelten sie, denn sie mochten ihn nicht besonders leiden.

Als es dunkel wurde, standen das Pferd, der Hund, die Katze und sogar die Ratte vor der Stadtmauer und überlegten, wie sie hinüberkämen. «Wir werden ein Loch graben, damit wir unter der Mauer durchschlüpfen können», meinte die Ratte nach einigem Nachdenken.

«Aber leise, damit uns niemand hört!», flüsterte die Katze.

Der Vorschlag wurde von allen angenommen. Nur das Pferd war betrübt. «Leider wird das Loch nicht gross genug sein für mich, und ich werde draussen warten müssen, bis ihr zurückkommt.»

«Dafür hast du kräftige lange Beine, mit denen du den Zöllner über die Grenze tragen wirst», beschwichtigte der Hund.

Da war auch das Pferd zufrieden, und die andern machten sich an die Arbeit. Die Ratte nagte, die Katze scharrte, und der Hund schaufelte. Als der Mond aufging, war das Loch fertig, und alle drei gelangten bequem ins Stadtinnere.

Im Städtchen war alles ruhig, nur der Nachtwächter schlurfte durch die Gassen und rief die Stunde aus. Der Hund, die Katze und die Ratte schlichen den Hauswänden entlang, bis sie zum Palast des Königs kamen. Der Hund beschnupperte die Palastmauer. Dann sagte er leise: «Hinter diesem vergitterten Fenster ist der Zöllner. Rasch, wir müssen ihn rausholen!»

Emsig nagten und bissen die Tiere an den Gitterstäben, die immer dünner wurden. Nach einigen Stunden war es so weit; Joachim konnte sie auseinanderbiegen und schlüpfte ins Freie. Fast hätte er gejauchzt, aber die Tiere mahnten ihn, leise zu sein. Dann führten sie ihn zum Loch unter der Stadtmauer. Joachim war gerade dünn genug, dass er bäuchlings hindurchkriechen konnte. Draussen wartete das Pferd mit dem königlichen Zaumzeug, und Joachim stieg in den Sattel.

Sie beeilten sich, zur Grenze zu kommen. Nur einmal pfiff es erbärmlich, und als Joachim sich umwandte, sah er die Ratte, die mit ihren kurzen Beinen nicht Schritt halten konnte. Er hielt sein Pferd an und setzte die Ratte auf seine Schulter. «Meine pfiffige kleine Ratte», tröstete er sie, «du hast so eifrig genagt, dass du jetzt sicher ganz müde bist.» Dann eilten sie weiter, und als der Morgen graute, standen sie vor der Barriere.

Vom Kleinen und Grossen und von der Wahrheit

Joachim stieg vom Pferd und holte sein Waldhorn hinter dem Zollhäuschen hervor. Und weil die Vögel so zierlich pfiffen, kam ihn die Lust an, mächtig hineinzublasen. Wieder brachte der Wald die Klänge noch schöner zurück, und als die Rattenpfeife, die Katzengeige und die Hundepauke einfielen, klang es feiner als im Kammerorchester des Königs.

Joachim lachte vergnügt. Ihm lag nichts mehr daran, vor dem König zu spielen; unter Freunden macht es mehr Spass. «Wir werden immer zusammenbleiben», sagte er und hob die Barriere.

Eines nach dem andern trippelten die Tiere über die Grenze. Joachim folgte ihnen. Es war ein herrlicher Morgen, und die Vögel begleiteten sie mit ihrem lustigen Zwitschern.

*Kurt Baumann, David McKee, «Joachim der Zöllner»*

# 42 Odysseus und das Trojanische Pferd

Die Griechen kämpften schon viele Jahre gegen die Trojaner, viele Soldaten waren bereits gefallen oder verwundet worden, und alle waren müde und wollten endlich nach Hause. Jeden Abend war der Wunsch nach dem Ende des Krieges aus fast jedem Zelt im Lager der Griechen zu hören. Da sagte einmal Odysseus: «Ja, lasst uns den Krieg beenden, aber mit einem Sieg.»

«Und wie sollen wir das machen?», fragten ihn die anderen mutlos.

«Mit einer List! Denn wenn wir von aussen nicht in die Stadt hinein können, dann müssen wir versuchen, sie von innen her zu erobern», antwortete Odysseus, und er erklärte seinen Plan.

Die Griechen waren begeistert. Sofort machten sie sich daran, ein riesiges hölzernes Pferd zu bauen. Es war so gross, dass dreissig Krieger in seinem Bauch Platz hatten. Der Plan war, die Trojaner dazu zu bringen, das Pferd in ihre Stadt zu holen, damit die Soldaten der Griechen in einem unbeobachteten Moment aus dem Pferd schlüpfen konnten, um von innen die Stadttore für ihre Kameraden zu öffnen. Als das Pferd fertig war, stiegen Odysseus und seine Männer heimlich bei Nacht in seinen Bauch. Alle anderen Griechen taten so, als würden sie den Kampf aufgeben und mit ihren Schiffen nach Hause fahren.

Als die Trojaner am Morgen auf die griechische Armee hinunterschauten, trauten sie ihren Augen nicht. Die Soldaten waren abgezogen. Niemand war noch da, nur ein riesiges Holzpferd stand vor den Toren der Stadt. Alle waren sehr neugierig und wollten sofort das Pferd hereinholen, aber da trat Kassandra, die Seherin hervor.

«Seid vorsichtig!», rief sie. «Ihr denkt, es sei ein Geschenk der Griechen, aber dieses Geschenk ist gefährlich, ich warne Euch, rührt es nicht an und lasst es stehen, wo es ist!»

Ein paar begannen schon zu zweifeln, ob Kassandra nicht doch Recht hätte, aber sie wollten nach dem langen Krieg endlich ein bisschen Spass und Abwechslung, und so legten sie kleine Rollen unter das Pferd und schoben es durch das grösste Tor in die Stadt hinein.

«Ihr öffnet den Feinden die Tore!», rief Kassandra noch ein letztes Mal hinterher.

Die Trojaner waren aber so begeistert von dem Pferd, dass sie nicht mehr auf sie hörten. So nahm das Unglück seinen Lauf: Sobald das Pferd in der Stadt war, feierte ganz Troja den Sieg über die Griechen. Überall wurde getrunken und gegessen bis spät in die Nacht. Danach schliefen alle Trojaner tief und fest, und niemand konnte sie mehr aufwecken. Für Odysseus und seine Männer war jetzt der richtige Moment gekommen. Sie stiegen aus dem Bauch des Pferdes und öffneten die Tore. Sogleich stürmten alle griechischen Soldaten in die Stadt und fesselten die schlafenden Trojaner. So war der Krieg gewonnen, und die Griechen zogen als Sieger nach Hause.

*Griechische Mythologie*

# 43 Vater, Sohn und Esel

Ein Mann ritt auf seinem Esel nach Hause und liess seinen Sohn zu Fuss nebenher laufen. Da kam ein Wanderer und sagte: «Das ist nicht recht, Vater, dass Ihr reitet, und Euer Sohn muss laufen; Ihr habt stärkere Glieder.»

Da stieg der Vater vom Esel herab und liess den Sohn reiten.

Ein zweiter Wandersmann kam und sagte: «Das ist nicht recht, Bursche, dass du reitest und deinen Vater zu Fuss gehen lässt. Du hast jüngere Beine.»

Da sassen beide auf und ritten eine Strecke. Nun kam eine Wanderin und sagte: «Was ist das für ein Unverstand, zwei Kerle auf einem schwachen Tier. Sollte man nicht einen Stock nehmen, und euch beide hinabjagen?»

Da stiegen beide ab, und alle gingen zu Fuss, rechts und links der Vater und Sohn und in der Mitte der Esel.

Schliesslich kam eine alte Oma und sagte: «Ihr seid drei kuriose Gesellen. Ist's nicht genug, wenn zwei zu Fuss gehen? Geht's nicht leichter, wenn einer von euch reitet?»

Da band der Vater dem Esel die vorderen Beine zusammen, und der Sohn band ihm die hinteren Beine zusammen. Sie zogen einen starken Baumpfahl durch, der an der Strasse stand, und trugen den Esel auf der Achsel heim.

So weit kann's kommen, wenn man es allen Leuten recht machen will.

*Johann Peter Hebel, «Seltsamer Spazierritt»*

# Vom Fischer und seiner Frau 44

Es waren einmal ein Fischer und seine Frau, die wohnten zusammen in einer kleinen Fischerhütte, dicht an der Küste, und der Fischer ging alle Tage zum Meer und angelte: und angelte und angelte. So sass er auch einmal mit seiner Angel und sah immer in das klare Wasser hinein. Und so sass er nun und sass.

Die Angel ging bis auf den Grund, tief hinunter, und als er sie eines Tages heraufholte, zog er einen grossen Fisch heraus. Der Fisch sprach zu ihm: «Hör mal, Fischer, ich bitte dich, lass mich leben, ich bin kein richtiger Fisch, ich bin ein verwünschter Prinz. Was hilft's dir denn, wenn du mich tötest? Ich würde dir doch nicht recht schmecken: Setz' mich wieder ins Wasser, und lass mich schwimmen.»

«Nun», sagte der Mann, «du brauchst nicht so viele Worte zu machen: Einen Fisch, der sprechen kann, werde ich doch wohl schwimmen lassen.»

Damit setzte er ihn wieder in das klare Wasser. Sogleich ging der Fisch auf Grund und liess einen langen Streifen Blut hinter sich. Da stand der Fischer auf und ging zu seiner Frau in die kleine Hütte.

«Mann», sagte die Frau, «hast du heute nichts gefangen?»

«Nein», sagte der Mann. «Ich fing einen Fisch, der sagte, er wäre ein verwünschter Prinz, da habe ich ihn wieder schwimmen lassen.»

«Hast du dir denn nichts gewünscht?», fragte die Frau.

«Nein», sagte der Mann, «was sollte ich mir wünschen?»

«Ach», sagte die Frau, «das ist doch übel, immer hier in der Hütte zu wohnen: Die stinkt und ist so eklig; du hättest uns doch ein kleines Häuschen wünschen können. Geh noch einmal hin und ruf ihn. Sag ihm, wir wollen ein kleines Häuschen haben, er tut das gewiss.»

Der Mann wollte noch nicht recht, wollte aber auch nicht gegen seine Frau handeln und ging hin zum Meer. Als er dorthin kam, war das Meer ganz grün und gelb und gar nicht mehr so klar. So stellte er sich hin und sagte:

«Männlein, Männlein, Timpe Te,
Fischje, Fischje in der See,
Meine Frau, die Ilsebill,
Will nicht so, wie ich wohl will.»

Da kam der Fisch angeschwommen und fragte: «Na, was will sie denn?»

«Ach», sagte der Mann, «ich hatte dich doch gefangen; nun sagt meine Frau, ich hätt' mir doch was wünschen sollen. Sie mag nicht mehr in der Hütte wohnen, sie will gern ein Häuschen.»

«Geh nur», sagte der Fisch, «sie hat es schon.»

Da ging der Mann hin, und seine Frau sass nicht mehr in der kleinen Hütte, denn an ihrer Stelle stand jetzt ein Häuschen, und seine Frau sass vor der Türe auf einer Bank. Da nahm ihn seine Frau bei der Hand und sagte zu ihm: «Komm nur herein, sieh, nun ist doch das viel besser.»

«Ja», sagte der Mann, «so soll es bleiben; nun wollen wir recht vergnügt leben.»

Aber nach ein paar Wochen sagte die Frau: «Hör, Mann, das Häuschen ist doch zu eng, und der Hof und der Garten sind so klein: Der Fisch hätt' uns auch ein grösseres Haus schenken können. Ich möchte gerne in einem grossen Schloss wohnen. Geh hin zum Fisch, er soll uns ein Schloss schenken.»

«Ach Frau», sagte der Mann, «das Häuschen ist ja gut genug, warum wollen wir in einem Schloss wohnen?»

«Ach was», sagte die Frau, «geh du mal hin, der Fisch kann das schon.»

Dem Mann war sein Herz schwer, und er wollte nicht; er sagte zu sich selbst: «Das ist nicht recht.» Aber er ging doch hin.

Als er an das Meer kam, war das Wasser ganz violett und dunkelblau und grau und dick, und gar nicht mehr so grün und gelb, doch war es noch still. Da stellte er sich hin und sagte:

«Männlein, Männlein, Timpe Te,
Fischje, Fischje in der See,
Meine Frau, die Ilsebill,
Will nicht so, wie ich wohl will.»

«Na, was will sie denn?», fragte der Fisch.

«Ach», sagte der Mann, halb betrübt, «sie will in einem grossen Schloss wohnen.»

«Geh nur hin, sie steht vor der Tür», sagte der Fisch.

Da ging der Mann hin und dachte, er wollte nach Hause gehen. Als er aber dahin kam, da stand dort ein grosser steinerner Palast, und seine Frau stand oben auf der Treppe und nahm ihn bei der Hand und sagte: «Komm nur herein.»

Damit ging er mit ihr hinein, und in dem Schloss waren so viele Bediente, die rissen die grossen Türen auf. Die Wände waren alle mit schönen Tapeten ausgestattet, in den Zimmern standen lauter goldene Stühle und Tische, und kristallene Kronleuchter hingen von der Decke. Auf den Tischen standen das Essen und der allerbeste Wein. Hinter dem Haus war auch ein grosser Hof mit Pferde- und Kuhstall und Kutschwagen: alles vom allerbesten. Auch war da ein grosser herrlicher Garten mit den schönsten Blumen und feinen Obstbäumen, und ein herrlicher Park, mit Hirschen und Rehen drin und alles, was man nur immer wünschen mag.

«Na», sagte die Frau, «ist das nun nicht schön?»

«Ach ja», sagte der Mann, «so soll es auch bleiben. Darauf gingen sie zu Bett.

Am andern Morgen wachte die Frau als Erste auf. Es war gerade Tag geworden, und sie sah von ihrem Bett aus das herrliche Land vor sich liegen. Der Mann reckte sich noch, da stiess sie ihn mit dem Ellbogen in die Seite und sagte: «Mann, steh auf und guck mal aus dem Fenster. Sieh, könnten wir nicht König und Königin werden über all das Land? Geh hin zum Fisch, wir wollen König sein.»

«Ach Frau», sagte der Mann, «warum wollen wir König sein?»

«Nun», sagte die Frau, «willst du nicht König sein, so will ich Königin sein. Geh hin zum Fisch, ich will Königin sein.»

Da ging der Mann hin und war ganz bedrückt, dass seine Frau Königin werden wollte. Das ist und ist nicht recht, dachte der Mann. Und als er an das Meer kam, war es ganz schwarzgrau, und das Wasser drängte so von unten herauf und stank ganz faul. Da stellte er sich hin und sagte:

«Männlein, Männlein, Timpe Te,
Fischje, Fischje in der See,
Meine Frau, die Ilsebill,
Will nicht so, wie ich wohl will.»

«Na, was will sie denn?», fragte der Fisch.

«Ach», sagte der Mann, «sie will Königin werden.»

«Geh nur hin, sie ist es schon», sagte der Fisch.

Da ging der Mann hin, und als er zu dem Palast kam, war das Schloss viel grösser geworden und hatte einen grossen Turm. Soldaten standen vor dem Tor und schlugen die Pauken und bliesen die Trompeten. Und als er in das Haus kam, so war alles von purem Marmor und Gold, und seine Frau sass auf einem hohen Thron von Gold und Diamanten. Sie hatte eine grosse goldene Krone auf und ein schweres Zepter mit Edelsteinen in der Hand.

Da stellte er sich hin und sagte: «Ach Frau, bist du nun Königin?»

«Ja», sagte die Frau, «nun bin ich Königin.»

Da stand er nun und sah sie an; und als er sie eine Zeit lang so angesehen hatte, sagte er: «Ach Frau, was ist das schön, dass du nun Königin bist! Nun wollen wir uns auch nichts mehr wünschen.»

«Nein, Mann», sagte die Frau, und war ganz unruhig, «mir wird schon Zeit und Weile lang, ich kann das nicht mehr aushalten. Geh hin zum Fisch: Königin bin ich, nun muss ich auch Kaiserin werden.»

Aber der Mann wollte nicht, er schämte sich und wollte den Fisch überhaupt um nichts mehr bitten. Aber da rief seine Frau: «Willst du wohl hingehen, ich, die Königin, befehle es dir!»

Da musste er hingehen und kam an das Meer. Da war das Meer noch ganz schwarz und dick und fing an, von unten herauf zu schäumen, dass es Blasen warf; und es ging so ein Wirbelwind über das Meer hin, dass sie sich nur so drehten. Den Mann ergriff ein Grauen. Da stand er nun und sagte:

«Männlein, Männlein, Timpe Te,

Fischje, Fischje in der See,

Meine Frau, die Ilsebill,

Will nicht so, wie ich wohl will.»

«Na, was will sie denn?», fragte der Fisch.

«Ach, Fisch», sagte er, «meine Frau will Kaiserin werden.»

«Geh nur hin», sagte der Fisch, «sie ist es schon.»

Da ging der Mann heim, und als er dort ankam, war das ganze Schloss noch viel grösser und schöner als zuvor. Seine Frau sass auf einem Thron, der so hoch war, dass er sie fast nicht mehr sah. Der Mann rief ihr zu: «Frau, bist du nun Kaiserin?»

«Ja», sagte sie, «ich bin Kaiserin.»

Da stellte er sich nun hin und besah sie sich recht, und als er sie so eine Zeit lang angesehen hatte, da sagte er: «Ach, Frau, wie steht dir das schön, dass du Kaiserin bist.»

«Mann», sagte sie, «was stehst du da? Ich bin nun Kaiserin, nun will ich auch Papst werden; geh hin zum Fisch.»

«Ach Frau», sagte der Mann, «was willst du denn nicht alles? Papst kannst du nicht werden, ihn gibt's nur einmal in der Christenheit. Das kann er doch nicht machen!»

«Mann», sagte sie, «ich will Papst werden, geh gleich hin, ich muss heute noch Papst werden.»

Da wurde er mutlos, doch er ging hin mit grosser Angst, er zitterte und bebte, und die Knie und Waden schlotterten ihm. Und da strich so ein Wind über das Land, und die Wolken flogen, und es wurde so düster wie gegen den Abend zu. Die Blätter wehten von den Bäumen, und das Wasser ging hoch und brauste so, als ob es kochte, und platschte an das Ufer, und in der Ferne sah er die Schiffe, die gaben Notschüsse ab und tanzten und sprangen auf den Wogen. Doch war der Himmel in der Mitte noch ein bisschen blau, aber an den Seiten, da zog es so recht rot auf wie ein schweres Gewitter. Da ging er ganz verzagt hin und stand da in seiner Angst und sagte:

«Männlein, Männlein, Timpe Te,
Fischje, Fischje in der See,
Meine Frau, die Ilsebill,
Will nicht so, wie ich wohl will.»

«Na, was will sie denn?», fragte der Fisch.

«Ach», sagte der Mann, «sie will Papst werden.»

«Geh nur hin, sie ist es schon», sagte der Fisch.

Da ging er hin, und als er ankam, da war da eine grosse Kirche, von lauter Palästen umgeben. Der Fischer drängte sich durch das Volk. Inwendig war alles mit tausend und tausend Lichtern erleuchtet, und seine Frau war ganz in Gold gekleidet und sass auf einem noch viel höheren Thron und hatte drei grosse goldene Kronen auf. Und zu beiden Seiten von ihr standen zwei Reihen Lichter, das grösste so dick und so gross wie der allergrösste Turm, bis zu dem allerkleinsten Küchenlicht. Und all die Kaiser und Könige, die lagen vor ihr auf den Knien und küssten ihr den Pantoffel.

«Frau», sagte der Mann und sah sie so recht an, «bist du nun Papst?»

«Ja», sagte sie, «ich bin Papst.» Da stieg er hinauf auf den Thron und sah sie recht an, und da war ihm, als ob er in die helle Sonne sähe. Als er sie so eine Zeit lang angesehen hatte, sagte er: «Ach Frau, wie gut steht dir das, dass du Papst bist!»

Sie sass aber ganz steif wie ein Baum und rührte und regte sich nicht. Da sagte er: «Frau, nun sei zufrieden, dass du Papst bist, denn nun kannst du doch nichts mehr werden.»

«Das will ich mir bedenken», sagte die Frau. Damit gingen sie beide zu Bett. Aber sie war nicht zufrieden, und die Gier liess sie nicht schlafen; sie dachte immer, was sie noch werden könnte.

Der Mann schlief recht gut und fest, er hatte am Tag viel laufen müssen. Die Frau aber konnte gar nicht einschlafen. Sie warf sich die ganze Nacht von einer Seite auf die andere und dachte immer darüber nach, was sie wohl noch werden könnte, und konnte sich doch auf nichts mehr besinnen. Unterdessen ging die Sonne auf, und als sie das Morgenrot sah, setzte sie sich aufrecht im Bett hin und sah da hinein. Und als sie aus dem Fenster die Sonne so heraufkommen sah: Ha, dachte sie, kann ich nicht auch die Sonne und den Mond aufgehen lassen? «Mann», sagte sie und stiess ihn mit dem Ellenbogen in die Rippen, «wach auf, geh hin zum Fisch, ich will werden wie der liebe Gott.»

Der Mann war noch ganz schlaftrunken, aber er erschrak so, dass er aus dem Bett fiel. Er meinte, er hätte sich verhört, rieb sich die Augen aus und sagte: «Ach Frau, was sagst du? Das kann nicht sein, darum werde ich nie bitten!»

Doch da wurde die Frau Papst ganz wild, sie zitterte am ganzen Leib, und ihre Augen funkelten, und sie rief: «Ich halte das nicht aus! Und ich halte das nicht länger aus!»

Da bekam er Angst um sie, zog sich die Hose an und lief so schnell er konnte zur See hinunter. Draussen aber ging der Sturm und brauste, dass er kaum auf den Füssen stehen konnte. Die Häuser und die Bäume wurden umgeweht, die Berge bebten, und die Felsenstücke rollten in das Meer. Der Himmel war ganz pechschwarz, und es donnerte und blitzte. Das Meer ging in so hohen, schwarzen Wogen wie Kirchtürme und Berge, und oben hatten alle eine weisse Schaumkrone auf. Da schrie er und konnte sein eigenes Wort nicht hören:

«Männlein, Männlein, Timpe Te,
Fischje, Fischje in der See,
Meine Frau, die Ilsebill,
Will nicht so, wie ich wohl will.»
«Na, was will sie denn?», fragte der Fisch.
«Ach», sagte er, «sie will werden wie der liebe Gott.»
«Geh nur hin, sie sitzt schon wieder in der Fischerhütte.»

Und da sitzen sie noch bis auf den heutigen Tag.

*Aus der Sammlung der Gebrüder Grimm*

# Was ist das Leben? 45

Es war einmal ein Wald an einem schönen Sommertag. Um die Mittagszeit herum steckten fast alle Vögel ihre Köpfe unter ihre Flügel. Im ganzen Wald war es still, sehr still, und alles ruhte. Nur ein aufgeweckter Buchfink reckte sein Köpfchen. Er fragte: «Was ist das Leben?»

Der ganze Wald, alle Pflanzen und alle Tiere, erschraken wegen dieser schweren Frage. Als Erstes entfaltete eine Rose ihre Knospe, vorsichtig schob sie Blatt um Blatt um Blatt heraus. Sie sagte: «Das Leben ist blühen und verwelken.»

Etwas weniger tief veranlagt war die Antwort des Schmetterlings. Er flog lustig und flüchtig von Blume zu Blume und naschte hier und dort. Er sagte: «Das Leben ist nichts als Freude und Sonnenschein.»

Ganz unten auf dem Boden mühte sich eine Ameise mit einem Strohhalm ab, der zehnmal so lang war wie sie selbst. Sie sprach: «Das Leben ist nichts als Mühe und Arbeit.»

Ganz emsig und geschäftig kam eine mit Honig beladene Biene in den Bienenstock zurück. Sie meinte im Vorbeifliegen: «Das Leben ist ein Wechsel von Arbeit und Vergnügen.»

Nun waren schon so viele so weise Reden geführt worden, dass der sonst unsichtbare Maulwurf seinen Kopf aus der Erde streckte. Er sagte: «Das Leben ist ein Kampf im Dunkeln.»

Nun sagte die Elster, die nichts weiss und nur vom Spott der anderen lebt: «Was ihr für weise Reden führt! Man sollte Wunder meinen, was für gescheite Leute ihr seid!»

Bestimmt wäre nun grosser Streit ausgebrochen, hätte nicht ein ganz feiner Regen eingesetzt. Der Regen sagte: «Das Leben besteht aus Tränen, Tränen und nichts als Tränen.»

Unser Buchfink zog nun weiter zum Meer, wo die Wellen nur so wogten und sich gewaltig gegen die Felsen warfen. Sie kletterten die Felsen so weit hinauf, wie sie konnten, und fielen dann gebrochen und kraftlos ins Meer zurück. Sie stöhnten: «Das Leben ist ein stetes, vergebliches Ringen nach Freiheit.»

Weit oben im Himmel, wo man ihn fast gar nicht mehr sah, zog ein Adler majestätisch seine Kreise. Er frohlockte: «Das Leben ist Streben nach oben.»

In der Nähe unseres Buchfinks stand ein Baum. Es war eine Weide. Das Tosen und Toben der Stürme hatte sie zur Seite gekrümmt. Sie sprach: «Das Leben ist ein Sich-Neigen unter einer höheren Macht.»

Und dann kam die Nacht, und ein Uhu glitt lautlos durch das Geäst des Waldes. Er krächzte, dass es durch Mark und Bein ging: «Das Leben heisst, die Gelegenheit nutzen, wenn die anderen schlafen.»

Dann aber wurde es wieder still, ganz still im Walde. Nach geraumer Zeit ging ein Mann über die menschenleeren Strassen nach Hause. Er kam wohl gerade von einem Fest. Er sagte: «Das Leben ist ein ständiges Suchen nach Glück und Erfolg sowie eine Kette von Enttäuschungen.»

Da, auf einmal entflammte die ganze Pracht der Morgenröte. Sie sprach: «Wie ich, die Morgenröte, der Beginn des kommenden Tages bin, so ist das Leben der Anfang der Ewigkeit. Mit jedem neuen Leben beginnt die Ewigkeit aufs Neue.»

*Aus Schweden*

# 46 Welcher Ring ist der richtige?

Sultan Saladin war ein muslimischer Herrscher, der im 12. Jahrhundert im Orient lebte. Eines Tages liess er den Juden Nathan zu sich rufen, weil Nathan hoch angesehen war und als sehr weise galt. Also stellte ihm Saladin eine schwere Frage: Er wollte wissen, welcher Glaube der wahre sei: der jüdische, der christliche oder der muslimische.

Nathan antwortete mit dieser Geschichte:

«Vor langer, langer Zeit lebte im Orient ein Mann, der einen schönen und wertvollen Ring besass. Der Ring war das Geschenk einer Person, die dem Mann sehr viel bedeutete. Ausserdem ging von dem Ring eine magische Kraft aus: Jeder, der ihn trug, war beliebt und wurde von allen Menschen um ihn herum gemocht. Der Mann vererbte den Ring demjenigen seiner Söhne, den er am liebsten mochte. Er bat ihn, den Ring auch wieder an seinen liebsten Sohn zu vererben. So ging es immer weiter. Wer den Ring besass, war gleichzeitig auch das Oberhaupt der Familie.

Schliesslich wurde der Ring an einen Mann vererbt, der drei Söhne hatte, die er alle drei gleich gerne mochte. Von Zeit zu Zeit schien ihm mal der erste, mal der zweite und mal der dritte Sohn als der würdigste Träger des Rings. Deshalb versprach er allen dreien, ihnen den Ring zu vererben.

Ihr könnt euch sicher vorstellen, in welche Verlegenheit sich der Mann damit gebracht hat. Als er merkte, dass er bald sterben würde, überlegte er sich, was er tun konnte, um keinen seiner Söhne zu enttäuschen. Er wusste nämlich, dass sich alle drei auf sein Versprechen verliessen.

Schliesslich wusste er sich nicht anders zu helfen: Er gab bei einem Künstler heimlich zwei weitere Ringe in Auftrag. Der Künstler sollte weder Kosten noch Mühen scheuen, um die nachgemachten Ringe völlig gleich aussehen zu lassen. Das gelang ihm so gut, dass sogar der Mann selbst seinen eigenen Ring nicht mehr von den beiden anderen unterscheiden konnte. Daraufhin rief er nacheinander seine Söhne zu sich, gab jedem seinen Segen und übergab allen freudig einen der Ringe. Wenig später starb er.

Jeder Sohn wollte nun natürlich das Familienoberhaupt sein. Die drei stritten sich und liessen die Ringe untersuchen. Vergeblich – niemand konnte mehr feststellen, welcher Ring der richtige war.»

Nathan machte eine Pause und erklärte: «Genauso wenig können wir feststellen, welcher Glaube der richtige ist.»

*Gotthold Ephraim Lessing, «Nathan der Weise»;*
*Giovanni Boccaccio, «Das Dekameron»*

# Von Dummen, Klugen und Weisen

# Bauer und Teufel 47

Ein Bauer hatte eines Tages seinen Acker gepflügt und rüstete sich zur Heimfahrt, als die Dämmerung schon eingetreten war. Da erblickte er mitten auf seinem Acker einen Haufen feuriger Kohlen, und als er voll Verwunderung hinging, so sass oben auf der Glut ein kleiner schwarzer Teufel.

«Du sitzest wohl auf einem Schatz», sprach das Bäuerlein.

«Jawohl», antwortete der Teufel, «auf einem Schatz, der mehr Gold und Silber enthält, als du dein Lebtag gesehen hast.»

«Der Schatz liegt auf meinem Feld und gehört mir», sprach das Bäuerlein.

«Er ist dein», antwortete der Teufel, «wenn du mir zwei Jahre lang die Hälfte von dem gibst, was dein Acker hervorbringt: Geld habe ich genug, aber ich trage Verlangen nach den Früchten der Erde.»

Das Bäuerlein ging auf den Handel ein. «Damit aber kein Streit bei der Teilung entsteht», sprach es, «so soll dir gehören, was über der Erde ist und mir, was unter der Erde ist.»

Dem Teufel gefiel das, aber das listige Bäuerlein hatte Rüben gesät. Als nun die Zeit der Ernte kam, so erschien der Teufel und wollte seine Frucht holen, er fand aber nichts als die gelben welken Blätter, und das Bäuerlein, ganz vergnügt, grub seine Rüben aus.

«Einmal hast du den Vorteil gehabt», sprach der Teufel, «aber für das nächste Mal soll das nicht gelten. Dein ist, was über der Erde wächst und mein, was darunter ist.»

«Mir auch recht», antwortete das Bäuerlein.

Als aber die Zeit zur Aussaat kam, säte das Bäuerlein nicht wieder Rüben, sondern Weizen. Die Frucht wurde reif, das Bäuerlein ging auf den Acker und schnitt die vollen Halme bis zur Erde ab. Als der Teufel kam, fand er nichts als die Stoppeln und fuhr wütend in eine Felsenschlucht hinab.

«So muss man es machen mit den Bösen», sprach das Bäuerlein, ging hin und holte sich den Schatz.

*Aus der Sammlung der Gebrüder Grimm*

## 48  Bohnen in der Tasche

Pablo vom mexikanischen Puebla-Volk steckte am Morgen beim Anziehen zehn Bohnen in die rechte Tasche. Am Abend nahm er die Bohnen wieder aus der linken Tasche heraus. Einmal beobachtete ein anderes Kind, was Pablo am Morgen und am Abend mit den Bohnen tat und wurde neugierig: «Was machst du mit den Bohnen?»

Pablo antwortete: «Jedes Mal wenn mir etwas gelingt oder wenn ich etwas Gutes mache, nehme ich aus der rechten Tasche eine Bohne und lege sie in die linke. Am Abend nehme ich sie beim Zubettgehen wieder heraus und erinnere mich an all das Gelungene, an all die guten Worte und Taten des vergangenen Tages. Und am nächsten Morgen fange ich von vorne an und hoffe, dass jeder Tag so viel Gutes bringt, dass alle meine Bohnen bis am Abend von rechts nach links gewandert sind.»

*Aus Mexiko*


## 49  Das Märchen von den zwölf Monaten

Es war einmal eine alte Frau, die zu arm war, um sich im Winter Holz oder Kohle zu kaufen. Ihr Häuschen blieb kalt. Wenn die Temperaturen besonders tief waren, ging sie in den Wald und sammelte trockenes Laub, um ihr Zuhause wenigstens ein bisschen zu heizen. Als sie eines Tages vom Laubsammeln zurückkam, sah sie in einer Höhle ein Licht. Als sie die Höhle betrat, sassen zwölf schöne, junge Männer dort drinnen.

«Seid gegrüsst», sagte die Alte.

«Grüss Gott, Mütterchen», antworteten die zwölf Männer, «heute ist es schrecklich kalt!»

«So schlimm ist es auch wieder nicht», sagte sie, «es ist nun einmal Winter, und in dieser Zeit des Jahres muss es doch kalt sein.»

Keiner der jungen Männer erwiderte dazu etwas. Dafür blickten sie sich vielsagend an. Nach einer Weile sagte einer von ihnen: «Hast du denn den Winter lieber als den Sommer?»

Das Mütterchen verneinte: «Mir ist eigentlich alles recht!»

Die zwölf Männer strahlten und fragten: «Du findest also gar keinen einzelnen Monat schlecht?»

Die alte Besucherin erwiderte: «Ich finde, dass jeder Monat auf seine Art schön ist. So, aber jetzt muss ich nach Hause.»

Das Mütterchen stand auf, und die zwölf Männer gaben ihr den Sack mit dem Laub auf den Rücken. Als sie zu Hause ankam und den Sack öffnete, was befand sich wohl darin? Ganz viele glänzende Goldstücke! Von diesem Tag an lebte die alte Frau glücklich und ohne Sorgen und hatte im Winter stets eine geheizte Stube.

Im Nachbarhaus lebte ebenfalls eine alte Frau. Sie fand keine Ruhe, weil sie unbedingt wissen wollte, woher ihre Nachbarin den unverhofften Reichtum hatte. Also liess sie es sich alles haargenau erklären. Darauf nahm sie einen Sack, stopfte ihn bis oben voll mit Laub und ging damit zur Höhle. Immer noch sassen dort die zwölf jungen Männer.

Sofort jammerte die alte Frau los: «Ui, es ist ja so bitterkalt, es wäre besser, es gäbe keinen Winter!»

Die zwölf Männer schauten sich bedeutungsvoll an und schüttelten die Köpfe. «Wie gefallen dir denn die anderen Jahreszeiten?», wollten sie von der Besucherin wissen.

«Die sind auch nicht besser», klagte sie. Jetzt kam sie in Fahrt: «Der März macht alle krank, der April weiss nie, was er will, der Mai macht allen Kopfschmerzen mit seinem Blumenduft, im Juni sind die Nächte zu kurz, Juli und August sind zu heiss, und im September wird es schon wieder kalt. Nein, eigentlich gefällt mir keiner der zwölf Monate!»

Die zwölf jungen Männer sagten nichts und schüttelten die Köpfe. Immerhin halfen sie der Frau, den Sack auf ihre Schultern hieven. Die Alte rannte, so schnell sie konnte, nach Hause. Und als sie ihren Sack öffnete, was fand sie wohl darin? Nur dürres Laub. Denn die zwölf Monate hatten sie nach ihren Reden belohnt.

*Aus Griechenland*

# 50  Der Traum des Sultans

Einst wachte der Sultan in seinem Palast voll Angst und in Schweiss gebadet auf. Ganz erregt rief er seinen Diener und sagte zu ihm. «Ich hatte einen schrecklichen Traum, bitte beeile dich und hole meinen Traumdeuter.»

Als dieser kurz darauf erschien, erzählte ihm der Sultan seinen Traum: «Ich hatte einen schweren Kampf mit einem schrecklichen Kerl. Plötzlich gab mir dieser einen Faustschlag ins Gesicht, und ich verlor auf einmal alle meine Zähne. Bitte sage mir, was das bedeutet.»

Der Traumdeuter räusperte sich und wartete. Schliesslich begann er langsam zu sprechen: «Wisset, ehrwürdiger Sultan, die Zähne sind ein Symbol für Eure Familie …»

«Ja, und? Was ist damit?», fragte der Sultan ungeduldig.

«Wenn die Zähne herausfallen, bedeutet das, dass Ihr Eure ganze Familie verlieren werdet.»

Der Sultan erbleichte und schwieg, dann stand er plötzlich auf, jagte den Traumdeuter zornig aus dem Saal und rief: «Fort mit dir, du Unglücksbote, ich will dich hier nicht mehr sehen. Bringt mir sofort einen neuen Traumdeuter. Ich will doch mal sehen, ob es in meinem ganzen Reich nicht einen gibt, der sein Handwerk versteht.»

Der Diener wusste nicht, wo er in kurzer Zeit einen guten Traumdeuter bekommen sollte, und in seiner Not lief er zu seiner Schwester, erzählte ihr was geschehen war und fragte sie um Rat. Diese sagte: «Der gute Sultan soll seine Traumdeutung bekommen. Lass mich nur machen, ich will ihn schon zufriedenstellen.»

Der Diener ging also zum Palast zurück und meldete Suleyka, die bekannteste unter allen unbekannten Traumdeuterinnen des Reiches. Der Sultan begrüsste die junge Frau argwöhnisch und stellte ihr alle möglichen und unmöglichen Fragen, die diese freundlich beantwortete.

Schliesslich verlor sie die Geduld und sagte: «Ehrwürdiger Herr, meine Zeit ist kostbar. Ich bin gekommen, Euren Traum zu hören, ich warte.»

Nachdem ihr der Sultan etwas widerwillig die Geschichte mit dem Kampf und den ausgefallenen Zähnen erzählt hatte, lächelte Suleyka freundlich. «Das ist ein Traum, der viel Gutes verheisst», begann sie.

«Viel Gutes? Was meinst du damit?», unterbrach sie der Sultan wissbegierig.

«Weil es bedeutet, dass Ihr ein langes Leben haben werdet. Die Zähne, das sind die Mitglieder Eurer Familie, und bedenkt doch, wenn sie schon alle ausgefallen, das heisst, wenn sie schon alle gestorben sind, dann lebt Ihr immer noch.»

Mit dieser Deutung war nun der Sultan zufrieden und belohnte Suleyka mit vielen Geschenken.

*Aus der Türkei*

# Die Kieselgeschichte 51

Es war einmal ein armer Mann, der einem reichen Mann sehr viel Geld schuldete. Er konnte es ihm aber nicht zurückzahlen. Damals gab es ein Gesetz, und nach dem durfte der Reiche jeden zu seinem Sklaven machen, der seine Schulden nicht begleichen konnte. Eines Morgens ging der Reiche zum Armen, um ihn abzuholen.

Der arme Mann bettelte um Gnade.

Der reiche Mann wollte sich einen Scherz erlauben, er lächelte und sagte: «Gut, ich mache dir ein Angebot: Ich werde einen weissen und einen schwarzen Kieselstein in meine Tasche legen und dann schüttle ich sie. Danach nimmst du dir einen von den Steinen: Ist es der weisse, sollst du von deinen Schulden befreit sein. Ist es aber der schwarze, so sollst du zeitlebens mein Sklave sein.»

Der Arme bedankte sich. Weil er aber auf Nummer sicher gehen wollte, bat er die ebenfalls anwesende Frau des Reichen, dass sie als Zeugin ein Auge darauf haben solle, dass alles mit rechten Dingen zugehe.

Nun bückte sich der Reiche und tat so, als würde er zwei verschiedene Steine in seine Tasche stecken. Der arme Mann durchschaute das böse Spiel: Denn es waren in der Tasche des Reichen nur zwei schwarze Steine!

Also nahm der Arme allen Mut zusammen und wählte einen Stein. Anstatt ihn nun aber anzuschauen, tat er extra tollpatschig und liess den Stein auf den Boden plumpsen. «O nein, wie dumm», sagte er.

Dann sagte er zur Frau des Reichen: «Es ist eigentlich nicht schlimm. Wenn Sie so freundlich wären und in der Tasche nachsehen, dann können wir aufgrund der Farbe des verbliebenen Steins herausfinden, welche Farbe der Stein hatte, den ich genommen habe.»

*Legende*

# 52 Drei Wünsche von Vishnu

Weil er genug von den ständigen Bitten von einem seiner Verehrer hatte, entschied der Gott Vishnu eines Tages, diesem zu erscheinen. Er sagte: «Ich werde dir jetzt noch genau drei beliebige Wünsche erfüllen, aber dann ist es gut. Danach werde ich dir nichts mehr geben.»

Da musste der Bittsteller nicht lange überlegen: «Meine Frau soll sterben, damit ich eine bessere heiraten kann.»

Sofort gewährte Vishnu ihm diesen Wunsch.

Beim Begräbnis aber sprachen alle Verwandten und Freunde so einhellig von den guten Eigenschaften seiner verstorbenen Frau, dass der Mann ein schlechtes Gewissen bekam. Er war blind gewesen gegenüber den Tugenden und guten Seiten seiner Frau. Ob er je wieder eine Frau finden würde, die so gut zu ihm wäre wie sie, erschien ihm mehr als fraglich.

Darum bat er Vishnu, ihm seinen zweiten Wunsch zu erfüllen und seine Frau wieder ins Leben zurückzuholen. Auch dieser Wunsch wurde von Vishnu umgehend erfüllt. So hatte der Mann nur noch einen letzten Wunsch. Er dachte lange und intensiv nach, was das für ein Wunsch sein solle – dieses Mal konnte er ja keine Änderungen mehr wünschen!

Überall fragte der Mann um Rat. Einige Freunde rieten ihm, Unsterblichkeit zu wünschen. Doch was bringe es, unsterblich zu sein, gaben andere zu bedenken, wenn er nicht gesund sei? Und was bringe Gesundheit, wenn er arm sei? Was bringe ihm Geld, wenn er keine Freunde hätte?

So verging Jahr um Jahr, und der Mann konnte sich zu keinem dritten Wunsch entschliessen: Leben, Gesundheit, Reichtum, Macht oder Liebe? Unmöglich war es ihm, sich zu entscheiden. Also fragte er Vishnu: «Bitte rate mir, worum ich dich bitten soll.»

Vishnu lachte und sagte: «Bitte doch einfach darum, zufrieden zu sein, was auch immer dir das Leben bringen mag.»

*Hinduistische Tradition*

# Drei Wünsche für Herrn und Frau Holzfäller 53

Es war einmal ein Holzfäller, der hatte mitten im Wald ein kleines Häuschen. Dort lebte er glücklich und zufrieden mit seiner Frau. Jeden Tag lief er in den Wald, um Holz zu fällen und kehrte am Abend wieder heim. Eines Tages nun, als er wieder im Wald war und eine grosse Tanne mit der Axt umhauen wollte, kam plötzlich aus einem Astloch ein kleines Männlein heraus und rief: «He, du, lass doch bitte meinen Baum in Ruhe. Du kannst mir doch nicht einfach mein Baum wegnehmen.»

Erstaunt sah der Holzfäller nun das Männlein und erwiderte: «Aber ich wollte doch nur Holz für unseren Ofen.»

Und als er sah, wie das Männlein fürchterlich weinte, da erbarmte er sich und sprach «Ich will mir eine andere Tanne zum Fällen suchen!»

Da beruhigte sich das kleine Männlein wieder. Ganz freudig sagte es zum Holzfäller: «Weil du Erbarmen mit mir hast, so will ich dir drei Wünsche erfüllen!»

Ungläubig wiederholte der Holzfäller: «Wirklich drei Wünsche schenkst du mir? Darf ich alles wünschen, was ich will?

«Alles, was du willst!», sagte das Männlein, verneigte sich und verschwand. Als nun der Holzfäller am Abend nach Hause kam, erzählte er seiner Frau von seiner Begegnung mit dem Männlein im Walde. Sofort malten sie sich zusammen die tollsten Wünsche aus. Ein Schloss wäre schön, mit vielen Dienern, vielleicht goldene Kleider und eine Anziehdame, eine schöne Kutsche und ... und ... und. Sie stellten sich vor, wie ihr Leben im Wohlstand und Reichtum sein würde. Die Frau trug derweil das Essen auf, und beide assen ihr Sauerkraut.

«Ach», sagte die Frau, «ich wünschte, wir hätten noch ein paar Würste dazu!»

Aber was geschah? Der Raum glitzerte, und tatsächlich lagen in der grossen Schüssel zwei grosse lecker riechende Würste. Mann und Frau starrten verdutzt auf die Würste. O nein! Der erste Wunsch war in Erfüllung gegangen. Die Frau fing bitterlich an zu weinen und bereute es, so dumm einen Wunsch vergeudet zu haben.

Doch der Holzfäller wurde furchtbar wütend und schrie: «Ich wünschte mir, die blöden Würste würden an Deiner Nase hängen!»

Ja, und wiederum glitzerte das Licht im Raum und, o Schreck!, die Würste hingen an der Nase der Frau! Der Holzfäller schlug sich sogleich mit der flachen Hand auf den Mund, doch es half nichts, die Würste blieben an der Nase hängen. Die Frau rief empört:

«Was tust du, du Dummkopf! Jetzt hast du den zweiten Wunsch vertan!»

Alles Zetern und Schimpfen half nichts. Die Würste mussten wieder weg von der Nase. Mit allen vier Händen zogen sie an den Würsten, aber so sehr sie sich auch bemühten, sie gingen nicht ab. «Jetzt muss ich ein Leben lang mit Würsten an der Nase rumlaufen!», jammerte de Frau.

«Ja», sagte der Mann trübsinnig, «ausser wir brauchen den dritten Wunsch und wünschen uns die Würste wieder in die Schüssel zurück.»

Und platsch, da lagen sie schon wieder in der Schüssel. Erleichtert umarmte der Mann seine Frau. Da von den drei Wünschen einzig und allein die Würste übrig geblieben waren, machten sie sich, so gut sie konnten und etwas wehmütig, ans gute Essen. Noch oft hielt der Holzfäller die nächsten Jahre Ausschau nach dem Männlein, aber er fand nie wieder zu dieser Tanne zurück.

*Nach Johann Peter Hebel*

# Niemand glaubt Kassandra 54

Kassandra bekam vom griechischen Gott Apollon die Gabe der Weissagung. Von da an konnte sie in die Zukunft blicken und voraussehen, was geschehen wird. Dann verliebte sich Apollon in Kassandra. Sie aber war nicht in ihn verliebt. Apollon wurde darum sehr wütend und wollte sie bestrafen. Die Sehergabe konnte er ihr nicht mehr wegnehmen, denn was Götter den Menschen einmal gegeben haben, das können sie nicht mehr zurückholen. Und so bestimmte er, dass Kassandra zwar weiterhin in die Zukunft blicken konnte, dass ihr aber nie jemand glauben werde, was sie ankündigen wird.

Und so kam es, dass sie mit ihrem Wissen immer allein blieb. Niemand glaubte ihr, wenn sie etwas sagte. Wenn sie ein Unglück ankündigte, beschimpften sie die Leute, sie solle doch besser etwas Gutes voraussagen und nicht immer schlechte Stimmung verbreiten. Und hinterher, wenn es genauso gekommen war, wie sie es vorausgesagt hatte, machte man ihr Vorwürfe, sie hätte es halt anders sagen sollen, oder sie hätte es doch noch lauter und öfter sagen sollen.

Obwohl Kassandra helfen wollte, konnte sie es nicht. Und das machte sie sehr unglücklich. Denn wenn man etwas kann, das niemand braucht, oder wenn man etwas weiss, das niemand glaubt, oder wenn man etwas erzählen will, aber niemand hört zu, dann ist es wie verhext. Und darum fühlen sich alle Menschen, denen das passiert, manchmal wie verhext, genauso wie Kassandra es war.

*Griechische Mythologie*

# 55 Onkelos und die Mesusa

Diese Geschichte spielt zur Zeit Kaiser Hadrians, fünfzig Jahre nachdem die Römer den jüdischen Tempel zerstört hatten. Auf den Ruinen des Tempelbergs liess Hadrian eine Reiterstatue von sich aufstellen. Jerusalem war jetzt keine jüdische Stadt mehr, sondern wurde römisch, auch den Namen gab es nicht mehr: Hadrian nannte fortan die Stadt der Einfachheit halber nach sich selbst. Den Juden aber war das Betreten ihrer Heiligen Stadt bei Todesstrafe verboten.

Da brach in den judäischen Bergen unter Führung des Bar Kochba ein Aufstand los, der die Römer den grössten Teil zweier Legionen kostete, bis er dann doch von der Übermacht neuer Legionen blutig niedergeschlagen wurde. Man kann sich also vorstellen, wie Hadrian zu allem Jüdischen stand: Er hasste es.

Der Talmud erzählt, dass Hadrian einen Neffen namens Onkelos hatte, der war sehr klug, studierte Wissenschaften und Sprachen und war von sanftem Wesen, nicht gerade passend für ein Mitglied der Kaiserfamilie. So gebildet er auch in der griechisch-römischen Kultur war, so konnte deren Götterglaube doch nicht seine Sehnsucht nach Weisheit und tieferer Wahrheit stillen. Es zog ihn in den Orient.

Er bat Kaiser Hadrian, seinen Onkel, um eine Privataudienz. «Ich will in die Welt hinausziehen und mir auf der Reise meinen Lebensunterhalt als Kaufmann verdienen, dazu brauche ich deinen Rat!»

Hadrian fand, Kaufmann sei für seinen Neffen gar nicht standesgemäss, und lud ihn ein, sich lieber in den Schatzkammern aus der reichen Beute zu bedienen, doch Onkelos' Entschluss stand fest.

Hadrian war verstimmt. «Wozu brauchst du dann überhaupt meinen Rat?»

«Da ich von weltlichen Dingen nichts verstehe, sag du mir bitte: Welche Ware soll ich am besten erwerben und verkaufen?»

Hadrian fühlte sich geschmeichelt, von seinem klugen Neffen um Rat gefragt zu werden. «Suche nach Ware, deren Wert die Leute nicht schätzen, weil sie ihn noch nicht kennen. Wenn sie schliesslich den wahren Wert begreifen, kannst du den schönsten Gewinn einstreichen!»

Onkelos reiste von Rom nach Palästina und wurde Schüler der berühmtesten Rabbiner seiner Zeit. Er lernte mit grosser Hingabe und Ausdauer und wurde schliesslich selbst Jude.

Es dauerte nicht lange, bis der Kaiser, sein Onkel Hadrian, davon erfuhr, und dieser schäumte vor Wut.

Er schickte Soldaten zu Onkelos, die ihn in Ketten nach Rom bringen sollten. Onkelos diskutierte geduldig mit ihnen, auch über Religion, und überzeugte sie, sich ebenfalls zum Judentum zu bekehren und in Palästina zu bleiben. Als der Kaiser davon erfuhr, war ausser sich vor Wut und sandte einen neuen Trupp Soldaten aus, diesmal mit dem strikten Befehl, sich in keine Gespräche mit dem redegewandten Neffen einzulassen.

Onkelos empfing die Soldaten freundlich an der Schwelle seines Hauses. «Ich bin bereit, nehmt mich fest!» Dann berührte er die Mesusa an seiner Tür, die schmale Kapsel mit der kleinen Schriftrolle darin, die das Schma Jisrael, das Glaubensbekenntnis, enthält. Wie alle frommen Juden küsste er sie, indem er sie berührte und dann die Hand an die Lippen führte. Dabei lächelte er, und dann lachte er fröhlich.

Die Soldaten starrten ihn erstaunt an, und einer konnte nicht anders als fragen: «Freust du dich so auf Rom, wo man dich sicher einen Kopf kürzer machen wird? Und was ist das längliche Ding an deinem Türrahmen, das du geküsst hast?»

Onkelos erwiderte: «Verzeiht, dass ich lache. Ich musste daran denken, dass überall auf der Welt der Fürst oder König drinnen im Palast sitzt, und draussen vor der Tür stehen die Wachen, die ihn behüten. Genau umgekehrt hält es der König der Könige, der Heilige, an den wir Juden glauben: Er erlaubt seinen Dienern, drinnen zu sitzen, und er hält Wache vor ihrer Tür. Zum Zeichen dafür seht ihr hier die Mesusa.»

Die kaiserlichen Boten waren beeindruckt von seinen Worten, sie wollten mehr wissen, und es dauerte nicht lange, da wurden sie seine Schüler.

Kaiser Hadrian wurde klar, dass es ihm nicht gelingen würde, seinen Neffen mit Gewalt nach Rom zu holen, und so bot er ihm sicheres Geleit, wenn er freiwillig käme. Als Onkelos vor Hadrian stand, stellte ihn dieser zur Rede. «Wie konntest du nur das grosse Rom verlassen, um einem kleinen, besiegten Volk anzugehören, das von allen anderen missachtet und verfolgt wird? Wer hat dich auf eine solche dumme Idee gebracht?»

Onkelos lächelte. «Du warst es, lieber Oheim, ich habe nur deinen guten Rat befolgt, die am wenigsten gefragte Ware zu suchen Ich habe auf meinen Reisen nichts gefunden, was weniger Interessenten hatte als die jüdische Religion. So erwarb ich sie und fand bald heraus, dass ich ein sehr gutes Geschäft gemacht hatte, mit hohem Gewinn für mich und Aussicht auf Zinsen, denn der Prophet Jesaja sagte voraus, dass das gering geachtete Volk einst von allen geschätzt werden wird!»

Hadrian seufzte und verzichtete lieber darauf, nochmals Soldaten wegen seines Neffen zu bemühen. Am Ende brächte er sie auch noch auf dumme Gedanken …

Die Juden halten Onkelos, der die Bibel ins Aramäische übersetzte, noch heute hoch in Ehren.

*Moira Thiele, München*

# 56 Sei wie ein alter hässlicher Baum

Irgendwo in der weiten Ebene stand ein alter, krummer Baum mit knorrigen Ästen, mit Ästen wie knorrige Arme. Eines Tages lief ein Schüler bei einem Botengang an ihm vorüber. Er betrachtete das unnütze Ungetüm und berichtete seinem Meister Laotse nach der Rückkehr, was er gesehen hatte.

Laotse lachte. Er sagte: «Sei wie dieser Baum. Bist du nützlich, wirst du zersägt und zu Möbelstücken im Haus eines anderen gemacht. Bist du schön, wird man dich zur Ware machen und auf dem Marktplatz verkaufen. Sei wie dieser Baum … völlig unbrauchbar. Dann wirst du in Ruhe wachsen können und alt werden und Tausende werden Schatten unter dir finden.»

*Taoistische Tradition*

## Warten auf die Seele 57

Eines Tages unternahm eine Forschungsexpedition einen Gewaltmarsch durch den Urwald des oberen Amazonas. In den ersten Tagen kam die Expedition unerwartet schnell vorwärts. Doch am dritten Morgen blieben alle einheimischen Träger mit ernsten Mienen auf den Fersen sitzen und machten keine Anstalten aufzubrechen. Erstaunt fragte der Expeditionsleiter den Anführer der Ureinwohner, ob die Träger mehr Geld verlangten oder mit dem Essen nicht zufrieden seien.

«O nein, mein Herr», antwortete deren Sprecher, «wir können nicht weitergehen, weil unsere Seelen zurückgeblieben sind, und nun müssen wir warten, bis sie unsere Körper wieder eingeholt haben.»

*Eugen Rucker,*
*«Die Stille als Brücke zur eigenen Mitte»*

## Wie man grosse Aufgaben erledigt 58

Es war einmal ein König, der hatte in seinem Garten einen schwindelerregend tiefen Graben. So tief war dieser Graben, dass man den Boden mit blossem Auge nicht sehen konnte. Eines Tages beschloss der König, den Graben auffüllen zu lassen, und er heuerte dafür ganz viele Tagelöhner an.

Einige Arbeiter wurden angesichts des bodenlosen Grabens nachdenklich. Sie sagten: «Wie kann man je einen solchen Graben auffüllen?» Sie wurden mutlos und unverrichteter Dinge zogen sie sich von der Arbeit zurück.

Andere Tagelöhner hingegen sagten: «Uns geht es nichts an, wie tief der Graben ist! Wir werden pro Tag bezahlt und können glücklich sein, dass wir Arbeit haben. Wir tun einfach unsere Arbeit und füllen den Graben bis am Abend so weit auf, wie es eben geht.»

So sollen auch die Menschen nicht sagen: «Die Forderungen und Gesetze von Gott sind unendlich gross! Wie soll man sie nur alle einhalten – sie sind tiefer als das Meer und zu zahlreich!» Denn Gott sagt zu den Menschen: «Du wirst immer nur für den Tag bezahlt! Tue an Arbeit, was du kannst – und komm morgen wieder, und schau, was dann zu tun ist.»

Und darum hat Gott die Tage so kurz gemacht, damit niemand überfordert sei.

*«Thue jeder, was er kann (Jalkut)»,*
*jüdische Tradition*

# 59 Wie die Schildbürger Licht in ihr Rathaus brachten

Als die Menschen von Schilda eines Tages ein neues Rathaus bauen wollten, hatte der Schweinehirt einen Plan – ein dreieckiges Haus sollte es sein. Der Schweinehirt hatte bereits den schiefen Turm von Pisa gebaut. Nun erzählte er allen ganz begeistert von seiner Idee: «Ein dreieckiges Rathaus macht Schilda noch berühmter als Pisa!»

Die anderen Schildbürger waren mit diesem Vorschlag mehr als zufrieden, werden doch auch Dummköpfe gerne berühmt. Warum sollte das früher anders gewesen sein als heute?

Also begannen die Schildbürger am darauffolgenden Tag mit der Arbeit. Sechs Wochen später hatten sie drei fertige Mauern. Es fehlte nur noch das Dach. Kurz entschlossen bauten die Schildbürger ein Dach. Kaum war es fertig, fand die Einweihung des Rathauses statt. Alle Einwohner von Schilda gingen ins Dreiecksgebäude hinein – und strauchelten und stürzten sofort durcheinander. Denn die Leute, die im Rathaus drinnen waren, wollten sofort wieder heraus, während die Leute, die draussen waren, hinein wollten. Es gab ein furchtbares Gedränge, bis alle Schildbürger wieder draussen vor dem dreieckigen Rathaus standen!

Ratlos fragten sie sich: «Was ist denn da los?»

Der Schuhmacher sagte: «In unserm Rathaus ist es dunkel!»

Die Schildbürger stimmten ihm zu. Doch die Klügeren unter ihnen fragten weiter: «Aber warum ist es drinnen dunkel?»

Darauf wusste niemand eine Antwort. Und sie beschlossen, sich am Abend im Wirtshaus zu treffen und die Sache zu beraten. «Wenn das Licht nicht drinnen ist», so sprach nach langem Schweigen schliesslich der Schmied, «dann müssen wir es wohl selber hineintragen, denn draussen hat es ja tagsüber genug davon.» Diesem Vorschlag stimmten alle freudig zu und gingen zufrieden nach Hause.

Am nächsten Tag schaufelten die Schildbürger den Sonnenschein in Eimer und Kessel, Kannen und Töpfe. Andre hielten Kartoffelsäcke ins Sonnenlicht, banden dann die Säcke schnell zu und schleppten sie ins Rathaus. Dort öffneten sie diese, schütteten das Licht ins Dunkel und rannten wieder auf den Markt hinaus, wo sie die leeren Säcke wieder vollschaufelten. So machten sie es bis zum Sonnenuntergang. Aber soviel sie auch hineintrugen, im Rathaus blieb es dunkel wie am Tag zuvor. Da liefen alle traurig wieder ins Freie.

Wie sie so herumstanden, kam ein Landstreicher vorbei. Er fragte: «Was ist denn los? Was fehlt euch?»

Sie erzählten ihm von ihrem Problem. Er dachte nach und sagte: «Kein Wunder, dass es in eurem Rathaus dunkel ist! Ihr müsst das Dach abdecken!»

Sie waren sehr erstaunt und schlugen ihm vor, in Schilda zu bleiben, solange er es wollte. Tags darauf deckten die Schildbürger das Rathausdach ab, und es wurde drinnen sofort sonnenhell! Es störte sie nicht, dass sie kein Dach über dem Kopf hatten. Das ging lange Zeit gut, bis es im Herbst regnete. Die Schildbürger, die gerade in ihrem Rathaus sassen, wurden bis auf die Haut nass.

Als sie am Morgen den Landstreicher um Rat fragen wollten, war er verschwunden. Und als es dann zu schneien begann, deckten sie das Dach wieder wie vorher mit Ziegeln. Nun war's zwar trocken, aber wieder ganz dunkel. Traurig sassen sie beisammen und dachten, dass sie wohl ewig auf ein helles Rathaus verzichten müssten. Da rief plötzlich der Schuster:

«Da! Ein Lichtstrahl!» Tatsächlich! Durch ein Loch kam etwas Sonnenlicht herein. Alle blickten auf den Lichtstrahl.

«O wir Esel! Wir haben ja die Fenster vergessen!», riefen die Schildbürger. Noch am Abend waren die Fenster fertig. So wurden die Schildbürger durch die vergessenen Fenster berühmt. Es dauerte nicht lange, da kamen auch vielen Reisende und wollten die dümmste Stadt der Welt besichtigen.

«Seht ihr», sagte da der Ochsenwirt, «als wir gescheit waren, mussten wir das Geld in der Fremde verdienen. Jetzt, da wir dumm geworden sind, kommen alle zu uns nach Hause!»

*Literarischer Ursprung: Das Lalebuch*

# Von Göttern und Göttinnen, vom Himmel und von der Unterwelt

# Amritas Bewährung  60

In einem Dorf in Nepal wohnte einmal ein gütiges und fröhliches Mädchen namens Amrita. Sie liebte von ganzem Herzen den alten und weisen Mitra, der in einer Hütte am Rand des Dorfes lebte. Eines Tages ging Amrita zu ihm und erzählte, sie habe in einem fernen Dorf Arbeit gefunden und werde bald dort hinziehen. Da segnete der heilige Mitra das Mädchen und wünschte ihm alles Gute.

Ein Jahr später kamen Freunde von Amrita zu Mitra und erzählten ihm, sie sei in dem anderen Dorf in schlechte Gesellschaft geraten und bestehle und betrüge die Menschen. Der alte Mitra war sehr überrascht, denn er wusste, dass Amrita ein guter Mensch war. Er dankte für die Information, äusserte sich aber weiter nicht. Kurz danach kehrte Amrita ins Dorf zurück, um ihre Familie zu besuchen, und wie immer ging sie auch zu Mitra, um ihn zu begrüssen.

«Wie geht es dir denn in der Ferne, Amrita?», erkundigte sich dieser.

«Sehr gut, Mitra», erwiderte sie.

«Gefällt dir deine Arbeit?»

«Ich mache jetzt etwas anderes. Ich habe Leute kennengelernt, die mir eine viel bessere und lustigere Arbeit gezeigt haben.»

«Das freut mich zu hören. Wenn es dir so gut geht, würde ich dich gerne einmal besuchen.»

Amrita war verblüfft, sagte aber: «Ich fühle mich sehr geehrt.»

Und Mitra fügte hinzu: «Du weisst ja, ich kann mich in jede Gestalt verwandeln. Da du mich sehr gut kennst, wirst du mich in jedem Fall wieder erkennen.»

«Klar, ich werde dich immer erkennen, egal wie du aussiehst.»

Amrita kehrte bald wieder in ihr neues Zuhause zurück. Ihre Freunde begrüssten sie und riefen: «He, Amrita, komm mit uns. Wir wollen auf dem Markt ein paar Leute suchen, um ihnen ein bisschen Geld zu klauen.»

«Ich bin dabei», sagte sie. Als sie auf den Marktplatz kamen, erblickten sie einen reichen, fremden Mann, der soeben mit einem grossen Portemonnaie sein Gemüse bezahlte. Amrita folgte dem Mann unauffällig und fand heraus, wo der Fremde seine Geldtasche hinsteckte. Blitzschnell trat sie dicht an ihn heran und wollte schon zugreifen, als sie plötzlich dachte: «Vielleicht ist das ja Mitra. Ich kann doch nicht den weisen Mitra bestehlen!» Und sie lächelte dem Mann zu und ging unverrichteter Dinge weg. Auf dem Rückweg fragten ihre Freunde, warum sie nichts gestohlen habe, und sie erwiderte, dass plötzlich ein Polizist aufgetaucht sei.

Als sie dann zur Strasse kamen, in der sie wohnten, sahen sie eine alte Frau, der eine ganze Tasche voll mit Früchten zerrissen war. Bananen, Äpfel und Orangen lagen überall auf der Strasse. Amrita sah, wie ihre Freunde hinrannten, um alles für sich aufzusammeln. Und wieder dachte sie: «Das könnte ja auch Mitra sein. Und gerade er hat mich ja immer gelehrt, denen zu helfen, die in Not sind.»

Und bevor die anderen merkten, was sie vorhatte, eilte sie zur Frau hin, half ihr aufzustehen, sammelte alles ein und gab es zurück. Die alte Frau nahm ihre Hand und bedankte sich sehr herzlich für ihre Hilfe.

Da spürte Amrita plötzlich, wie sich in ihrem Herzen etwas änderte. Sie wusste nun, dass es sich bei jedem Menschen, ja bei jedem Vogel, jedem Baum, der ihr begegnete, um Mitra handeln konnte. Sie begann ihre Umgebung völlig anders anzuschauen und behandelte alles mit derselben Liebe, die sie für den alten Mitra empfand.

Ihren Freunden gefiel dieser Wandel gar nicht, und mit der Zeit traf Amrita sie immer weniger. Sie suchte wieder eine Arbeit und fand neue Freundschaften. Ein Jahr später trafen in Amritas Heimatdorf ihre alten Freunde auf Mitra. Sie dankten ihm und fragten ihn, wie er denn das gemacht habe, dass Amrita wieder so gütig und fröhlich wie früher war.

«Ich habe nichts getan», sagte Mitra lächelnd. «Das hat sie selbst gemacht.»

*Aus Nepal*

# Der Teufel mit den drei goldenen Haaren 61

Es war einmal eine arme Frau, die gebar ein Söhnlein, und weil es eine Glückshaut hatte, als es zur Welt kam, so wurde ihm vorausgesagt, es werde im vierzehnten Jahr die Tochter des Königs zur Frau haben.

Es trug sich zu, dass der König bald darauf ins Dorf kam, und niemand wusste, dass es der König war. Als er die Leute fragte, was es Neues gäbe, so antworteten sie: «Es ist in diesen Tagen ein Junge mit einer Glückshaut geboren: Was immer er macht, kommt glücklich heraus. Es ist ihm auch vorausgesagt, in seinem vierzehnten Jahre solle er die Tochter des Königs zur Frau haben.»

Der König, der ein böses Herz hatte und sich über die Weissagung ärgerte, ging zu den Eltern, tat ganz freundlich und sagte: «Ihr armen Leute, überlasst mir euer Kind, ich will es versorgen.»

Anfangs weigerten sie sich, da aber der fremde Mann schweres Gold dafür bot und sie dachten: «Es ist ein Glückskind, es muss doch alles gut werden», so willigten sie endlich ein und gaben ihm das Kind.

Der König legte den Jungen in eine Schachtel und ritt damit weiter, bis er zu einem tiefen Wasser kam; da warf er die Schachtel hinein und dachte: «Vor diesem Burschen habe ich meine Tochter verschont.»

Die Schachtel aber ging nicht unter, sondern schwamm wie ein Schiffchen, und es drang auch kein Tröpfchen Wasser hinein. So schwamm sie bis zwei Meilen vor des Königs Hauptstadt, wo eine Mühle war, an dessen Wehr sie hängen blieb. Ein Müllersbursche, der glücklicherweise dastand und sie bemerkte, zog sie mit einem Haken heran und hoffte, grosse Schätze darin zu finden. Als er aber die Schachtel öffnete, lag ein schöner Knabe darin, der ganz frisch und munter war.

Er brachte ihn zu den Müllersleuten, und weil diese keine Kinder hatten, freuten sie sich und sprachen: «Gott hat es uns beschert.» Sie pflegten den Findling gut, und er wuchs in allen Tugenden heran.

Irgendwann viel später trug es sich zu, dass der König einmal bei einem Gewitter in die Mühle trat und die Müllersleute fragte, ob der grosse Junge ihr Sohn wäre.

«Nein», antworteten sie, «es ist ein Findling, er ist vor vierzehn Jahren in einer Schachtel ans Wehr geschwommen, und der Müllersbursche hat ihn aus dem Wasser gezogen.»

Da merkte der König, dass es niemand anders als das Glückskind war, das er ins Wasser geworfen hatte, und sprach: «Ihr guten Leute, könnte der Junge nicht einen Brief an die Frau Königin bringen, ich will ihm zwei Goldstücke zum Lohn geben?»

«Wie der Herr König befiehlt», antworteten die Leute und hiessen den Jungen, sich bereit zu halten. Da schrieb der König einen Brief an die Königin, worin stand: «Sobald der Knabe mit diesem Schreiben angekommen ist, soll er getötet und begraben werden, und das alles soll geschehen sein, bevor ich zurückkomme.»

Der Knabe machte sich mit diesem Briefe auf den Weg, verirrte sich aber und kam abends in einen grossen Wald. In der Dunkelheit sah er ein kleines Licht, ging darauf zu und gelangte zu einem Häuschen. Als er hineintrat, sass eine alte Frau beim Feuer ganz allein. Sie erschrak, als sie den Knaben erblickte, und sprach: «Wo kommst du her und wo willst du hin?»

«Ich komme von der Mühle», antwortete er, «und will zur Frau Königin, der ich einen Brief bringen soll; weil ich mich aber in dem Walde verirrt habe, so möchte ich hier gerne übernachten.»

«Du armer Junge», sprach die Frau, «du bist in ein Räuberhaus geraten, und wenn sie heimkommen, so bringen sie dich um.»

«Mag kommen, wer will», sagte der Junge, «ich fürchte mich nicht; ich bin aber so müde, dass ich nicht weiterkann», legte sich auf eine Bank und schlief ein.

Bald hernach kamen die Räuber und fragten zornig, was da für ein fremder Knabe läge.

«Ach», sagte die Alte, «es ist ein unschuldiges Kind, es hat sich im Walde verirrt, und ich habe ihn aus Barmherzigkeit aufgenommen. Er soll einen Brief an die Frau Königin bringen.»

Die Räuber öffneten den Brief und lasen ihn, und es stand darin, dass der Knabe sogleich, wie er ankäme, sollte umgebracht werden. Da empfanden die hartherzigen Räuber Mitleid, und der Anführer zerriss den Brief und schrieb einen andern, und es stand darin, sobald der Knabe ankäme, sollte er sogleich mit der Königstochter vermählt werden. Sie liessen ihn dann ruhig bis zum andern Morgen auf der Bank liegen, und als er aufgewacht war, gaben sie ihm den Brief und zeigten ihm den rechten Weg.

Die Königin aber, als sie den Brief empfangen und gelesen hatte, tat, wie darin stand, liess ein prächtiges Hochzeitsfest vorbereiten, und die Königstochter wurde mit dem Glückskind verheiratet. Und da der Jüngling schön und freundlich war, so lebte sie vergnügt und zufrieden mit ihm.

Nach einiger Zeit kam der König wieder in sein Schloss und sah, dass die Weissagung erfüllt und das Glückskind mit seiner Tochter vermählt war. «Wie ist das zugegangen?», sprach er. «Ich habe in meinem Brief einen ganz anderen Befehl erteilt.»

Da reichte ihm die Königin den Brief und sagte, er solle selbst sehen, was darinstände. Der König las den Brief und merkte sofort, dass er mit einem andern vertauscht worden war. Er fragte den Jüngling, wie es mit dem anvertrauten Brief zugegangen wäre, warum er einen andern dafür gebracht hätte. «Ich weiss von nichts», antwortete er, «er muss mir in der Nacht vertauscht worden sein, als ich im Wald geschlafen habe.»

Voll Zorn sprach der König: «So leicht soll es dir nicht werden. Wer meine Tochter haben will, der muss mir aus der Hölle drei goldene Haare von dem Haupt des Teufels holen; bringst du mir, was ich verlange, so sollst du meine Tochter behalten.» Damit hoffte der König ihn auf immer loszuwerden.

Das Glückskind aber antwortete: «Die goldenen Haare will ich dir holen, ich fürchte mich vor dem Teufel nicht.»

Darauf nahm er Abschied und begann seine Wanderschaft. Der Weg führte ihn zu einer grossen Stadt, wo ihn der Wächter an dem Tor ausfragte, was für einen Beruf er ausübe und was er wisse.

«Ich weiss alles», antwortete das Glückskind.

«So kannst du uns einen Gefallen tun», sagte der Wächter, «wenn du uns sagst, warum unser Marktbrunnen, aus dem sonst Wein quoll, trocken geworden ist und nicht einmal mehr Wasser gibt.»

«Das sollt ihr erfahren», antwortete er, «wartet nur, bis ich wiederkomme.»

Da ging er weiter und kam vor eine andere Stadt, da fragte der Torwächter wiederum, was für einen Beruf er ausübe und was er wisse.

«Ich weiss alles», antwortete er.

«So kannst du uns einen Gefallen tun und uns sagen, warum ein Baum in unserer Stadt, der sonst goldene Äpfel trug, jetzt nicht einmal Blätter hervortreibt.»

«Das sollt ihr erfahren», antwortete er, «wartet nur, bis ich wiederkomme.»

Da ging er weiter, und kam an ein grosses Wasser, über das er hinübermusste. Der Fährmann fragte ihn, was er für einen Beruf ausübe und was er wisse.

«Ich weiss alles», antwortete er.

«So kannst du mir einen Gefallen tun», sprach der Fährmann, «und nur sagen, warum ich immer hin- und herfahren muss und niemals abgelöst werde.»

«Das sollst du erfahren», antwortete er, «warte nur, bis ich wiederkomme.»

Als er über das Wasser hinüber war, so fand er den Eingang zur Hölle. Es war schwarz und russig darin, und der Teufel war nicht zu Haus, aber seine Grossmutter sass da in einem breiten Sorgenstuhl. «Was willst du?», sprach sie zu ihm, sah aber gar nicht so böse aus.

«Ich wollte gerne drei goldene Haare von des Teufels Kopf», antwortete er, «sonst kann ich meine Frau nicht behalten.»

«Das ist viel verlangt!», sagte sie. «Wenn der Teufel heimkommt und findet dich, so geht's dir an den Kragen. Aber ich habe Mitleid mit dir; ich will sehen, ob ich dir helfen kann.»

Sie verwandelte ihn in eine Ameise und sprach: «Kriech in meine Rockfalten, da bist du sicher.»

«Ja», antwortete er, «das ist schon gut, aber drei Dinge möchte ich gerne noch wissen: warum ein Brunnen, aus dem sonst Wein quoll, trocken geworden ist; warum ein Baum, der sonst goldene Äpfel trug, nicht einmal mehr Laub treibt; und warum ein Fährmann immer herüber- und hinüberfahren muss und nicht abgelöst wird.»

«Das sind schwere Fragen», antwortete sie, «aber halte dich nur still und ruhig, und hab acht, was der Teufel spricht, wenn ich ihm die drei goldenen Haare ausziehe.»

Als der Abend einbrach, kam der Teufel nach Hause. Kaum war er eingetreten, so merkte er, dass die Luft nicht rein war. «Ich rieche, rieche Menschenfleisch», sagte er, «es ist hier nicht richtig.»

Dann guckte er in alle Ecken und suchte, konnte aber nichts finden. Die Grossmutter schimpfte mit ihm: «Eben habe ich geputzt», sprach sie, «und alles in Ordnung gebracht, nun wirfst du mir's wieder durcheinander; immer hast du Menschenfleisch in der Nase! Setze dich nieder und iss dein Abendbrot.»

Als er gegessen und getrunken hatte, war er müde, legte der Grossmutter seinen Kopf in den Schoss und sagte, sie sollte ihn ein wenig lausen. Es dauerte nicht lange, so schlummerte er ein, blies und schnarchte. Da fasste die Alte ein goldenes Haar, riss es aus und legte es neben sich.

«Autsch!», schrie der Teufel. «Was hast du vor?»

«Ich habe einen schweren Traum gehabt», antwortete die Grossmutter, «da hab ich dir in die Haare gefasst.»

«Was hast du denn geträumt?», fragte der Teufel.

«Ich habe geträumt, ein Marktbrunnen, aus dem sonst Wein quoll, sei versiegt, und es habe nicht einmal Wasser daraus quellen wollen, was ist wohl schuld daran?»

«He, wenn sie's wüssten!», antwortete der Teufel. «Es sitzt eine Kröte unter einem Stein im Brunnen, wenn sie die töten, so wird der Wein schon wieder fliessen.»

Die Grossmutter lauste ihn wieder, bis er einschlief und schnarchte, dass die Fenster zitterten. Da riss sie ihm das zweite Haar aus.

«Hu! Was machst du?», schrie der Teufel zornig.

«Nimm's nicht übel», antwortete sie, «ich habe es im Traum getan.»

«Was hast du wieder geträumt?», fragte er.

«Ich habe geträumt, in einem Königreich stände ein Obstbaum, der hätte sonst goldene Äpfel getragen und wollte jetzt nicht einmal Laub treiben. Was war wohl die Ursache davon?»

«He, wenn sie's wüssten!», antwortete der Teufel. «An der Wurzel nagt eine Maus, wenn sie die töten, so wird er schon wieder goldene Äpfel tragen. Nagt sie aber noch länger, so verdorrt der Baum ganz. Aber lass mich mit deinen Träumen in Ruhe, wenn du mich noch einmal im Schlafe störst, so kriegst du eine Ohrfeige.»

Die Grossmutter sprach ihm gut zu und lauste ihn wieder, bis er eingeschlafen war und schnarchte. Da fasste sie das dritte goldene Haar und riss es ihm aus.

Der Teufel fuhr in die Höhe, schrie und wollte sie ohrfeigen, aber sie besänftigte ihn nochmals und sprach: «Wer kann etwas für böse Träume?»

«Was hast du denn geträumt?», fragte er, und war doch neugierig.

«Ich habe von einem Fährmann geträumt, der sich beklagte, dass er immer hin- und herfahren müsse und nicht abgelöst werde. Was ist wohl schuld?»

«He, der Dummbart!», antwortete der Teufel. «Wenn einer kommt und überfahren will, so muss er ihm die Stange in die Hand geben, dann muss der andere überfahren, und er ist frei.»

Da die Grossmutter ihm die drei goldenen Haare ausgerissen hatte und die drei Fragen beantwortet waren, so liess sie den alten Drachen in Ruhe, und er schlief, bis der Tag anbrach. Als der Teufel wieder fortgezogen war, holte die Alte die Ameise aus der Rockfalte und gab dem Glückskind die menschliche Gestalt zurück.

«Da hast du die drei goldenen Haare», sprach sie. «Was der Teufel zu deinen drei Fragen gesagt hat, wirst du wohl gehört haben.»

«Ja», antwortete er, «ich habe es gehört und will's wohl behalten.»

«So ist dir geholfen», sagte sie, «und du kannst nun deiner Wege ziehen.»

Er bedankte sich bei der Alten für die Hilfe in der Not, verliess die Hölle und war vergnügt, dass ihm alles so wohl geglückt war. Als er zu dem Fährmann kam, sollte er ihm die versprochene Antwort geben.

«Fahr mich erst hinüber», sprach das Glückskind, «so will ich dir sagen, wie du erlöst wirst.» Als er auf dem jenseitigen Ufer angelangt war, gab er ihm des Teufels Rat.

Er ging weiter und gab den Wächtern mit dem unfruchtbaren Apfelbaum und dem versiegten Brunnen die Antwort des Teufels auf ihre Fragen. Als Belohnung bekam er in beiden Städten zwei mit Gold beladene Esel. Endlich kam das Glückskind daheim bei seiner Frau an, die sich herzlich freute, als sie ihn wiedersah und hörte, wie gut ihm alles gelungen war. Dem König brachte er, was er verlangt hatte, die drei goldenen Haare des Teufels, und als dieser die vier Esel mit dem Gold sah, wurde er ganz vergnügt und sprach: «Nun sind alle Bedingungen erfüllt und du kannst meine Tochter behalten. Aber, lieber Schwiegersohn, sage mir doch, woher ist das viele Gold? Das sind ja gewaltige Schätze!»

«Ich bin über einen Fluss gefahren», antwortete er, «und da habe ich es mitgenommen, es liegt dort statt des Sandes am Ufer.»

«Kann ich mir auch davon holen?», erkundigte der König und war ganz begierig.

«So viel Ihr nur wollt», antwortete er. «Es ist ein Fährmann auf dem Fluss, von dem lasst Euch überfahren, so könnt Ihr drüben Eure Säcke füllen.»

Der habsüchtige König machte sich in aller Eile auf den Weg, und als er zu dem Fluss kam, so winkte er dem Fährmann, der sollte ihn übersetzen. Der Fährmann kam und hiess ihn einsteigen, und als sie an das jenseitige Ufer kamen, gab er ihm die Ruderstange in die Hand und sprang davon. Der König aber musste von nun an fahren zur Strafe für seine Sünden.

«Fährt er wohl noch?»

«Was denn? Es wird ihm doch niemand die Stange abgenommen haben.»

*Aus der Sammlung der Gebrüder Grimm*

# Die Göttin im Bananenbaum 62

Es war einmal ein Mädchen, das ging jeden Tag zu einem Bananenbaum und wässerte ihn. Eines Tages sprach eine Stimme aus dem Baum: «Willst Du mit mir spielen?»

Das Mädchen erschrak ob diesen Worten und rannte, so schnell es konnte, zurück zur Mutter. Die Mutter tröstete das Mädchen und sagte: «Hab keine Angst, die Stimme kam von der Göttin des Bananenbaums, das war die grosse, gütige Göttin Lakshmi. Sie mag dich.»

Am Tag darauf eilte das Mädchen erneut zum Bananenbaum. Dieses Mal spielte sie mit Lakshmi. Nach einer Weile sagte die Göttin: «Ich lebe in diesem Baum. Willst du zu mir zum Mittagessen kommen?»

Lakshmi führte das Mädchen durch ein Loch im Baumstamm. Staunend kam sie in einen wunderschönen Palast mit Tischen voll von wunderbaren Speisen in Schalen aus Gold und Silber.

Von Göttern und Göttinnen

Wieder zu Hause bei der Mutter angekommen, berichtete das Mädchen sein Abenteuer. Die Mutter sagte: «Lade die Göttin Lakshmi für morgen zu uns zum Mittagessen ein.»

Doch das Mädchen war unsicher: «Aber Mutter, wir sind doch so arm, und unsere Hütte ist so klein! Unser Geschirr ist beschädigt, und unsere Kleider sind alt. Wie kann ich Lakshmi zu uns einladen?»

Die Mutter beruhigte sie: «Mach' dir keine Sorgen, Lakshmi wird sich über deine Einladung und unsere Liebe zu ihr freuen. Und vielleicht, wenn wir es ganz fest hoffen, verwandelt sie unsere arme Hütte in ein schönes Haus und macht uns reich.»

Am darauffolgenden Tag brachte das Mädchen die Göttin mit nach Hause. Als Lakshmi in die Hütte von Mutter und Tochter eintrat, war sie sehr erfreut über den freundlichen Empfang und blieb den ganzen Nachmittag bei ihnen. Als sie wieder gehen wollte bat die Mutter die Göttin Lakshmi, für immer bei ihnen zu bleiben. Aber Lakshmi sagte, dass das nicht gehe. «Doch solange deine Tochter jeden Tag den Bananenbaum im Garten giesst, wache ich über sie und über euer Zuhause.»

Als Lakshmi so gesprochen hatte, kehrte sie in ihren Bananenbaum zurück. Das Mädchen war etwas enttäuscht, denn die Göttin hatte ihre Hütte ja doch nicht verwandelt, und sie waren immer noch arm. Aber trotzdem ging sie weiterhin jeden Tag in den Garten und goss den Baum. Und Mutter und Tochter lebten glücklich und zufrieden bis an ihr Lebensende.

*Hinduistische Tradition*

# Die Königin und ihre drei Töchter  63

Es war einmal eine sehr mächtige Königin. Sie hatte drei schöne und kluge Töchter. Doch als die Königin ins Alter kam, in dem sie eine Nachfolgerin hätte wählen müssen, konnte sie sich nicht entscheiden. Also bestellte sie ihre drei Töchter zu sich und sagte: «Bis heute Abend sollt ihr alle drei mir etwas bringen, das den ganzen Thronsaal bis in den hintersten Winkel ausfüllt. Diejenige von euch, die diese schwere Aufgabe am besten löst, wird dann meine Nachfolgerin.» Ihre Töchter erklärten sich mit der Aufgabe einverstanden und gingen fort.

Am Abend kamen sie alle drei in den Thronsaal. Ihre Älteste liess alle Lichter im Saale löschen. Nachdem das geschehen war, zündete sie eine Kerze an. Ihr Licht erfüllte den ganzen Saal.

Die zweite Tochter der Königin wiederum hatte Räucherwerk mitgebracht, das sie in einer Schale häufte und anzündete. Wohliger Rauch füllte schon bald darauf den ganzen Thronsaal.

Zu guter Letzt begann ihre jüngste Tochter zu singen und füllte den ganzen Saal mit wunderbaren Melodien. Die alte Königin war ganz verzückt und rief ihren Töchtern zu: «Ihr habt alle meine Aufgabe vortrefflich gelöst. So gut sogar, dass ich nicht sagen kann, wer von euch es am besten gemacht hat. Eure Gaben ergänzen und füllen den Thronsaal dreifach! Also sollt ihr nach meinem Tod zu dritt regieren!»

Die Königin starb, und die Töchter liessen im Thronsaal auf den Wänden eine Kerze, ein Schälchen Weihrauch und eine Musiknote einmeisseln. Und immer wenn sie sich beim Regieren nicht einig waren, gingen sie in den Thronsaal und erinnerten sich, wie sie ihn damals alle auf ihre Weise erfüllt hatten.

*Altes Märchen*

# 64  Ganesha und der Mond

Es geschah vor vielen, vielen Jahren. Der Gott Ganesha war zu einer Hochzeit eingeladen, einem grossen, rauschenden Fest. In Indien heiraten die Menschen im Kreis ihrer grossen Familien, manchmal sind tausend Gäste eingeladen. Wie es üblich war und auch heute noch ist, feierte das Hochzeitspaar mit viel Musik und Tanz, besonders aber mit einem üppigen Festmahl. Unzählige scharf gewürzte Speisen, knusprige Fladenbrote, leckeres Gemüse, gegrilltes Fleisch, gebackener Fisch und geröstetes Pouletfleisch warteten auf die Hochzeitsgäste. Zu guter Letzt gab es einen grossen Tisch voller Süssigkeiten, Kuchen, Eiscreme und allerlei anderen gezuckerten Leckereien.

Ganesha war dafür bekannt, dass er gerne und viel ass, und angesichts des Buffets konnte er gar nicht aufhören zu essen. Von jeder Speise füllte er sich eine grosse Portion auf seinen Teller, aber nicht nur einmal: Er ging so häufig zum Buffet, dass die anderen Hochzeitsgäste sich zu wundern begannen, wie eine einzelne Person so viel essen könne. Sie beobachteten Ganesha, stiessen sich gegenseitig an, flüsterten miteinander über ihn und kicherten.

Als er zum Abschluss des Festmahles noch seine Lieblingsspeise Laddoo sah, konnte er sich gar nicht mehr beherrschen und ass, ohne zu kauen, so viel davon, dass sein ohnehin schon dicker Bauch nun wie ein aufgeblasener Luftballon aussah.

Um Mitternacht war das Fest zu Ende. Nach und nach verabschiedeten sich die Hochzeitsgäste und begaben sich auf den Heimweg. Die meisten Gäste wurden von Pferdekutschen abgeholt oder fuhren mit Rikschas, das sind Wagen auf zwei grossen Rädern, die mit einem gemütlichen, überdachten Sitz ausgestattet sind und von einem Rikschafahrer gezogen werden.

Ganesha war inzwischen müde geworden, so müde, dass er fast nicht mehr laufen konnte. Sein Bauch war voll und sehr dick, dadurch war Ganesha unbeweglich geworden. Er rief seine Maus herbei, die ihn immer trug, wenn er nicht laufen mochte.

Durch Wald und Feld trug ihn die Maus, das war sehr bequem für Ganesha. Vergnügt sang und pfiff er die Musikstücke und Lieder, die er auf der Hochzeit gehört hatte. Über ihnen lag der Nachthimmel, übersät mit Sternen, und der Vollmond schien sehr hell. Das Mondlicht verwandelte die ganze Umgebung in eine märchenhafte Landschaft, ein Spiel von Licht und Schatten, das die kleinen Dörfer inmitten ausgedehnter Felder, die von üppigen Wäldern umsäumt wurden, verzaubert und unwirklich erscheinen liess. Ganesha genoss jeden Augenblick der Heimreise, er sog die milde, laue Nachtluft in sich ein und lauschte den Geräuschen rundherum – dem Zirpen der Grillen, dem Rascheln der Blätter –, und er folgte mit den Augen den Glühwürmchen, die zu Hunderten ihre Kreise durch die Dunkelheit zogen.

«Ach, ist das Leben schön!», dachte sich Ganesha. «Was für ein wunderbarer Abschluss dieses gelungenen Tages!»

Immer weiter und weiter lief die Maus mit Ganesha durch die Nacht, doch plötzlich sah sie eine grosse Schlange und erschrak sehr. Sie wusste, dass Schlangen gerne Mäuse fressen, und die einzige Möglichkeit, dem Gefressenwerden zu entgehen, war die schnelle Flucht. In heller Panik machte sie einen grossen Satz zur Seite, flüchtete aus dem Umkreis der Schlange und versteckte sich im Unterholz. Dabei fiel Ganesha in hohem Bogen von ihrem Rücken herunter und landete unsanft auf seinem Bauch, der mit einem lauten Knall platzte und all die vielen Laddoos, die Ganesha auf dem Hochzeitsfest gierig verschlungen hatte, rollten nun eins nach dem anderen aus dem grossen Riss in seinem Bauch heraus direkt vor die Schlange, die noch immer auf dem Weg lag. Ganesha packte sie wütend und band sie sich, ohne zu zögern, um den Bauch, um das Loch zu verschliessen. Mehrfach fest verknotet, sass die Schlange wie ein strammer Gürtel um Ganeshas Bauch und war so verblüfft und überrumpelt, dass sie keinen Widerstand leisten konnte. Wie nun Ganesha mit der umgebundenen Schlange auf dem Boden sass, bemerkte er all die Laddoos, die unversehrt aus einem Bauch herausgerollt waren und nun um ihn herumlagen. «Schade um die schönen Laddoos», dachte sich Ganesha und ass – gierig, wie er war – sämtliche Gebäckkugeln wieder auf.

Der Mond, der die ganze Zeit schmunzelnd von oben zugesehen hatte, konnte sich nun nicht mehr zurückhalten und begann herzhaft zu lachen. Aus vollem Halse lachte er und konnte gar nicht mehr aufhören.

Ganesha war darüber sehr beleidigt und wurde zornig. Völlig ausser sich dachte er: «Na warte, das Lachen wird dir schon noch vergehen!»

Er brach sich einen seiner Stosszähne ab und warf ihn mit solcher Kraft nach dem Mond, dass er ihn mitten ins Gesicht traf.

Augenblicklich erlosch das Licht des Mondes, und der Himmel wurde dunkel. Auch in den folgenden Nächten war der Himmel sehr dunkel, alle Menschen, alle Götter und alle Göttinnen vermissten das Leuchten des Mondes sehr. Sie wunderten sich über die plötzliche Dunkelheit und begannen sich zu ängstigen. Es gab ja noch keine Elektrizität, und die Öllampen, die man hatte, leuchteten nicht sehr hell. So konnten die Menschen nach Anbruch der Dunkelheit ohne das nächtliche Mondlicht nirgendwo mehr hingehen.

Sie begannen, zu Ganesha zu beten, war er doch ihr Gott des Glücks und der Erfüllung ihrer Wünsche. Auch die anderen Götter und Göttinnen baten Ganesha, er möge doch den Mond überreden, wieder zu scheinen wie früher.

Dem Mond selbst tat es sehr leid, dass er so über Ganeshas Missgeschick gelacht hatte, das schlechte Gewissen plagte ihn. Doch andererseits schämte er sich auch, weil der Stosszahn ganz viele Flecken und Löcher hinterlassen hatte, weshalb er sich versteckte und gar nicht mehr scheinen wollte. Doch weil er auch Mitleid mit den Menschen hatte, fasste er sich ein Herz und bat Ganesha aufrichtig um Verzeihung.

Ganesha war sehr gerührt darüber, denn er hatte ein gutmütiges und weiches Herz. So beschloss er, dem Mond zu verzeihen, und er bat ihn auch, wieder zu scheinen. Der Mond willigte zögernd ein. Er wollte sich aber wegen der Narben nicht mehr ganz zeigen, und so machte ihm Ganesha folgenden Vorschlag: Der Mond sollte jeden Tag sein Licht ein kleines bisschen vergrössern, bis er schliesslich einmal im Monat in vollem Glanz erstrahlte. Danach könne er sein Licht wieder Tag für Tag verkleinern, und einmal im Monat ganz verschwinden. Der Mond war einverstanden, und so ist es bis heute geblieben.

*Hinduistische Tradition nach Caroline Widmer*

# Heisses und Kaltes  65

Es hatte ein König viele Weingläser, und er sprach zu sich selbst: Wenn ich Heisses in die Gläser giesse, zersplittern sie und mir bleiben nur noch Scherben. Giesse ich aber Kaltes hinein, so bekommen sie Risse und Sprünge.

Was tat also der König? Er vermengte Kaltes mit Heissem und gab es in die Gläser, und sie blieben ganz.

So sprach auch eine Gastgeberin: Wenn ich den Gästen nur Süsses auftische, wird es ihnen schlecht, gebe ich ihnen aber gar nichts Süsses, so denken Sie, dass ich ihnen nichts gönne. Also stellte sie beides hin: Süsses und Salziges.

So machte es auch Gott. Als er die Welt schuf, sprach er zu sich: Baue ich die Welt allein auf Liebe und Güte auf, so wissen die Menschen nicht, wann es genug ist; lasse ich aber allein die Härte des Gesetzes walten, so kann kein Mensch gerettet werden. Schaffe ich nur das Leben, wozu soll es gut sein? Schaffe ich nur den Tod, was soll daraus entstehen? Mache ich den Menschen ohne Geist, so denkt er, er sei ein Tier, schaffe ich ihn nur aus Geist, so denkt er, er sei Gott. Ich will darum die Welt auf Milde und Strenge zugleich begründen und den Menschen die Gesetze und die Liebe, den Geist und den Körper, das Leben und den Tod geben.

*Jüdische Tradition*

# 66  Legende von den 36 Gerechten

In einer kleinen Stadt stand ein altes Kloster. In früheren Zeiten war es ein bedeutendes Zentrum geistigen Lebens gewesen, und viele Menschen aus der Stadt waren zu den Gottesdiensten in die Klosterkirche gekommen. Immer wieder hatten damals junge Männer um Aufnahme in das Kloster gebeten, und die viele Arbeit, die es im Haus und in dem grossen Klostergarten zu tun gab, war ihnen leicht von der Hand gegangen. Aber das war lange her. Nun lebten nur noch wenige alte und sehr alte Mönche in den uralten Mauern. Sie konnten die viele Arbeit nicht mehr bewältigen und hatten Hilfskräfte eingestellt.

Die Stimmung im Kloster war schlecht. Die Mönche waren meist mürrisch und missmutig. Zu den Gottesdiensten in der Klosterkirche kamen kaum mehr Menschen aus der Stadt. Und schon seit vielen Jahren war kein jüngerer Bruder mehr zur Gemeinschaft gestossen.

Eines Abends rief der Abt alle Mönche zusammen, die noch nicht bettlägerig waren. «So geht es nicht weiter», erklärte er bedrückt. «Wir haben schon alles versucht, wir haben gebetet, den Armen milde Gaben zukommen lassen, ich war beim Bischof, aber bisher hat nichts geholfen. Wenn es so weitergeht, wird unsere Gemeinschaft bald nicht mehr da sein.» Er seufzte schwer, und auch die anderen seufzten.

«Einen habe ich noch nicht um Rat gefragt», fuhr der Abt nach einer Weile nachdenklich fort, «den alten Rabbiner, der in unserer Stadt lebt. Ich habe viel von ihm gehört und hin und wieder mit ihm gesprochen. Es heisst, dass er ein sehr weiser Mann sei.»

Am nächsten Abend begab sich der Abt zum Haus des Rabbiners. Er wurde freundlich begrüsst und in sein Studierzimmer geführt. Der alte Rabbi sass am Tisch, vor ihm lagen einige grosse, dicke Bücher aufgeschlagen. Er blickte den Abt aufmerksam an und fragte: «Was führt Euch zu mir?»

Der Abt erzählte dem Rabbi ohne Umschweife von der Not seiner Gemeinschaft. «Wir wissen nicht mehr weiter», schloss er. «Könnt ihr uns helfen?»

Der Rabbi schaute seinen Besucher an, wiegte seinen Kopf und antwortete schliesslich: «Ich weiss nicht, ob ich euch helfen kann. Ich will es versuchen. Kommt in einer Woche wieder, vielleicht habe ich bis dann etwas herausgefunden.»

Eine Woche später begab sich der Abt wieder zum Haus des Rabbiners. Er wurde wieder freundlich empfangen und in das Studierzimmer des Rabbiners begleitet. Der Rabbi bot ihm einen Stuhl an, der Abt setzte sich und wartete gespannt. Der Rabbi schaute ihn ein wenig traurig an und sagte: «Es tut mir leid, ich konnte nicht viel herausfinden und kann euch keinen Rat mitgeben. Das Einzige, was ich herausgefunden habe, ist, dass bei euch im Kloster ein Lamed-Wawnik lebt. Ich weiss nicht, ob Euch das weiterhelfen kann.»

Der Abt schaute den Rabbi verständnislos an. «Bitte was soll bei uns leben?»

«Oh ja, Entschuldigung, ich muss Ihnen das erklären», meinte der Rabbi. «Sehen Sie, nach der jüdischen Überlieferung kann die Welt nur fortbestehen, weil es sechsunddreissig verborgene Zaddikim gibt, also vollkommen gerechte Menschen. Sechsunddreissig wird auf Hebräisch mit den Buchstaben Lamed und Waw geschrieben, daher der Name Lamed-Wawnik. Wir wissen nicht, wer diese sechsunddreissig sind – sie leben und wirken im Verborgenen. Wir wissen nur, dass sie aus allen Religionen, Ländern und Altersgruppen kommen können. Und ich habe nun die starke Vermutung, dass einer dieser vollkommen Gerechten bei euch im Kloster lebt. Wer das genau ist, weiss ich nicht.»

Der alte Abt bedankte sich und machte sich auf den Rückweg. Bei ihnen im Kloster sollte ein vollkommen Gerechter leben, einer, der den Fortbestand der Welt sicherte … Wer konnte das sein? Nun, er selbst war es bestimmt nicht, da war er sich sicher. Er kannte sich gut genug. Er überlegte. Im Grunde konnte es keiner sein, denn alle hatten ihre Fehler. Andererseits, wenn es einer sein musste, dann konnte es jeder der Mönche sein. Vielleicht auch eine der alten Frauen, die ihnen bei der täglichen Arbeit halfen? Oder der Gärtner? Auch die Frau des Gärtners konnte es sein … Oder eines ihrer drei Kinder.

Als er das Kloster erreichte, rief er alle Mönche zusammen und erzählte ihnen, was er erfahren hatte, und schloss mit den Worten. «Wir wissen nicht, wer es ist. Aber jemand von uns ist es.»

An diesem Abend gingen alle Mönche sehr nachdenklich ins Bett. Vom nächsten Morgen an änderte sich das Leben im Kloster. Nein, die Arbeit wurde nicht weniger, und nach wie vor wurden die alten Mönche von Tag zu Tag älter. Aber die Stimmung änderte sich. Sie begegneten einander nun mit grossem Respekt – jeder konnte ja ein vollkommen Gerechter sein! Und auch allen anderen begegneten sie mit grossem Respekt. Ihre Gesichter hellten sich auf, sie lächelten sich zu, wenn sie einander grüssten. Diese veränderte Stimmung wurde auch bei ihren Gottesdiensten spürbar, und nach und nach kamen wieder mehr Menschen aus der Stadt in die Klosterkirche. Und nach wenigen Monaten klopften eines Morgens zwei junge Männer an die Pforte des Klosters und baten um Aufnahme in die Gemeinschaft.

*Jüdische Tradition*

# 67 Marie und Michael

Dass da eben jemand gelandet war, hatte der Wächter auf dem Turm der Stadtmauer nicht bemerkt. Der Ankömmling schaute sich vorsichtig um. Wie grün hier alles war, viel grüner, als man es ihm erzählt hatte. Der frische Geruch von Heu, der ihm in die Nase stieg machte ihn ganz munter. Neugierig ging er die grosse Wiese hinauf, bis er zu einem Wald kam. So schnell, dass er sich nicht mehr verbergen konnte, kam jemand in kleinen Sprüngen bergab. Es war ein Mädchen mit einem weissen Kopftüchlein. Fast wären sie zusammengeprallt. Erst dicht vor ihm stoppte es und blickte zu ihm auf. Er hatte noch nie solche klaren Augen gesehen. Das Mädchen bewegte die Lippen, als wollte es etwas sagen. Mit einem Finger berührte es seinen Ärmel und zog die Hand blitzschnell zurück als es den gläsernen, harten Stoff spürte. Wieder zuckte der Mund des Mädchens, bevor es endlich sagte: «Ich habe genau gewusst, dass du kommst. Wie schnell das ging. Ich habe gesehen, wie du vom Himmel gekommen bist.»

«Du? Mich?», fragte der Ankömmling.

«Ja, doch nicht einmal mein Vater hat es mit geglaubt. Obwohl er doch jeden Tag darauf wartet, dass endlich jemand kommt von Gott. Er hat gesagt, da sei sicher nur eine Sternschnuppe vom Himmel gefallen.»

«So? Hat es so ausgesehen wie eine Sternschnuppe?»

«Nicht für mich!», sagte das Mädchen.

Er strich ihr mit der Hand über den warmen Kopf und fragte: «Wie heisst du?»

«Marie.»

Und er fragte weiter: «Wer glaubst du denn, dass ich bin?»

«Du bist einer der Erzengel vom Herrn. Bist du vielleicht Michael?»

«Nenn mich wie du willst, nenn mich also Michael. Doch was meinst du mit Erzengel, wer ist der Herr?»

«Mir machst du nichts vor», antwortete das Mädchen pfiffig. «Ich weiss, du kommst von oben, du kommst von Ihm. Komm, ich will dich dem Vater zeigen, er muss dich sehen.»

Michael war glücklich. Nicht nur die Landung war gelungen, auch die Verbindung mit einem Lebewesen. «Ja», sagte er, «lass uns zu deinem Vater gehen. Ich möchte ihn gerne kennenlernen.»

Als er hinter Marie herging, schickte er seinen Leuten eine Nachricht, dass alles gutgegangen sei und er spätestens vor Sonnenaufgang am vereinbarten Treffpunkt erscheinen werde.

Schon bald kamen sie zu einem kleinen Haus mit einem kleinen Schuppen. Davor stand mit dem Rücken zu ihnen ein kleiner Mann an einer kleinen Werkbank und malte an einer riesigen Holztafel, die darauf befestigt war. Als er ihre Schritte hörte, drehte er sich um und blickte Michael prüfend in die Augen. «Guten Tag. Ich bin Meister Matthias. Meine Tochter hat mir von Ihrer Ankunft erzählt. Sie sagt, Sie kommen vom Himmel. Ich weiss nicht, ob sie recht hat, aber seid willkommen.»

«Ich komme von weit her. Von einem anderen Stern», sagte Michael und setzte sich auf die kleine Bank vor dem Haus. Matthias war ein berühmter Künstler. Viele Leute kamen zu ihm, die meisten von weit her. Und alle wollten seine Bilder für ihre Häuser und Kirchen kaufen. Deshalb war er seltsame, weitgereiste Menschen gewohnt. Er glaubte, auch dieser Mann sei vielleicht ein Kunsthändler, der ihm ein Bild abkaufen möchte.

Sie schwiegen alle drei und blickten hinunter zum Turm, wo genau in diesem Augenblick der Wächter die Trompete blies. Marie und Matthias erschraken, denn sie wussten, das war das Zeichen höchster Gefahr. Sie wussten, dass in höchstens einem Tag die Soldaten hier einmarschieren und alles zerstören würden, so wie sie es bisher in jedem Dorf und in jeder Stadt gemacht hatten. Als sie es Michael erzählten, erschrak auch er. Er hatte schon gehört, dass es auf diesem Stern sehr schlimm zugehen konnte, aber er hatte nicht gewusst, wie schlimm es wirklich war.

Sie gingen alle zusammen ins Haus und assen in gedrückter Stimmung das Abendbrot. Michael schaute immer wieder durch das Fenster auf das grosse Bild, an dem Meister Matthias gemalt hatte. «Was ist das für ein Bild? Es ist wunderschön. Warum malst du es?», fragte er bewundernd.

«Es ist das letzte Abendmahl von Jesus mit seinen Jüngern, und es wird das letzte Bild sein, das ich male. Wenn es fertig ist, schenke ich es der Dorfkirche.»

Michael nickte und sagte: «Ich glaube unser Essen ist vorläufig auch das letzte Abendmahl hier. Ihr müsst noch heute Nacht fliehen, weil Morgen die Soldaten kommen.»

Da rief Marie schnell: «Ich habe keine Angst. Du bist ja jetzt da. Man hat dich geschickt, um uns beizustehen.»

Matthias war unterdessen aufgestanden, stellte die Teller zusammen, und sie hörten ihn wie zu sich selbst sagen, dass er niemals weggehe, solange das Bild nicht fertig sei. Danach ging er wieder zum Schuppen. Marie aber blieb mit Michael in der Küche und stellte ihm pausenlos Fragen über die andere Welt, aus der er kam. Michael versuchte so gut wie möglich zu erklären, wie ähnlich es dort war und doch auch wieder ganz anders, was Marie ganz verwirrte, aber sie blieb doch die ganze Zeit neugierig und fröhlich.

Später, als Matthias und Marie zu Bett gingen, zeigten sie Michael seine Kammer, denn für sie war es selbstverständlich, dass er bei ihnen bleiben würde. Aber Michael konnte nicht bleiben. Er musste zurück. Nur für einen Tag hatten sie gesagt und nur zu Kontaktaufnahme und Beobachtung. «Nicht dass du wie andere vor dir dich dazu verleiten lässt, die Lebewesen auf der Erde zu lieben und ihnen helfen willst. Denn dann lassen sie dich nicht mehr los und vergessen dich doch wieder, wenn sie dich nicht mehr brauchen.» So lautete die Anweisung und die Warnung. Michael schlich leise aus dem Haus, eilte den Hügel hinab zum Turm und weiter durch die Stadt zum ausgemachten Treffpunkt. Doch je länger er ging merkte er, dass er Marie und Matthias nicht verlassen konnte, jetzt in der Stunde der höchsten Gefahr. Am Treffpunkt warteten schon seine Leute, und er redete sofort eindringlich auf sie ein.

Sie schüttelten den Kopf, hielten ihn aber nicht zurück, als er sich von ihnen abwandte und wieder in die Richtung lief, von der er gerade eben gekommen war. «Du weisst, du darfst sie nicht mitnehmen. Wir warten noch bis Mittag», riefen sie ihm nach.

Michael lief, so schnell er konnte, durch die Stadt und den Hügel hinauf zu Marie und Matthias. Doch es war schon zu spät. Als er zum Haus kam, sah er Soldaten davorstehen. Überall schlugen Flammen in die Höhe. In der Mitte dicht vor der Werkbank mit dem schon fast verbrannten grossen Tafelbild lagen, an Händen und Füssen gefesselt Matthias und über ihm Marie. Ohne die Soldaten zu achten, lief Michael zu den beiden hin. Er sah, dass Marie blutete. Aber sie lebte noch. Er hob sie auf die Schulter, und mit übermenschlicher Kraft bahnte er sich einen Weg durch die Soldaten, von denen ihn keiner aufhalten konnte. Er rannte mit Marie zum Luftkissen, auf dem die anderen bereits Platz genommen hatten. Michael legte Marie sorgfältig hinein, stieg ebenfalls ein und blickte seine Begleiter fragend an.

Keiner sagte etwas.

Sie starteten. Mit einem sanften Brausen stiegen sie höher und höher, die Dörfer und Städte wurden kleiner, und schliesslich war die Erde nur noch ein kleiner Punkt. Marie blickte von einem zum anderen und wieder zurück. Immer wieder ruhte ihr Blick dankbar auf Michael. Traurig sah dieser, wie sie zitterte und fror, wie sie von Stunde zu Stunde schwächer wurde. Schliesslich, als er ihr die Hand auf die heisse Stirn legte, spürte er wie sie leblos wurde. Und sie wussten, das nun geschehen war, was bei den Lebewesen der Erde Tod genannt wurde.

Aber sie wussten nicht, was das genau für sie bedeutete, und so wussten sie auch nicht, dass Marie nicht vollständig tot war. Ihr Herz tat voll Übermut noch einen gewaltigen Sprung. Auf einmal konnte sie fliegen, wie Engel fliegen. Das Weltall war ein einziger Wirbel goldener Luft, und darin steckten all ihre unerfüllten Wünsche und die Erfüllung der Wünsche zugleich. Sie wirbelte nun in den gleichen Himmel hinein, in den sie vorher mit dem

Luftkissen geflogen war. Und plötzlich hörte Marie einen Chor, der mit ihrem Chor zu Hause gar nicht zu vergleichen war. Und doch war es auch irgendwie derselbe. Denn sie sangen dieselben Lieder, die aber doch ganz anders und viel schöner klangen. Sie lauschte und flog und sang und drehte sich, und niemals würde ihr Glück aufhören.

*Nach Motiven einer Geschichte von Anna Seghers*

# 68 Mose holt im Himmel die zehn Gebote

Gott rief Mose zu sich in den Himmel, damit er die zehn Gebote abhole. Als Mose den Fuss auf die himmlische Schwelle setzte, hörte man ein Flüstern, und es entstand Unruhe unter den Engeln, den ewigen Bewohnern des Himmels. «Herr, Herr!», riefen sie. «Ein Erdenbürger, ein noch Lebender, will sich unter uns mischen!»

«Dieser Mensch», sagte Gott, «kommt in den Himmel, damit er das Gesetz empfange und es zur Erde bringe.»

Nun waren die Engel noch verwirrter. «Das Gesetz auf die Erde bringen? Den kostbaren Schatz deiner göttlichen Gedanken? Dieses Gesetz willst du einem Wesen von Fleisch und Blut übergeben?» Denn die Engel meinten, dass das Gesetz vom Himmel für den Himmel geschaffen sei und im Himmel bleiben solle.

Da fragte Gott Mose, ob er darauf etwas zu erwidern habe.

Weil er sich aber fürchtete, dass die Engel ihn mit ihrem Feuer verbrennen würden, zögerte Mose. Da sagte Gott aufmunternd: «Lege die Hand auf meinen Thron, und rede sicher und frei.»

Nun fasste Mose Mut. Er sagte: «Mein Gott, in dem Gesetz, das Du mir versprochen hast, ist es verboten, Götzen anzubeten. Lebt ihr Engel vielleicht unter Menschen, die lieber Götzen statt Gott anbeten? – Dieses Gesetz ordnet für den Sabbat Ruhe an. Arbeitet ihr denn? Oder habt ihr

Ruhe nötig? – ‹Ehre deine Eltern›, heisst es im Gesetz. Habt ihr Vater und Mutter? – ‹Töte nicht!› und ‹Stiehl nicht!›, heisst es im Gesetz. Gibt es etwa bei euch Engeln im Himmel Neid und Gier?»

Als sie diese Worte vernahmen, beruhigten sich die Engel, sie klatschten und wetteiferten darum, Mose mit Kostbarkeiten zu beschenken. Selbst der Engel des Todes gab Mose etwas mit. Er zeigte ihm, wie man ihn erkennen und mit ihm streiten soll.

*Aus «Weisung in Freude»*

# Orpheus und Eurydike  69

Der unvergleichliche Sänger Orpheus war ein Sohn der Muse Kalliope und des Flussgottes Oiagros, der zugleich auch König von Thrakien war. Der Gott Apollon schenkte Orpheus eine wundervoll geschwungene Leier. Wenn Orpheus dieses Instrument zusammen mit seiner Stimme erklingen liess, kamen die Vögel in der Luft, die Fische im Wasser und selbst die Tiere des Waldes herbei, um andächtig zu lauschen.

Die Frau von Orpheus hiess Eurydike. Die beiden liebten sich auf das Zärtlichste. Das Glück sollte jedoch nicht lange währen, denn kaum waren die Lieder der Hochzeit verstummt, da starb Eurydike ganz plötzlich. Dies geschah auf einer grünen Wiese, wo eine giftige Schlange im Gras verborgen lag. Die schöne Eurydike ahnte davon nichts. Im Spiel mit ihren Freundinnen kam sie der Natter zu nahe und nahm den tödlichen Biss entgegen. Bald darauf lag Eurydike sterbend in den Armen ihrer Freundinnen. Alle weinten bitterlich, doch kein Bitten und Flehen brachte die Verlorene ins Leben zurück.

Da fasste Orpheus einen mutigen Entschluss. Er wollte in das grausige Reich der Schatten hinabsteigen, um die Rückgabe von Eurydike zu erreichen.

So machte er sich auf und ging durch die Pforte der Unterwelt. Schaurig umschwebten den Eindringling die Schatten der Toten, denn in der Unterwelt existieren die Menschen nur noch als Schatten. Orpheus aber liess sich durch die schrecklichen Gestalten nicht beirren, bis er vor dem Thron des bleichen Hades stand. Dort nahm Orpheus seine Leier zur Hand und sang zum zarten Klang der Saiten sein ergreifendes Klagelied: «O du Herrscher dieses Schattenreichs, erlaube mir eine grosse Bitte! Ich bin gekommen, um das Leben meiner verstorbenen Frau wiederzugewinnen. Die Sehnsucht nach ihr zerbricht mir das Herz, und ich kann nicht ohne sie sein. Darum höre mein Flehen, und gib sie frei. Schenk bitte meiner Eurydike von neuem das Leben.»

Die blutlosen Schatten horchten dieser Klage, und sie weinten. Selbst Hades, der düstere Herrscher der Unterwelt, war zum ersten Mal von Mitleid bewegt. Er rief nun den Schatten Eurydikes, der mit unsicheren Schritten näher kam.

«Nun nimm sie mit dir», sprach der Totengott, «aber bedenke dieses: Du darfst dich nicht umblicken, bevor du das Tor der Unterwelt durchschritten hast. Nur dann wird Eurydike dir gehören. Schaust du aber doch zurück, so wird dir die Gnade entzogen.»

Schweigend und mit schnellen Schritten liefen Orpheus und Eurydike den finstern Weg empor, stets vom Grauen der Nacht umgeben. Orpheus lauschte dabei voller Sehnsucht, ob er nicht den Atem der Geliebten oder das Rauschen ihres Gewandes hören könne. Doch hinter ihm war nur Stille, Totenstille.

Von Angst und Liebe überwältigt, wagte Orpheus es nun doch, sich nach der Geliebten umzublicken. Da schwebte sie, die Augen traurig und voll Zärtlichkeit auf ihn gerichtet, zurück in die schaurige Tiefe. Verzweifelt streckte Orpheus die Arme aus, die Entschwindende zu ergreifen. Doch bereits war sie verschwunden. Nur ein letztes «Lebewohl!» hallte noch leise aus der Ferne.

Orpheus war starr vor Entsetzen, dann stürzte er zurück in die dunkle Unterwelt. Jetzt aber verweigerte sich Charon, der alte Fährmann, ihn über den schwarzen Fluss zu bringen. Sieben Tage und Nächte sass Orpheus am Ufer, ohne Speis und Trank, und vergoss in Reue seine Tränen. Er flehte um die Gnade der unterirdischen Götter, doch nichts konnte sie erweichen.

Orpheus kehrte voll Trauer und mit schlechtem Gewissen in die einsamen Bergwälder von Thrakien zurück. Viele Jahre lebte er dort ganz allein, ohne die Gesellschaft der Menschen. Und wenn er traurig seine Lieder sang, rückten selbst die Bäume näher und näher. Auch die Tiere des Waldes und die munteren Vögel kamen herbei und lauschten den wundervollen Klängen.

*Griechische Mythologie*

# Solange man noch weiss, was man vergessen hat ... 70

Rabbi Ephraim suchte immer dann, wenn dem jüdischen Volk Unheil drohte, einen besonderen Ort im Wald auf, um mit Gott allein zu sein. Dort angekommen, machte er mit duftendem Holz, das er selbst gesammelt hatte, ein heiliges Feuer und vertiefte sich in ein besonderes Gebet. Und das Wunder geschah: Das Unheil wurde abgewendet.

Sein berühmter Schüler, der Rabbi von Mesritsch, ging später, wenn er seiner Gemeinde in der Not helfen wollte, ebenfalls auf diese Waldlichtung, die schon Rabbi Ephraim jeweils aufgesucht hatte. Zwar wusste er nicht, wie er das heilige Feuer entzünden konnte, dafür kannte er die Worte des Gebets. Und das Wunder geschah aufs Neue: Das Unheil ging am Volk vorbei.

Wieder viele Jahre später wollte ein Schüler des Rabbi von Mesritsch die Juden vor der drohenden Gefahr einer erneuten Verfolgung schützen. Also ging auch er an den Ort im Wald und sagte: «Herr, ich weiss nicht, wie das Feuer angezündet wird, und das besondere Gebet kenne ich auch nicht. Aber ich erinnere mich noch an diese Stelle, und das muss genügen!» Und es genügte. Sie wurden gerettet.

Als Jahrzehnte später der Urenkel des grossen Rabbi Unglück von seinem Volk abwenden wollte, war der Rabbi schon alt und seine Beine

Von Göttern und Göttinnen

waren gelähmt. Er sass im Haus, breitete die Arme aus und sprach zu Gott: «Herr, ich kann das Feuer nicht anzünden und das Gebet kenne ich nicht; ich kann nicht einmal den Ort im Wald finden. Ich kann nur die Geschichte davon erzählen, und das muss genügen.» Und es genügte.

*Jüdische Tradition*

# 71 Vom König, der Gott sehen wollte

In einem fernen Lande lebte einst ein König, den am Ende seiner Tage Schwermut befiel. «Seht», sagte er, «nun habe ich in meinem Leben alles, was nur ein Mensch erleben und mit den Sinnen aufnehmen kann, erfahren, gehört und gesehen. Nur eines habe ich nicht gesehen in meinem ganzen Leben: Gott habe ich nicht gesehen. Ihn wünsche ich noch zu sehen.»

Deshalb erliess der König an alle Machthaber, Weisen und Priester den Befehl, ihm Gott zu zeigen. Schwerste Strafen wurden angedroht, wenn es ihnen nicht gelänge. Der König gewährte eine Frist von drei Tagen.

Trauer kam über die Einwohner des königlichen Palastes, und alle warteten auf ihr bevorstehendes Ende. Genau nach drei Tagen um die Mittagszeit liess der König sie vor sich rufen. Der Mund der Machthaber, der Weisen und Priester aber blieb stumm. In seinem Zorn war der König schon bereit, Todesurteile auszusprechen.

Da kam ein Hirte vom Feld, der von des Königs Befehl gehört hatte, und sagte: «Erlaube mir, König, deinen Wunsch zu erfüllen!»

«Gut», sagte der König, aber bedenke, es geht um deinen Kopf.»

Der Hirte führte den König auf einen freien Platz und zeigte ihm die Sonne. «Sieh hin», sagte er.

Der König hob seine Augen und wollte die Sonne sehen. Aber der Glanz blendete ihn, und er senkte den Kopf und schloss die Augen. «Willst du, dass ich erblinde?», fragte er den Hirten.

«Aber König, das ist doch nur ein Ding der Schöpfung, ein schwacher Abglanz der Grösse Gottes, ein kleines Fünkchen seines flammenden Feuers. Wie willst du mit deinen schwachen, tränenden Augen Gott sehen? Suche ihn mit anderen Augen!»

Der Einfall gefiel dem König. Er sagte zu dem Hirten: «Ich erkenne deinen Geist und sehe die Grösse deiner Seele. Antworte mir nun: Was war vor Gott?»

Nach einigem Nachdenken sagte der Hirt: «Sei nicht zornig wegen meiner Bitte, aber zähle!»

Der König begann: «Eins, zwei – »

«Nein, nein», unterbrach ihn der Hirt, «nicht so, fange mit dem an, was vor eins kommt.»

«Wie kann ich denn? Vor eins gibt es doch nichts.»

«Sehr weise gesprochen, Herr. Auch vor Gott gibt es nichts.»

Diese Antwort gefiel dem König noch besser als die vorhergehende.

«Ich werde dich reich beschenken; vorher aber antworte noch auf die dritte Frage. Was macht Gott?»

Der Hirte sah, dass des Königs Herz weich geworden war. «Gut», sagte er, «auch darauf will ich dir antworten. Nur um eines bitte ich dich: Lass uns die Kleider für eine kurze Zeit tauschen.»

Der König legte die Zeichen seiner Königswürde ab, kleidete damit den Hirten, und selbst zog er dessen unscheinbaren Rock an und hängte sich die Hirtentasche um. Als dies geschehen war, setzte sich der Hirt auf den Thron, nahm das Zepter und zeigte damit auf den an den Stufen des Thrones mit seiner Hirtentasche stehenden König. «Siehst du, das macht Gott! Den einen erhebt er auf den Thron, und den anderen lässt er heruntersteigen.»

Und der Hirte zog wieder seine eigene Kleidung an.

*Leo Tolstoi, «Das Hemd des Glücklichen»*

# 72 Wer soll König sein?

Unter gläubigen und nichtgläubigen Juden entbrannte kürzlich ein Streit über die zehn Gebote. Die Zweifler fragten die Juden, weshalb diese Gebote denn so weit hinten in der Tora stünden und nicht am Anfang, wenn sie doch das Wichtigste von allem seien.

Eine alte Rabbinerin antwortete mit folgender Geschichte:

«Einst kam ein weiser, starker Mann in ein fernes Land. Er sah, wie die Menschen in Armut lebten, und wollte ihnen helfen. ‹Lasst mich euer König sein›, sprach er zu ihnen, ‹dann werde ich euer Land neu ordnen, und es wird euch gutgehen.›

Da sagten die Leute zu ihm: ‹Hast du uns etwa schon irgendetwas Gutes getan, dass du über uns herrschen willst?›

So baute der Mann zuerst einen Brunnen, hob einen Graben aus, um den Sumpf trocken zu legen, und legte einen Obstgarten an. Dann trat er wieder vor alle hin und bot nochmals an, ihr König zu sein. Und nun sagten sie ja und krönten ihn zu ihrem neuen König.

Genauso befreite Gott zuerst die Israeliten aus der ägyptischen Sklaverei, gab ihnen in der Wüste zu essen und bewahrte sie vor den Überfällen der Feinde. Erst danach sagte er zu ihnen: ‹Ich will euer Gott sein, hier sind meine Gebote, haltet sie.›»

*Jüdische Tradition*

# Wie der Kolibri den Himmel höher hob    73

Mein Vater hat mir immer von früher erzählt, von ganz früher, bevor irgendetwas geformt wurde, bevor die Siedler aus der Zeit vor den Inkas in Peru lebten. Er hat gesagt, dass Gott einst die Zeit teilte, damit es Tag und Nacht gibt. Aber sobald es sie gab, beklagten sich beide bei Gott: «Wir haben zu wenig Platz. Es ist uns zu eng.»

Der Tag wollte mehr Platz für die Ausbreitung des Lichts und die Nacht für die Ausbreitung der Dunkelheit. Denn der Himmel hing in der Urzeit, als es erst die Vögel und die Fische gab, sehr tief. Doch Gott wollte nichts ändern. Tag und Nacht aber klagten weiter zu Gott, die Nacht den ganzen Tag und der Tag die ganze Nacht.

Nach einer Weile wurde es Gott zuviel, und er sagte zu den beiden: «Dann geht doch zu den Fischen und den Vögeln, vielleicht können die euch helfen.»

So gingen Tag und Nacht zusammen zu den Fischen. Aber diese konnten nichts für sie tun. Also riefen sie nach den Vögeln. Und bald schon füllte sich die Luft mit Gezwitscher und Schreien. Adler, Kondore, Kormorane, Störche, Möwen, Tauben, Papageien und zuletzt der winzige Kolibri kamen angeflogen und schwangen ihre Flügel.

«Liebe Vögel», begann die Nacht, «wir brauchen eure Hilfe.»

«Der Himmel hängt zu tief», sagte der Tag, «wir können weder das Licht noch die Dunkelheit ausbreiten. Und wenn es hier auf Erden einmal grosse Landtiere und Menschen gibt, dann müssen sie sich immer bücken.»

«Oder sie stossen sich die Köpfe bei Nacht an den Sternen und haben bei Tag den Kopf in den Wolken», fügte die Nacht hinzu. «Ist jemand unter euch Vögeln, der den Himmel höher schieben könnte?»

«Ich werde den Himmel heben», sagte selbstbewusst der Adler.

Und die Möwe meldete ebenfalls: «Ich werde ihn heben.»

Und alle grossen Vögel riefen durcheinander und begannen wie wild mit ihren Flügeln zu schlagen. Doch nichts geschah, der Himmel hing so tief wie zuvor. Denn sie wussten nicht, wo der Himmel beginnt, weil sie nur die Luft und den Wind kannten, in denen sie sich mühelos auf und ab bewegten. Enttäuscht wollten Tag und Nacht sich zurückziehen. Da sagte der Kolibri in letzter Minute: «Ich werde den Himmel heben.»

Der Kondor entgegnete ihm: «Nein, das kannst du nicht, du bist zu klein. Wie willst du es schaffen, wenn es uns schon nicht gelang?»

Aber der Kolibri kannte den feinen Unterschied zwischen der Luft und dem Himmel, denn er war es gewohnt, auf jede kleinste Veränderung in seiner Umgebung zu achten. Und so flog er vor den staunenden Augen aller anderen Vögel hin und her und liess seine Flügel schwirren, bis er den Rand des Himmels spürte. Es wird erzählt, dass er den Himmel mit seinem Rücken sanft und langsam anhob. Und jedes Mal, wenn er ihn etwas höher hinaufschob, sagte der Himmel: «Zisch, zisch!»

Der Tag und die Nacht durften sich nun richtig ausbreiten, und jetzt konnten auch die Landtiere und die Menschen entstehen, denn sie hatten genug Platz. Auch die Bäume wuchsen nun viel höher hinauf.

Seit jener Tat wird der Kolibri in unseren Dörfern sehr hoch angesehen; der Kolibri ist ein heiliges Tier. Mein Vater, meine Grosseltern, sie alle wollen den Kolibri nicht anfassen, sie wollen sein Nest nicht berühren. Denn sie befürchten, dass sonst der Himmel wieder herunterkommen könnte.

*Gabriel Ponce, Araqueda, Cajamarca (Peru)*

# Wie Vishnu den Göttern den Unsterblichkeitstrank zurückbrachte  74

Es war einmal ein König der Götter mit dem Namen Indra. Eines Tages machte er einen grossen Fehler. Ein Weiser hatte ihm eine wunderbare Girlande aus Blumen geschenkt. Weil Indra andere Dinge im Kopf hatte, entsorgte er die Girlande achtlos. So viel Unachtsamkeit verletzte den Weisen sehr – so sehr, dass er Indra verfluchte. Indra verlor seine Macht. Die Welt versank im Chaos. Alle wurden gierig, sannen auf den eigenen Vorteil und kümmerten sich um nichts anderes. Die Götter wurden geschwächt und die Dämonen gestärkt. Verzweifelt wandte sich Indra an Brahma – das ist der Gott, der alle heiligen Texte kennt und ein guter Berater ist.

«Geh zu Vishnu, er kann dir helfen», sagte Brahma zu Indra.

Indra tat wie geheissen und ging in Begleitung der anderen Götter zu Vishnu. Er fragte, was er tun solle.

Vishnu verlangte, dass alle Götter und Dämonen sich zusammentun und gemeinsam den Trank der Unsterblichkeit herstellen. Das war aber nur möglich, wenn alle eng zusammenarbeiten. Als Erstes mussten Heilkräuter gesammelt und ins grosse Milchmeer geworfen werden. Anschliessend mussten sie alle gemeinsam einen Berg herbeischaffen und ihn ins Milchmeer stellen. Auch ein sehr, sehr langes und starkes Seil brauchten sie, um es um den Berg herum zu wickeln. Weil es aber nirgends ein so dickes und langes Seil gab, baten die Götter den Schlangengott Vasuki, dass er sich um den Berg herumschlängle. Weil er erkannte, dass hier etwas sehr Wichtiges geschah, tat Vasuki dies gerne. Die anderen Götter packten den hinteren Teil der Schlange und die Dämonen den Kopf der Schlange. Abwechselnd zogen sie nun an den beiden Enden der Schlange, worauf sich der Berg im Milchmeer bewegte wie ein sehr grosses Rührwerk. Leider aber war der Berg so schwer, dass er immer wieder im Milchmeer absank, wodurch die Götter und Dämonen aus dem Takt gerieten. Da verwandelte sich Vishnu in eine Riesenschildkröte, tauchte unter den Berg und stützte ihn.

Götter und Dämonen blieben fleissig und arbeiteten immer weiter und weiter. Langsam tauchten nun ganz bemerkenswerte Dinge aus dem

Milchmeer auf: ein duftender Baum, ein Wunderpferd mit sieben Köpfen, ein Juwel und eine junge Frau, ein Giftgefäss, von Flammen umzüngelt, die Kuh Surabhi, der weisse Elefant, der Mond, ein Pfeil und Bogen und zu guter Letzt ein göttlicher Arzt. Er hatte einen grossen Topf dabei, gefüllt mit Unsterblichkeitstrank. Damit war das Ziel erreicht. Götter und Dämonen hatten vollbracht, was sie hatten vollbringen müssen.

Doch dann entstieg die wunderschöne Göttin Lakshmi auf einer Lotusblüte dem Milchmeer. Sofort war es um Vishnu geschehen, und er verliebte sich in sie. Er vergass die Dämonen und wollte Lakshmi folgen.

Das stiess die Dämonen vor den Kopf. Eingeschnappt stahlen sie den Unsterblichkeitstrank. Vishnu bemerkte den Diebstahl und verwandelte sich in eine atemberaubend schöne junge Frau. In dieser Gestalt besuchte er die Dämonen, bezirzte sie und lenkte sie ab, damit die anderen Götter den Unsterblichkeitstrank zurückholen konnten. Nun tranken die Götter den ganzen Unsterblichkeitstrank aus und wurden auf diese Weise wieder stark.

Mit Vishnus Hilfe vertrieben sie also die Dämonen und brachten so die Welt wieder in Ordnung.

*Hinduistische Tradition nach Caroline Widmer*

# Vom Guten, vom Bösen und von allem dazwischen

# Clara Velasquino und der König  75

Es war einmal eine Frau namens Juanita Sin Cuidau, sie war gutmütig und reich, aber sie kümmerte sich um nichts. Alle wichtigen Angelegenheiten erledigte ihre Dienerin Clara Velasquino. Eines Tages schickte der König des Landes drei Boten in sein Reich. Sie sollten in ein fernes Dorf gehen und der ersten Person, auf die sie trafen, folgenden Befehl erteilen: «Wenn dir dein Leben lieb ist, dann komm Morgen früh zum König und beantworte ihm drei Fragen: Wie viel Kilo wiegt die Sonne, wie viel Wert hat der König, und wie lautet sein richtiger Name?»

Der Zufall wollte es, dass der erste Bote in das Dorf von Juanita Sin Cuidau kam, und, weil sie vor dem Haus in der Sonne lag, geradewegs auf sie zuging und ihr den Befehl des Königs überbrachte.

Darauf wurde Juanita Sin Cuidau sehr traurig, denn sie wusste nicht, wie sie die drei Fragen beantworten sollte.

Zum Glück erschien gerade Velasquino und fragte sie: «Was ist los mit dir, kleine Chefin?»

Juanita fragte zurück: «Warum willst du das wissen, Velasquino?»

«Vielleicht kann ich dir helfen», meinte Clara und fragte so lange nach, bis Juanita erzählte, was geschehen war.

«Ganz ruhig», sagte Clara, «ich werde die Fragen an deiner Stelle beantworten.»

Am nächsten Tag machte sie sich sehr früh auf den Weg, kam zum Palast und klopfte an die Tür. Der König rief: «Wer ist da?»

«Ich», antwortete Clara Velasquino, «Juanita Sin Cuidau. Ich komme, um deine drei Fragen zu beantworten.»

Der König sagte zu ihr: «Nun denn. Sag mir, wie viele Kilo wiegt die Sonne?»

«Fünfundvierzig Kilo, und wenn du es nicht glaubst, bring mir die Sonne herunter, um sie zu wiegen.»

Der König staunte und stellte die zweite Frage: «Wie viel bin ich wert?

«Nun, niemand kann das wissen, aber wenn Jesus für dreissig Silbermünzen verraten wurde und wenn, wie ich hörte, gestern hier in der Hauptstadt ein Junge wegen eines Streits um 100 Soles erschlagen wurde, dann wirst auch du wohl kaum mehr wert sein. Und wenn du es nicht glaubst, dann bringe ich dich um Mitternacht ins Quartier, wo die Halunken wohnen, und wir fragen sie, wieviel du ihnen wert bist.»

Der König bekam Angst und stellte die dritte Frage: «Wie lautet mein richtiger Name?»

«Ich weiss es nicht, denn ich kenne dich nicht. Aber auch du weisst nicht, wer ich bin. Du denkst, ich sei Juanita Sin Cuidau, aber in Wirklichkeit bin ich Clara Velasquino, ihre Dienerin. Ich kann nicht wissen, wie du wirklich heisst, bevor ich nicht gehört habe, wie jemand, der dich liebt, dich bei deinem wahren Namen gerufen hat. Führe mich zu einer solchen Person, und ich werde dir deine Frage beantworten.»

Da wurde der König traurig, denn er kannte keine Person, die ihn wirklich liebte.

«Clara Velasquino», sprach darauf der König, «erlaube mir eine vierte Frage: Warum hast du die Gefahr auf dich genommen und deine Chefin bei mir vertreten?»

«Lieber König, ich musste dir drei Fragen beantworten. Das habe ich getan. Wenn du mehr wissen willst, dann komm in unser Dorf. Dort wirst du mehr Antworten bekommen, als du Fragen hast.»

Damit verabschiedete sich Clara Velasquino vom König und machte sich auf den Heimweg.

*Gabriel Ponce, Araqueda, Cajamarca (Peru)*

# Das Beispiel des barmherzigen Samaritaners   76

Einmal kam ein Gesetzeslehrer und wollte Jesus auf die Probe stellen; er fragte ihn: «Lehrer, was muss ich tun, um das ewige Leben zu bekommen?»

Jesus antwortete: «Was steht denn im Gesetz? Was liest du dort?»

Der Gesetzeslehrer antwortete: «Liebe den Herrn, deinen Gott, von ganzem Herzen, mit ganzem Willen und mit aller deiner Kraft und deinem ganzen Verstand! Und: Liebe deinen Nächsten wie dich selbst!»

«Du hast richtig geantwortet», sagte Jesus. «Handle so, dann wirst du leben.»

Aber dem Gesetzeslehrer war das zu einfach, und er fragte weiter: «Wer ist denn mein Nächster?»

Jesus nahm die Frage auf und erzählte die folgende Geschichte:

«Ein Mann ging von Jerusalem nach Jericho hinab. Unterwegs überfielen ihn Räuber. Sie nahmen ihm alles weg, schlugen ihn zusammen und liessen ihn halb tot liegen.

Nun kam zufällig ein Priester denselben Weg. Er sah den Mann liegen und ging vorbei. Genauso machte es ein Levit, als er an die Stelle kam: Er sah ihn liegen und ging vorbei.

Schliesslich kam ein Reisender aus Samarien. Als er den Überfallenen sah, ergriff ihn das Mitleid. Er ging zu ihm hin, behandelte seine Wunden mit Öl und Wein und verband sie. Dann setzte er ihn auf sein eigenes Reittier und brachte ihn in das nächste Gasthaus, wo er sich weiter um ihn kümmerte.

Am anderen Tag zog er seinen Geldbeutel heraus, gab dem Wirt zwei Silberstücke und sagte: ‹Pflege ihn! Wenn du noch mehr brauchst, will ich es dir bezahlen, wenn ich zurückkomme.›

Was meinst du?», fragte Jesus. «Wer von den dreien hat den Überfallenen als seinen Nächsten erkannt?»

Der Gesetzeslehrer antwortete: «Der ihm geholfen hat!»

Jesus erwiderte: «Dann geh und mach du es ebenso!»

*Lukas-Evangelium 10,25–37*

# 77   Der Anwalt der Magd

Die Mutter von Rabbi Wolf stritt sich eines Tages mit ihrer Magd wegen einem kaputten Gerät. Die Mutter gab der Magd die Schuld, das Gerät zerbrochen zu haben, und forderte Schadenersatz von ihr. Die Magd wies jede Schuld von sich und weigerte sich, irgendetwas zu bezahlen. Der Konflikt zwischen den zwei Frauen schaukelte sich immer höher, bis die Frau beschloss, das geistliche Gericht der Stadt anzurufen. Eilig kleidete sie sich an, um den Rat der Stadt aufzusuchen.

Rabbi Wolf sah, was seine Mutter tat, und er zog ebenfalls sein Sabbatgewand an. Die Mutter fragte: «Warum tust du das?», worauf Rabbi Wolf erwiderte: «Ich will mitgehen.»

«Das schickt sich nicht!», protestierte sie. «Ich weiss selber gut genug, was ich dem Gericht vorzutragen habe.»

«Du schon», antwortete Rabbi Wolf, «aber deine Magd, als deren Fürsprecher ich ans Gericht gehe, weiss es nicht. Wer sonst als ich sollte sich ihrer Sache annehmen?»

*Jüdische Tradition*

# 78   Der falsche Mann

Vor sechzig Jahren bestieg ein sehr berühmter Rabbi, der auch für sein gütiges Herz bekannt war, einen Zug in Warschau, um in seine Heimatstadt zurückzukehren. Der Rabbi fand Platz in einem Abteil. Dort war er von reisenden Kaufleuten umgeben, die sofort begannen Karten zu spielen. Je weiter das Spiel fortschritt, desto lauter wurden sie.

Der Rabbi kümmerte sich nicht darum und gab sich seinen Gedanken hin. Solche Gleichgültigkeit störte die anderen, und einer forderte den

Rabbi auf mitzuspielen. Der Rabbi antwortete, er spiele niemals Karten. Die Zeit verging, und die Gleichgültigkeit des Rabbis störte die anderen immer mehr.

Einer der Spieler sagte zu ihm: «Entweder Sie spielen mit, oder Sie verlassen das Abteil.» Darauf nahm er den Rabbi beim Kragen und stiess ihn aus dem Abteil. Der Rabbi musste mehrere Stunden lang stehen, bis er sein Ziel, die Stadt Brisk erreichte.

Brisk war auch das Ziel der Kaufleute. Der Rabbi verliess den Zug und sofort war er umringt von Bewunderern, die ihn willkommen hiessen und seine Hände schüttelten.

Dieser Empfang verwunderte den Kaufmann, der den Rabbi aus dem Abteil geworfen hatte, und er fragte die Leute «Wer ist dieser Mann?»

Diese fragten ganz verwundert zurück: «Was, Sie kennen ihn nicht? Es ist der berühmte Rabbi von Brisk!»

Dem Kaufmann erschrak. Schnell ging er zum Rabbi und bat ihn um Verzeihung. Aber der Rabbi weigerte sich, ihm zu verzeihen. In seinem Hotelzimmer konnte der Kaufmann keine Ruhe finden. Er ging zu des Rabbis Haus und wurde in sein Arbeitszimmer geführt.

«Rabbi», sagte er, «ich bin kein reicher Mann. Aber ich habe 300 Rubel gespart. Ich will sie Ihnen für Wohltätigkeitzwecke geben, wenn Sie mir verzeihen.»

Die Antwort des Rabbi war kurz: «Nein.»

Des Kaufmanns Unruhe wurde unerträglich. Er ging zur Synagoge, um Trost zu finden. Als er seine Unruhe den anderen in der Synagoge erklärte, waren sie sehr überrascht. Wie konnte ihr Rabbi, ein so gütiger Mann, so unversöhnlich sein?

Über den Sohn des Rabbi versuchte es der Kaufmann ein drittes Mal, Verzeihung zu erlangen. Da antwortet der Rabbi: «*Ich* kann ihm nicht verzeihen. Er wusste ja nicht, wer ich war. Er glaubte ja, irgendeinen gewöhnlichen Menschen zu beleidigen. Soll der Kaufmann doch zu diesem gehen und ihn um Verzeihung bitten.»

*Simon Wiesenthal, «Der Rabbi, der sich nicht versöhnen wollte»*

# 79  Der Richter und der Teufel

In einer Stadt lebte ein Mann, der hatte alle Kisten voll mit Geld und Gut. Er selbst aber war so voller Bosheit, dass die Leute sich schon wunderten, dass die Erde ihn nicht verschlang. Dieser Mann war noch dazu ein Richter, das heisst ein Richter voll von Ungerechtigkeit.

An einem Markttag ritt er des Morgens aus, um seinen schönen Weingarten zu sehen. Da trat ihm der Teufel entgegen, in reiche Kleider gekleidet, wie ein gar vornehmer Herr. Der Richter wusste nicht, wer dieser Fremdling war, wollte es doch aber gern wissen. So fragte er ihn nicht sehr höflich, wer und von woher er denn sei. Der Teufel antwortete: «Es ist besser, wenn Ihr nicht wisst, wer und woher ich bin!»

«Hoho!», fuhr es dem Richter heraus. «Egal wer ihr seid, so muss ich's doch wissen: Denn ich bin der Mann, der Gewalt hier hat. Und wenn ich Euch dies und das zu Leide tue, so ist niemand da, der es mir verwehren kann. Ich nehme Euch Leib und Gut, wenn Ihr mir nicht auf meine Frage Bescheid gebt!»

«Steht es so schlimm», antwortete der Teufel, «so muss ich euch wohl meinen Namen und meine Herkunft sagen; ich bin der Teufel.«

«Hm», brummte der Richter. «Und was ist hier dein Gewerbe? Auch das will ich wissen!»

«Schau, Herr Richter», antwortete der Böse, «mir ist Macht gegeben, heute in diese Stadt zu gehen und das zu nehmen, was mir in vollem Ernst gegeben wird.»

«Wohlan», sagte der Richter, «tue es also! Aber lass mich dein Zeuge sein, damit ich sehe, was man dir geben wird!»

«Fordre nicht, dabei zu sein, wenn ich nehme, was für mich bestimmt ist», antwortete der Teufel dem Richter.

Dieser aber wollte den Fürsten der Hölle mit mächtigen Worten beschwören, und sprach: «Ich gebiete und befehle dir bei Gott und allen Geboten, bei Gottes Gewalt und Gottes Zorn, und bei allem, was dich und deine Genossen bindet, dass du nur vor meinem Angesicht nehmest, was man dir ernstlich geben wird.»

Der Teufel tat so, als würde er erschrecken und zittern bei diesen fürchterlichen Worten. Er machte ein gar verdriessliches Gesicht und sprach: «Ei, so wollte ich, dass ich das Leben nicht hätte! Du bindest mich mit einem so starken Band, dass ich kaum jemals in grösserer Bedrängnis war. Ich gebe dir aber mein Wort als Fürst der Hölle, das ich als solcher niemals breche, dass es dir nicht wohl bekommen kann, wenn du bei deinem Wunsch bleibst. Lass es bleiben!»

«Nein, auf keinen Fall!», rief der Richter empört. «Was mir auch geschehe, das muss ich über mich ergehen lassen. Ich will jenes nun einmal sehen, und sollte es mir ans Leben gehen!»

Nun gingen beide, der Richter und der Teufel, miteinander auf den Markt, wo gerade Markttag war. Daher war viel Volk versammelt, und überall bot man dem Richter und seinem fremden Begleiter volle Becher und hiess sie, einen guten Schluck zu tun. Der Richter tat das wie gewohnt und reichte auch dem Teufel eine Kanne. Dieser aber nahm den Trunk nicht an, weil er wohl wusste, dass es des Richters Ernst nicht war.

Nun geschah es, dass eine Frau ein Schwein daher trieb, welches nicht nach ihrem Willen ging. Das Schwein lief kreuz und quer, sodass die zornige Frau im höchsten Ärger rief: «Ei, so geh doch zum Teufel, dass der dich mit Haut und Haar hole!»

«Hörst du, Geselle?», rief der Richter dem Teufel zu. «Jetzt greife hin und nimm das Schwein.»

Aber der Teufel antwortete: «Es ist leider der Frau nicht Ernst mit ihrem Wort. Sie würde ein ganzes Jahr lang trauern und sich grämen, nähme ich ihr das Schwein. Nur was mir im wirklichen Ernste gegeben wird, das darf ich nehmen.»

Ähnliches geschah bald hernach mit einer Frau und einem Esel. Dieser ging auch nicht so, wie die Frau ihn lenken wollte. Da schrie die Frau vor lauter Wut: «Hol dich der Teufel, dass er dir den Hals umdrehe!»

«Hörst du, Geselle?», fragte da wieder der Richter. «Der Esel ist dein, hörst du nicht, dass man ihn dir ernstlich gibt?»

«O nein, es ist auch nicht ihr Ernst!», antwortete der Teufel. «Sie würde bitterlich wehklagen, nähme ich sie beim Wort. Ihren Esel wird sie auf keinen Fall weggeben wollen.»

Dann sahen beide einen Vater, der hatte viel mit einem Kinde zu schaffen, welches heftig schrie und sich sehr unartig gebärdete. Der Mann war voll Unmut und rief aus: «Willst du mir nicht folgen, so nehme dich der böse Mann, du Balg!»

«Nun, willst du auch dieses Kind nicht?», fragte der Richter ganz verwundert.

Und der Teufel antwortete: «Ich habe keine Macht, das Kindlein zu nehmen. Dieser Vater nähme nicht zehn, nicht hundert und nicht tausend Pfund und gönnte mir nicht im Ernst das Kind. Wie gern ich's auch nähme, ich darf nicht, denn dem Mann ist es nicht rechter Ernst.»

Nun kamen die beiden mitten auf den Markt, wo ein dichtes Gedränge war. Sie mussten ein wenig still stehen und konnten nicht gleich weiter gehen.

Da sah eine arme, alte und kränkliche Frau den Richter an. Die Frau trug ein schweres Los und begann laut zu weinen und zu schreien: «Weh über dich, du Richter! Weh über dich, dass du so reich bist und ich so arm. Du hast mir ohne Schuld meine einzige Kuh genommen, von der ich meinen ganzen Unterhalt hatte und die mich ernährte. Weh über dich, der du sie genommen hast, ohne Barmherzigkeit! Ich flehe und schreie zu Gott, dass er mir die Bitte gewähre, und deinen Leib und deine Seele dem Teufel zur Hölle führe!»

Auf diese Rede tat der Richter nicht ein einziges Wort, aber der Teufel fuhr ihn höhnisch an und sprach: «Siehst du, Richter, das ist ernst, und das sollst du gleich merken.» Da streckte der Teufel seine Krallen aus, nahm den Richter beim Schopf und fuhr mit ihm durch die Lüfte wie der Geier mit einem Huhn.

*Altes Märchen*

# Der Rosengarten 80

Wenn jemand über einen andern Menschen Gutes sagt, kommt das Gute zu ihm zurück, denn in Wirklichkeit ist alles Lob für andere auch ein Lob für sich selbst. Denn wer Gutes sagt, ist ähnlich wie jemand, der um sein Haus einen Rosenzaun und Duftkräuter pflanzt. Wann immer er hinsieht, erblickt er Rosen und Duftkräuter und ist ständig im Paradies. Wenn er sich angewöhnt hat, gut von anderen zu sprechen, sprechen die anderen auch gut von ihm. Wenn er Gutes von jemandem sagt, wird der sein Freund; und an einen lieben Freund zu denken ist wie Rosenduft und Ruhe.

Aber wenn er schlecht von jemandem spricht, dann erscheint er diesem verhasst. Wenn er an ihn denkt, ist es, als ob eine Schlange oder ein Skorpion, ein Dorn oder eine Distel erscheint. Wenn du also Tag und Nacht Rosen und Rosengärten und Wiesen sehen kannst, warum gehst du inmitten von Dornbüschen und Schlangen umher? Liebe alle, damit du immer unter Rosen und in einem Garten weilst.

*Sufistische Tradition, nach Dschalal ad-Din Muhammad Rumi*

# Der weise Dieb 81

In grosser Verzweiflung ging ein armer, hungriger Jude eines Tages auf den Markt von Cordoba und mischte sich am Stand eines Bäckers unter die Kauflustigen. Der köstliche Duft von frischem Gebäck stieg ihm in die Nase, und als der Bäcker einmal nicht hinsah, entwendete er schnell ein Brot. Aber noch bevor er sich in Sicherheit bringen konnte, hatte der Bäcker den Diebstahl bemerkt und rief die Wache des Kalifen herbei.

Ehe er sich's versah, war der arme Mann verurteilt und wurde nach den geltenden Gesetzen zum Galgen geführt. «Hast du noch einen letzten Wunsch?», fragten ihn die Soldaten.

«Was könnte ich mir schon wünschen», sagte der Verurteilte traurig, «bald ist es um mich geschehen. Nur schade, dass ich auch mein Geheimnis mit ins Grab nehmen muss. Wenn der Kalif wüsste, was ich weiss, würde er mich bestimmt anhören.»

Die Soldaten blieben stehen, hielten Rat und meinten schliesslich: «Der Galgen läuft dir nicht weg, und vielleicht kennst du ja wirklich ein nützliches Geheimnis!» Und sie führten ihn zum Palast des Kalifen.

Als der Herrscher erfuhr, dass der Mann, der auf dem Markt Brot gestohlen hatte, ein grosses Geheimnis besitzen sollte, winkte er den Höflingen, sie allein zu lassen.

«Nun?», sagte er zu dem verurteilten Juden. «Wir sind allein. Sprich!»

«Mächtiger Herr», sagte der Jude, «ich kenne das Geheimnis des Granatapfelbaums. Ich weiss, wie man seinen Samen pflanzt, damit er über Nacht zu einem Baum heranwächst. Mein Vater hat mich dieses Geheimnis gelehrt, und er hat es wiederum von seinen Vorvätern ererbt. Wenn du willst, kann ich dir meine Kunst vorführen.»

Das gefiel dem Kalifen. Er besass zwar schon ungeheure Schätze, aber kein solches Wunder, das er hätte vorzeigen können, um illustre Gäste zu beeindrucken. Er befahl, alles vorzubereiten, und alsbald versammelte sich dann der ganze Hofstaat aufgeregt und voller Neugier im Garten.

Der Wasserträger hob eine Grube aus, nahm einen Granatapfelkern in die Hand und sprach: «Grosser Herrscher, über Nacht wird aus diesem Samen ein Granatapfelbaum wachsen. Jedoch nur ein Mensch, der noch nie etwas gestohlen hat, darf den Samen pflanzen. Da ich selbst ein Dieb war, darf ich es nicht tun. Bestimme du jemand, der an meiner Stelle den Samen in die Erde legt, und schon morgen sollst du reife Granatäpfel pflücken!»

Da wandte sich der Kalif an seinen Oberhofmeister: «Pflanze du den Samen», befahl er ihm, «und morgen soll wieder der ganze Hof in den Garten kommen, damit wir uns überzeugen, ob der Granatapfelbaum auch wirklich gewachsen ist. Bis dahin soll der Jude am Leben bleiben.»

Am nächsten Tag begab sich der Herrscher mit seinem ganzen Gefolge schon früh am Morgen in den taufrischen Garten, vorbei an plätschernden Brunnen und üppigen Blumenbeeten. Als sie zu der Stelle kamen, wo der Oberhofmeister den Samen in die Erde gelegt hatte, war dort nichts von einem noch so kleinen Bäumchen zu sehen.

Da liess der Kalif den Verurteilten vorführen und herrschte ihn an: «Wenn du geglaubt hast, du könntest so der Strafe entgehen, so hast du dich getäuscht. Jetzt sollst du einen grausamen Tod sterben, denn du bist nicht nur ein Dieb, sondern auch ein Lügner und Betrüger!»

Der Todgeweihte blickte den Kalifen fest an. «Für das Wunder übernehme ich die Gewähr. Ich bin sicher», sagte er ruhig, «dass der Granatapfelbaum nur deshalb nicht gewachsen ist, weil dein Oberhofmeister die Bedingung nicht erfüllt hat. Sicher hat er einmal etwas gestohlen und daher konnte der Baum nicht wachsen.»

«Was sagst du dazu?», fragte der Kalif seinen Oberhofmeister. Der errötete und stotterte: «Mein Gebieter, der Jude hat recht. Vor vielen Jahren habe ich einen Ring genommen, der vom Tisch gefallen und unter den Teppich gerollt war. Hab Erbarmen mit mir – ich werde zurückgeben, was mir nicht gehört.»

Der Kalif runzelte die Stirn und befahl seinem Schatzmeister, den Samen zu pflanzen. Nach dem peinlichen Erlebnis hatte indes der Schatzmeister keine Lust, sich blossstellen zu lassen. Daher sagte er leise: «Du weisst, grosser Herrscher, welche Schätze täglich durch meine Hände gehen. Alles wird sorgfältig in ein Buch eingetragen. Einmal jedoch konnte ich nicht widerstehen und habe eine seltene Perle an mich genommen, die ich nicht eingetragen hatte. Ich schwöre dir, dass ich sie noch heute zurückbringen werde, und ich flehe dich an, mir meine Unehrlichkeit zu verzeihen!»

Der Kalif blickte zornig um sich, als der Wasserträger zu ihm sprach: «Mächtiger Herr, ich rate dir, von niemandem mehr zu verlangen, den Samen in die Erde zu pflanzen. Der Mensch kann nur sich selbst vertrauen. Daher ist es besser, wenn du selbst es tust.»

Da breitete sich eine seltsame Stille aus. Der Kalif schwieg, und auch die Höflinge verstummten. Schliesslich sagte der Kalif: «Ich gestehe, dass auch ich nicht ohne Schuld bin. Als Knabe habe ich einmal meiner Mutter eine glänzende Nadel gestohlen.»

Dann lächelte er und wandte sich an den Brotdieb: «Ich sehe, dass dein grösstes Geheimnis deine Weisheit ist. Deine Schuld sei dir verziehen; gehe in Frieden.»

*Orientalisch-sephardisches Märchen*

# 82 Die Arbeiter im Weinberg

Jesus erzählte den Menschen ein Gleichnis:

«Im Reich Gottes wird es sein wie bei dem Weinbergbesitzer, der früh am Morgen auf den Marktplatz ging, um Leute zu finden und für die Arbeit in seinem Weinberg anzustellen. Er einigte sich mit ihnen auf den üblichen Tageslohn von einem Silberstück, dann schickte er sie in den Weinberg.

Um neun Uhr ging er wieder auf den Marktplatz und sah dort noch ein paar Männer arbeitslos herumstehen. Er sagte auch zu ihnen: ‹Ihr könnt in meinem Weinberg arbeiten, ich will euch angemessen bezahlen.›

Genauso machte er es mittags und gegen drei Uhr. Selbst als er um fünf Uhr das letzte Mal zum Marktplatz ging, fand er noch einige herumstehen und sagte zu ihnen: ‹Warum tut ihr den ganzen Tag nichts?›

Sie antworteten: ‹Weil uns niemand eingestellt hat.›

Da sagte er: ‹Geht auch ihr noch in meinen Weinberg!›

Am Abend sagte der Weinbergbesitzer zu seinem Verwalter: ‹Ruf die Leute zusammen und zahl allen ihren Lohn! Fang bei denen an, die zuletzt gekommen sind, und höre bei den ersten auf.›

Die Männer, die erst um fünf Uhr angefangen hatten, traten vor, und jeder bekam ein Silberstück. Als nun die an der Reihe waren, die ganz früh angefangen hatten, dachten sie, sie würden natürlich besser bezahlt, aber auch sie bekamen jeder ein Silberstück.

Da murrten sie über den Weinbergbesitzer und sagten: ‹Diese da, die zuletzt gekommen sind, haben nur eine Stunde lang gearbeitet, und du behandelst sie genauso wie uns? Dabei haben wir den ganzen Tag über in der Hitze geschuftet!›

Da sagte der Weinbergbesitzer zu einem von ihnen: ‹Mein Lieber, ich tue dir kein Unrecht. Hatten wir uns nicht auf ein Silberstück geeinigt? Das hast du bekommen, und nun geh! Ich will nun einmal dem Letzten hier genauso viel geben wie dir! Ist es nicht meine Sache, was ich mit meinem Eigentum mache? Oder bist du neidisch, weil ich grosszügig bin?›»

Jesus schloss: «So werden die Letzten die Ersten sein und die Ersten die Letzten.»

*Matthäus-Evangelium 20,1–16*

# Die Kartoffelprobe 83

Zwei Wochen vor Beginn des Ramadans rief eine Lehrerin ihre Schülerinnen und Schüler zusammen und sprach zu ihnen: «Bitte überlegt Euch bis Morgen, wie viele Menschen ihr überhaupt nicht leiden könnt.»

Am nächsten Tag hatte die Lehrerin in die Mitte des Schulzimmers einen kleinen Berg Kartoffeln aufgeschüttet und daneben lag eine grosse Stofftasche. Als sich alle um den Kartoffelberg versammelt hatten, sagte die Lehrerin. «Habt Ihr die Hausaufgaben gemacht? Dann legt jetzt bitte für jede Person, die ihr nicht leiden könnt, eine Kartoffel in die Tasche.»

Alle schlossen die Augen, und die Lehrerin rief die Kinder der Reihe nach beim Namen, worauf jedes so viele Kartoffeln vom Haufen nahm und in die Tasche legte, wie es Menschen nicht leiden konnte.

Danach sagte sie zu ihren Schülerinnen und Schülern: «Ganz schön schwer geworden, diese Tasche, seht her. Wir legen sie nun in die Rumpelkammer am Ende vom Gang. Während des ganzen Ramadans bleibt der Raum verschlossen. Wir wollen ihn erst am Ende zum Fastenbrechen öffnen, um dann zu sehen, wie viel noch da sind. Denn Folgendes trage ich euch auf: Wenn jemand sich mit einer Person, die er nicht leiden kann, versöhnt oder plötzlich anfängt, Gutes zu denken von einer Person, die er nicht leiden kann, dann darf man die Tür öffnen und eine Kartoffel herausnehmen. Ich hänge den Schlüssel hier hinter die Tür.»

Die Kinder hörten aufmerksam zu und gingen dann zurück an ihre Plätze.

Die Wochen vergingen, und schon bald war der Tag gekommen, an dem der Raum geöffnet werden sollte. Und als sie alle vor der Kammer standen und die Lehrerin die Tür öffnete, da hielten sich alle die Nase zu und rannten davon, denn ein grässlicher, fauler Gestank kam ihnen entgegen.

*Nach Motiven der schiitischen Geschichte «Leert eure Beutel»*

## 84  Die Sonne und die Wolke

Die Sonne zog am Himmel hin, heiter und stolz auf ihrem Feuerwagen. Voller Freude streute sie ihre goldenen Strahlen nach allen Seiten. Jede kleine Traube, die im Weinberg auf ihrem Rebstock reifte, holte sich einen goldenen Sonnenstrahl, ja sogar zwei, und da waren kein Grashalm, keine Sonne, keine Blume, kein Wassertropfen, die sich nicht ihren Teil Sonne genommen hätten.

Mit grossem Ärger murrte eine graue, schlechtgelaunte Wolke die Sonne an: «Verschwenderin, Vergeuderin, wirf deine goldenen Strahlen nur weg, wirf sie nur weg, du wirst schon sehen, was du am Schluss übrig behältst. Lass dich nur von allen ausrauben, du wirst schon sehen, wie sie dir dafür danken, später, wenn du nichts mehr hast».

Die Sonne aber setzte fröhlich ihre Reise fort und verschenkte grossmütig ihre Strahlen nach rechts und links, Millionen, Milliarden goldener Strahlen. Erst als die Dämmerung abends heraufkam, zählte sie die Strahlen, die ihr geblieben waren: Und schaut her: Es fehlte ihr keine einzige.

*Nach Gianni Rodari, «Die Sonne und die Wolke»*

## 85  Wie die Tiere des Waldes den Frieden verloren

Am Anfang der Zeit lebten alle Tiere des Waldes in Freundschaft miteinander. Ihr König war der Leopard. Er war stark, aber freundlich und weise. Er regierte die Tiere gut und alle liebten ihn. Zu dieser Zeit jagte kein Tier das andere. Kaum eines hatte scharfe Zähne oder Klauen. Sie brauchten sie einfach nicht. Sogar König Leopard hatte nur kleine Zähne und besass ebenfalls keine Klauen.

Nur der Hund hatte grosse, scharfe Zähne. «Es ist töricht, scharfe Dinge im Maul zu haben», meinte die Schildkröte.

«Finde ich auch», meinte die Ziege.

Der Affe stiess dazu und begann den Hund zu hänseln: «Mach dir nichts draus, mein Freund. Sicher brauchst du deine Zähne, um die Wiese in deinem Garten zu mähen.» Die Tiere lachten über den Witz des Affen.

Als die Zeit kam, in der die Saat beginnt, führte der Leopard alle Tiere zu ihren Feldern. Jedes bearbeitete seinen Platz. Abends kehrten sie müde ins Dorf zurück. Sie liessen sich auf dem Dorfplatz nieder, tranken Palmwein und besprachen ihre Sorgen. Bald würde die Regenzeit kommen, und die Tiere würden keinen Schutz vor dem Regen haben. Die Antilope trug das Problem dem Leoparden vor. Der Leopard rief die Tiere zusammen. Alle kamen, die Schildkröte, die Ziege, das Schaf, der Grashüpfer, der Affe, der Pavian, das Warzenschwein, der Hund und viele andere. Der Leopard begrüsste alle und sagte: «Ich habe euch kommen lassen, um mit euch zu überlegen, wie wir einen gemeinsamen Unterschlupf bauen können.»

«Das ist eine gute Idee», meinte die Giraffe.

«Ja, wirklich ausgezeichnet», stimmten ihr die anderen Tiere zu.

Nur der Hund warf ein: «Warum brauchen wir denn ein gemeinsames Haus?» Er hatte den König Leopard noch nie gemocht.

«Wir brauchen einen Platz, wo wir uns nach der Feldarbeit ausruhen können», antwortete der Leopard.

«Und wir brauchen einen Schutz vor dem Regen», ergänzte die Ziege.

«Mir macht es nichts aus, nass zu werden», sagte die Ente. «Ich liebe es sogar. Ich weiss aber auch, dass die Ziege Regen nicht mag. Wieso baut sie sich nicht selbst einen Unterschlupf?»

«Wir brauchen einen Unterstand», erregte sich der Affe und sprang dabei auf und nieder.

«Vielleicht brauchen wir einen, vielleicht aber auch nicht», meinte der faule Pavian.

Wieder ergriff der Hund das Wort: «Wir verschwenden unsere Zeit. Die, die einen Unterschlupf brauchen, sollten sich einen bauen. Ich lebe in einer Höhle, das reicht mir vollkommen.» Dann zog er davon.

«Will noch jemand gehen?», fragte der Leopard. Keiner antwortete und keiner rührte sich. «Nun gut», meinte König Leopard, «lasst uns übrige also ein Haus bauen.»

Die Tiere machten sich auf die Suche nach Baumaterial. Die Schildkröte kopierte das Muster auf ihrem Schild in den Sand und entwarf darauf einen Plan für das Dach. Die Ratte und die Maus bereiteten ein Fundament vor. Einige Tiere schleppten Pfähle herbei, einige beschafften Seile, wieder andere stellten Strohmatten her für das Dach.

Während sie bauten, sangen sie schöne Lieder und erzählten lustige Witze. Alle waren vergnügt. Nach vielen Wochen war das Gebäude endlich fertig. Alle erfreuten sich daran, denn es war sehr schön geworden. Sie beschlossen, es mit einer Feier einzuweihen. Alle kamen mit ihren Verwandten, Frauen und Kindern, der Leopard hielt eine kurze Rede: «Die Halle gehört euch, erfreut euch daran. Ihr habt hart dafür gearbeitet. Ich bin stolz auf euch.» Die Tiere applaudierten und feierten ihren klugen König.

Von nun an ruhten sie sich immer in dem Haus aus, wenn sie von der Arbeit auf den Feldern zurückkehrten. Nur der Hund hielt sich fern. An einem Morgen zogen die Tiere wie jeden Tag zu ihrem Feld. Bis auf König Leopard, der den Chief eines anderen Dorfes aufsuchte. Noch am Morgen schien die Sonne. Dann kam ein starker Wind auf, schwarze Wolken bedeckten die Sonne. Die ersten Regentropfen fielen. Die Vögel hörten auf zu singen. Lichtblitze durchzuckten die Wolken. Donnerschläge hallten über die Ebenen. Dann fiel der Regen und hörte nicht mehr auf. Die Tiere auf den Feldern strömten zu ihrem Haus. Auch der Hund suchte Schutz in seiner Höhle. Der Regen wurde immer stärker, bald drang er in die Höhle ein. Der Hund ergriff die Flucht und suchte Schutz in dem Haus. Die Antilope war schon da, überrascht, dass auch der Hund bei ihnen Unterschlupf suchte. «Was willst du hier?», fragte sie ihn.

«Das geht dich nichts an», entgegnete der Hund.

«Tut es doch», antwortete sie.

«Verschwinde. Das Haus ist nur für die, die es auch gebaut haben.»

Der Hund packte die Gazelle am Hals, schüttelte sie und warf sie hinaus. Dasselbe machte er mit den anderen Tieren, die Unterschlupf in dem Haus gesucht hatten. Die Tiere drängten sich draussen aneinander, um sich zu wärmen und zu trösten. Der Leopard, der sich auf dem Rückweg zu seinem Dorf befand, hörte das wütende Bellen des Hundes. Als er näherkam, entdeckte er die Tiere des Dorfes, die unter einem Baum Schutz suchten. In dem Haus aber befand sich nur der Hund, der auf und ab tigerte. König Leopard war ausser sich vor Zorn. «Komm heraus», forderte er ihn auf, und sie begannen gegeneinander zu kämpfen. Der Hund packte den Leoparden, biss ihn und zerriss sein Fell, bis es von Blut überströmt war.

Siegesgewiss wandte sich der Hund an die anderen Tiere und rief: «Wer ist der nächste, wer traut sich, wer?!»

König Leopard wandte sich an die Tiere und forderte sie auf: «Lasst uns hineingehen und gemeinsam unseren Feind vertreiben. Wir sind viele, wir können es schaffen.»

Die Ziege entgegnete: «Wir können ihn nicht überwältigen. Sieh dir seine Zähne an. Er wird uns in Stücke reissen.»

«Sie hat recht», pflichteten ihr die anderen bei. «Er ist uns überlegen.»

Die Schildkröte stand auf und sagte: «Wir sind natürlich alle traurig über das, was mit dem Leoparden geschah. Aber es war töricht, so eine mächtige Person wie den Hund zu verärgern. Ich weiss nicht, was ihr anderen denkt, aber ich meine, der Hund hätte längst unser König sein sollen. Er ist stark, und er ist umgänglich. Lasst uns also vor ihm niederknien und ihm die Ehre erweisen, die einem König gebührt.»

Der Leopard begann zu weinen. Sein Herz wurde schwer. Er liebte die Tiere. Aber sie hatten sich von ihm abgewandt. Nun wusste er, dass sie alle Feiglinge waren. Traurig verliess er das Dorf.

Die Tiere kümmerte es nicht, dass der Leopard fortzog. Sie waren viel zu sehr damit beschäftigt, dem neuen König die Ehre zu erweisen. Die Schildkröte schnitzte für ihn einen neuen Herrscherstab. Die Kröte holte die Trommel und stimmte ein Loblied auf den neuen König an, den Hund. Der Hund sah sich im Kreis der Tiere um und bemerkte, dass der Leopard fehlte. «Wo ist der Leopard?», fragte er die Tiere.

«Er ist fortgegangen», antworteten sie.

«Warum? Er hat kein Recht dazu», sagte der Hund. «Niemand hat das Recht unser Dorf und unser wunderschönes Haus zu verlassen. Wir müssen alle zusammenhalten.»

«Das stimmt», riefen die Tiere. «Wir müssen zusammenbleiben. Der Leopard muss ins Dorf zurückkehren. Unser weiser König hat gesprochen. Wie gut ist es doch, einen weisen König zu haben.»

Der Hund rief die sechs stärksten Tiere zusammen und befahl ihnen, den Leoparden zurückzuholen. Die Tiere machten sich auf die Suche. Sie fanden den Leoparden unter einem Baum. Sie blieben in einiger Entfernung stehen und sagten: «Unser neuer König hat befohlen, dass du zu unserem Dorf zurückkehren musst. Niemand hat das Recht, unser Dorf zu verlassen.»

Der Leopard blickte sie voll Verachtung an, dann wandte er sich von ihnen ab und ging seines Weges. Sie bewarfen ihn mit Steinen, aber er kümmerte sich nicht darum. Er drehte sich nicht einmal mehr um. Der Leopard wanderte sieben Tage und Nächte, bis er zum Haus des Schmieds kam. Der Schmied sass vor seinem Feuer. Der Leopard sagte: «Ich möchte die stärksten Zähne, die du aus Eisen schmieden kannst, und ich möchte die tödlichsten Klauen, die du aus Bronze machen kann.»

«Warum möchtest du solch schreckliche Dinge?», fragte der Schmied.

Der Leopard erzählte ihm seine Geschichte. Daraufhin antwortete der Schmied: «Das kann ich dir nicht verdenken.» Er machte sich ans Werk. Einen ganzen Tag brauchte er für die Zähne und einen weiteren Tag für die Klauen. Der Leopard bedankte sich, er war hochzufrieden mit seiner neuen Ausstattung.

Danach ging er zum Haus des Donners. Er klopfte an die Tür, und gleich darauf brüllte der Donner am Himmel. «Ich möchte etwas von deiner Stimme», sagte der Leopard.

«Warum möchtest du etwas von meinem Donnerklang?», fragte der Donner.

Der Leopard erzählte ihm seine Geschichte. «Das kann ich dir nicht verdenken», antwortete daraufhin der Donner und gab dem Leoparden etwas von seiner Stimme. Der Leopard dankte für das Geschenk und machte sich auf den Heimweg. Der Heimweg dauerte sieben Tage und sieben Nächte. Er fand die Tiere, wie sie im Kreis um den Hund herumtanzten. Der Leopard sah ihrem Treiben voller Abscheu zu. Die Tiere bemerkten ihn nicht. Der Leopard begann fürchterlich zu brüllen und sprang in den Kreis. Die Tiere erschraken sehr und hörten auf zu singen. Der Hund liess seinen Herrscherstab fallen. Der Leopard stürzte sich auf ihn, biss ihn und schlug ihn mit seinen Tatzen. Er kannte keine Gnade mit dem Hund, dann warf er ihn aus dem Kreis.

Alle anderen Tiere zitterten. Sie waren viel zu verängstigt, um davonzulaufen.

Der Leopard sagte: «Ihr erbärmlichen Feiglinge! Ich war ein freundlicher, guter König, aber ihr habt euch gegen mich aufgelehnt. Unser Dorfleben ist zu Ende. Von heute an werde ich mit aller Grausamkeit über den Wald herrschen.»

«Was wird aus unserem Haus?», fragte die Schildkröte.

«Nimm ein jeder mit, was er aufgebaut hat», befahl der Leopard. Die Tiere begannen zu weinen. Jeder riss ab, was ihm gehörte. Die Kröte holte die Trommel und schlug den Takt zum Leoparden-Lied: «Ob tot oder lebendig, der Leopard ist unser König. Deshalb gib acht mein Freund, und tritt ihm nicht auf den Schwanz.»

Der Leopard grollte so laut wie der Donner, und die Tiere im Wald zitterten vor Angst.

Der Hund, der fortgelaufen war, hörte ihn von Fern und lief umso schneller. Nach vielen Tagen erreichte er das Haus des Jägers. «Bitte beschütze mich vor dem Leoparden», bat er.

«Was tust du für mich, wenn ich dich beschütze?», fragte der Jäger.

«Ich will dein Sklave sein», erbot sich der Hund. «Jeden Tag, wenn du Hunger hast, werde ich dir den Weg in den Wald zeigen. Ich helfe dir, die Tiere zu jagen.»

«Nun gut, dann komm herein», forderte ihn der Jäger auf.

Seit jener Zeit sind die Tiere nicht mehr befreundet. Die Starken töten die Schwachen. Der Leopard, immer noch voll Zorn, erlegt jeden, den er erwischen kann. Der Jäger, angeführt von seinem Hund, kommt von Zeit zu Zeit in den Wald und jagt die Tiere. Doch vielleicht werden die Tiere irgendwann untereinander Frieden schliessen und wieder zusammenleben.

*Märchen aus Westafrika*

# 86  Geheime Hilfe

Bei Mar Ukba lebte einmal ein armer Mann, der von allen sehr geachtet wurde. Er lebte lieber ohne das Nötigste, als um Almosen zu bitten. Der Rabbi der Stadt aber hatte die Gewohnheit, täglich durch den Türschlitz eine Münze ins Haus des armen Mannes zu werfen. Er tat dies heimlich, ohne dass jemand es sah. Mit jedem Tag und mit jedem erhaltenen Almosen freute sich der arme Mann mehr über die Zuwendung. Es wuchs aber auch seine Neugier, zu erfahren, wer sein Wohltäter sei. Also passte er eines Tages zur gewohnten Zeit besonders auf. Genau an diesem Tage nun aber hatte der Rabbi länger als üblich im Lehrhaus zu tun. Seine Frau holte ihn ab. Auf dem Heimweg kamen sie am Haus des Armen vorbei. Sie schlichen zur Tür und warfen eine Münze hinein. Sofort hörten sie im Innern des Hauses eine Türe knarren und ergriffen die Flucht. Der arme Mann rannte ihnen nach und kam ihnen immer näher und näher.

Schliesslich entdeckten die Eheleute einen Backofen. Zwar war dieser noch sehr heiss, doch die zwei kümmerten sich nicht um die Hitze, sondern verkrochen sich im Ofen. So froh waren sie, dem Blick ihres Verfolgers entkommen zu sein.

Nun mag einer fragen: Warum sich eine so grosse Mühe geben, sich zu verstecken?

Weil es besser ist, man wirft sich in einen brennenden Ofen, als Anlass zu geben, dass der Nächste sich vor seinen Helfern schämen muss.

*Aus «Weisung in Freude»*

# Gewaltlosigkeit 87

Der Priester Klemens Maria Hofbauer, der Apostel Wiens, liebte vor allem die armen Menschen. Eines Tages ging er wieder mit seinem Hut durch ein Restaurant, um für die Notleidenden Geld zu sammeln. Dabei kam er auch zu einem Mann, der alles hasste, was mit der Kirche zu tun hatte. Der fuhr ihn an: «Wie kommen Sie dazu, mich um Geld zu bitten?» Und er spuckte dem Priester ins Gesicht.

Dieser zog ruhig sein Taschentuch heraus und wischte sich ab. Wieder sauber, sagte er ganz bescheiden: «Das war für mich. Nun geben Sie mir bitte noch etwas für die Armen.» Und er hielt ihm erneut den Hut hin.

*Aus Österreich*

# Hat der Dieb denn gar keine Schuld? 88

Dem Hodscha wurde der Esel gestohlen. Ein Nachbar, der davon erfuhr, fragte den Hodscha vorwurfsvoll: «Warum hast du aber auch die alte Stalltür nicht längst erneuert?»

Ein anderer Nachbar meinte: «Du hast bestimmt vergessen, den Riegel vorzuschieben!»

Und ein dritter sagte: «Du hast aber einen tiefen Schlaf, Hodscha! Der Dieb kommt, geht in den Stall, holt den Esel heraus, und du schläfst und merkst überhaupt nichts!»

So fand jeder etwas auszusetzen. Dem Hodscha aber wurde es bald zu bunt und er fragte: «Bin ich denn ganz allein schuldig an der Sache, hat denn der Dieb gar keine Schuld?»

*Geschichte in der Tradition von Nasreddin Hodscha*

# 89 Jesus wird auf die Probe gestellt

Einmal führte der Geist Gottes Jesus in die Wüste, wo er vom Teufel auf die Probe gestellt werden sollte. Nachdem er vierzig Tage und Nächte gefastet hatte, war er hungrig. Da trat der Versucher an ihn heran und sagte: «Wenn du Gottes Sohn bist, dann befiehl doch, dass die Steine hier zu Brot werden!»

Jesus antwortete: «In den Heiligen Schriften steht: ‹Der Mensch lebt nicht nur von Brot; er lebt von jedem Wort, das Gott spricht.›»

Darauf führte der Teufel ihn in die Heilige Stadt, stellte ihn auf den höchsten Punkt des Tempels und sagte: «Wenn du Gottes Sohn bist, dann spring doch hinunter; denn in den Heiligen Schriften steht: ‹Deinetwegen wird Gott seine Engel schicken und sie werden dich auf Händen tragen, damit du dich an keinem Stein stösst.›»

Jesus antwortete: «In den Heiligen Schriften heisst es auch: ‹Du sollst den Herrn, deinen Gott, nicht herausfordern.›»

Zuletzt führte der Teufel Jesus auf einen sehr hohen Berg, zeigte ihm alle Reiche der Welt in ihrer Grösse und Pracht und sagte: «Dies alles will ich dir geben, wenn du dich vor mir niederwirfst und mich anbetest.»

Da sagte Jesus: «Weg mit dir, Satan! In den Heiligen Schriften heisst es: ‹Vor dem Herrn, deinem Gott, wirf dich nieder, ihn sollst du anbeten und niemanden sonst.›»

Darauf verschwand der Teufel.

*Matthäus-Evangelium 4,1–11a*

# Wer ist ohne Schuld? 90

Am Morgen ging Jesus sehr früh zum Tempel. Alle Leute dort versammelten sich um ihn. Er setzte sich und erzählte ihnen vom Willen Gottes. Da führten die Gesetzeslehrer und Pharisäer eine Frau herbei, die beim Ehebruch ertappt worden war. Sie stellten sie in die Mitte und sagten zu Jesus: «Lehrer, diese Frau wurde ertappt, als sie gerade Ehebruch beging. Im Gesetz schreibt Mose uns vor, dass eine solche Frau gesteinigt werden muss. Was sagst du dazu?»

Mit dieser Frage wollten sie ihm eine Falle stellen, um ihn anklagen zu können.

Aber Jesus bückte sich nur und schrieb mit dem Finger auf die Erde.

Als sie nicht aufhörten zu fragen, richtete er sich auf und sagte zu ihnen: «Wer von euch noch nie eine Sünde begangen hat, soll den ersten Stein auf sie werfen!» Dann bückte er sich wieder und schrieb auf die Erde.

Als sie das hörten, zog sich einer nach dem andern zurück; die Älteren gingen zuerst. Zuletzt war Jesus allein mit der Frau, die immer noch dort stand. Er richtete sich wieder auf und fragte sie: «Frau, wo sind sie geblieben? Ist keiner mehr da, um dich zu verurteilen?»

«Keiner, Herr», antwortete sie.

«Dann will auch ich dich nicht verurteilen.»

*Johannes-Evangelium 8,2–11*

# 91 Martin, der Schuster

Es war einmal ein armer Schuster, der hiess Martin und lebte in einem Keller. Durch das kleine Kellerfenster konnte er die Menschen sehen, die draussen auf der Strasse vorübergingen. Zwar sah er nur ihre Füsse, doch erkannte er jeden an seinen Schuhen. Fast alle diese Schuhe hatte er schon ein- oder zweimal in seinen Händen gehabt.

Seit vielen Jahren arbeitete Martin in dem Keller, der ihm zugleich Werkstatt und Wohnung war. Von morgens bis abends schnitt er Leder zurecht, nagelte neue Sohlen auf die Schuhe oder nähte einen Flicken auf eine geplatzte Naht. Die Leute kamen gern zu Martin, denn er machte seine Arbeit gut und verlangte nicht zu viel Geld dafür.

Wenn der Advent kam und es draussen dunkel wurde, zündete Martin die Lampe an und las in seinem Lieblingsbuch. Es war die Bibel mit den vielen Geschichten von Jesus. Den ganzen Tag freute er sich auf dieses Buch. Er konnte den Abend kaum erwarten.

Eines Tages hörte Martin, wie jemand seinen Namen rief. «Martin», klang es plötzlich ganz leise an seinem Ohr. Er blickte sich um. Aber niemand war in seiner Werkstatt. Doch gleich darauf hörte er die Stimme wieder: «Martin! Schau morgen hinaus auf die Strasse! Ich will zu dir kommen.» Martin dachte, er habe geträumt. War es Jesus, der aus der Stille zu ihm sprach?

Am nächsten Morgen sah Martin vor seinem Fenster ein Paar alte, geflickte Soldatenstiefel und bald erkannte er auch den Mann, der sie anhatte. Es war der alte Stefan. Er schaufelte gerade den Schnee auf der Strasse. Die Arbeit strengte ihn sehr an. Er musste immer wieder stehen bleiben, um sich auszuruhen. Martin hatte Mitleid mit dem armen Mann und rief ihn zu sich herein.

«Komm herein, Stefan! Wärme dich in meiner Stube!» Dankbar nahm Stephan die Einladung an. Er getraute sich kaum, mit dem Schnee an den Stiefeln die Stube zu betreten. Doch Martin redete ihm freundlich zu: «Setz dich zu mir an den Tisch, Stefan! Ich will dir ein Glas Tee einschenken. Der warme Tee wird dir guttun.»

Als Stefan wieder gegangen war, schaute Martin bei der Arbeit wieder aus dem Fenster. Da sah er eine junge Mutter mit einem kleinen

Kind auf den Armen. Die Frau fror in ihrem dünnen Kleid. Sie versuchte, ihr Kind vor dem kalten Wind zu schützen. «Komm herein, Frau!», rief Martin ihr zu. «Hier drinnen kannst du dein Kind besser wickeln.»

Martin nahm die Suppe vom Herd, die er für sich selbst gekocht hatte, und gab sie der Frau. «Hier, iss etwas», sagte er, denn er sah der Frau an, dass sie Hunger hatte. Während die Mutter die Suppe ass, nahm Martin das Kind auf seinen Schoss und versuchte es durch allerlei Spässe zum Lachen zu bringen. Dann gab er es der Mutter zurück.

Kaum war die Mutter mit dem Kind gegangen, da hörte Martin ein Geschrei vor seinem Fenster. Eine Marktfrau schlug auf einen kleinen Jungen ein, der einen Apfel aus ihrem Korb gestohlen hatte. «Warte nur, du Dieb! Ich bring dich zur Polizei!», schrie sie wütend und zerrte den Jungen an den Haaren.

Sofort rannte Martin auf die Strasse hinaus. «Lass ihn doch laufen», sagte er zu der Frau. «Er wird es bestimmt nicht wieder tun. Den Apfel will ich dir bezahlen.»

Da beruhigte sich die Frau, und der Junge musste sich bei ihr entschuldigen, weil er den Apfel gestohlen hatte. «Schon gut», sagte die Marktfrau und ging weiter. Der Junge aber half ihr freiwillig, den schweren Apfelkorb zu tragen.

Am Abend las Martin wieder in seinem Lieblingsbuch in der Bibel. Da hörte er die Stimme an seinem Ohr: «Martin, Ich bin bei dir gewesen. Hast du mich erkannt?»

«Wann? Wo?», fragte Martin erstaunt.

«Schau dich einmal um», sagte die Stimme. Da sah Martin plötzlich den alten Stefan im Licht der Lampe stehen und daneben die junge Mutter mit ihrem Kind. Auch den Jungen mit dem Apfel sah er und die Marktfrau mit dem Korb am Arm.

«Erkennst du mich jetzt?», flüsterte die Stimme. Dann waren alle auf einmal verschwunden.

Da freute sich Martin. Er schlug wieder seine Bibel auf und las im Matthäusevangelium die Worte von Jesus: «Alles, was ihr für einen meiner geringsten Brüder getan habt, das habt ihr mir getan.»

*Leo Tolstoi, «Martin der Schuster»*

# 92  Wie man säen soll

Jesus lehrte seine Jünger und Jüngerinnen in Form von Gleichnissen. Eins geht so:

«Ein Bauer ging aufs Feld, um zu säen. Als er die Körner ausstreute, fiel ein Teil von ihnen auf den Weg. Die Vögel kamen und pickten sie auf.

Andere Körner fielen auf felsigen Grund, der nur mit einer dünnen Erdschicht bedeckt war. Sie gingen rasch auf, konnten sich aber nicht in der Erde verwurzeln; als aber die Sonne hochstieg, vertrockneten die jungen Pflanzen.

Wieder andere Körner fielen in ein Dorngestrüpp, das bald das Getreide überwucherte und erstickte.

Andere Körner schliesslich fielen auf guten Boden und brachten Frucht. Manche brachten hundert Körner, andere sechzig und wieder andere dreissig.»

*Matthäus-Evangelium 13,3–6a.7–8*

# 93  Zachäus, der Zöllner

Jesus ging nach Jericho hinein und zog durch die Stadt. In Jericho lebte ein Mann namens Zachäus. Er war der oberste Zolleinnehmer in der Stadt und war sehr reich. Weil er aber oft zu viel Geld verlangte, war er auch sehr unbeliebt. Er wollte unbedingt sehen, wer dieser Jesus sei. Aber er war klein, und die Menschenmenge versperrte ihm die Sicht. So lief er voraus und kletterte auf einen Maulbeerfeigenbaum, um Jesus sehen zu können; denn dort musste er vorbeikommen.

Als Jesus an die Stelle kam, schaute er hinauf und redete ihn an: «Zachäus, komm schnell herunter, ich muss heute dein Gast sein!»

Zachäus stieg schnell vom Baum und nahm Jesus voller Freude bei sich auf.

Alle sahen es und murrten; sie sagten: «Bei einem ausgemachten Sünder ist er eingekehrt!»

Zachäus wandte sich an Jesus und sagte zu ihm: «Herr, ich verspreche dir, ich werde die Hälfte meines Besitzes den Armen geben. Und wenn ich jemand zu viel abgenommen habe, will ich es ihm vierfach zurückgeben.»

*Lukas-Evangelium 19,1–8*

# Von Vorfahren, Religionsgründern und Heiligen

# Amos von Tekoa: 94
# Reichtum und Gerechtigkeit

Als Amos lebte, herrschte in Israels Norden Frieden, und viele Leute waren sehr reich geworden. Sie verdienten viel Geld, hatten wichtige Berufe und schöne Häuser. Sie feierten viele teure Feste, aber zum Gottesdienst gingen sie nur, damit sie in ihren teuren Kleidern gesehen werden konnten. Die Opfergaben, die sie Gott gaben, waren die teuersten, die man sich vorstellen konnte. Zur gleichen Zeit aber gab es viele arme Menschen in Israel. Für sie hatten die Reichen nichts übrig. Schlimmer noch, die Gesetze, die verlangten, dass man für die Armen sorgen musste, waren ihnen egal.

Amos war ein Bauer. Er lebte mit seinen vielen Tieren und Maulbeerfeigenbäumen in Israels Süden. Er interessierte sich aber nicht nur für seine Arbeit, sondern auf seinen Reisen sah er all diese Ungerechtigkeiten im Norden des Landes und er sah auch die Verbrechen, die die anderen Völker begingen: Krieg und Raub und Mord. Das störte ihn stark, denn er wusste aus der Bibel, dass Gott den Menschen ganz andere Gesetze gegeben hatte. Gott wollte keine teuren Opfergaben, sondern er wollte, dass alle Menschen genug zum Leben hatten und dass alle von allen respektvoll behandelt werden.

Wenn er über diese Ungerechtigkeiten nachdachte und diese in seinen Gebeten mit Gott besprach, spürte er immer mehr, dass er etwas dagegen tun musste. Und bei seiner nächsten Reise nach Norden verkaufte und kaufte er nicht wie sonst Schafe oder Maulbeeren, sondern stellte sich mitten auf den Marktplatz der Hauptstadt oder vor die Tore der grössten Villa und rief den Menschen ihre bösen Taten zu. Wenn er predigte, sprach er:

«Denkt daran, Gott hat die Berge geformt und die Winde geschaffen. Er verkündet den Menschen seinen Willen. Er lässt den Tag zur Nacht werden. Er wohnt über den höchsten Bergen der Erde. Und Gott ist wütend über euch. Er hat mich geschickt, um euch Folgendes zu sagen: Ihr verkauft ehrliche Leute als Sklaven, nur weil sie ihre Schulden nicht bezahlen können, ja, ihr verkauft einen Armen schon, wenn er euch eine Kleinigkeit wie ein Paar Sandalen schuldet. Ihr nehmt den Verzweifelten ihre letzte Würde und wendet jeden Trick an, um die Schwachen um ihr Recht zu bringen. Ihr tretet das Recht mit Füssen und häuft in euren Häusern Schätze an, die ihr mit Raub und Mord an euch gebracht habt. Ihr macht genau das Gegenteil von dem, was im Gesetz steht, das Gott euch gegeben hat. Gott fordert von euch: Kehrt um! Hasst das Böse, liebt das Gute! Sorgt vor Gericht dafür, dass die Schwachen Recht bekommen! Vielleicht wird dann der Herr, der Gott der ganzen Welt, euch nicht bestrafen.»

Man weiss nicht, ob Amos allein gehandelt hat, auch nicht, warum gerade er, ein Fremder aus dem Süden, dachte, dass er so etwas tun muss. Es wird nicht erzählt, woher er den Mut dazu nahm, und auch nicht, wieso er als Bauer so gut reden konnte. Man weiss aber, dass alles, was er sagte, sehr mutig war, dass es vielen Leuten nicht gefallen hat und sie ihn sicher beschimpft oder davongejagt haben.

Bestimmt aber hat er anderen Leuten Mut gemacht, selbst auch gegen Ungerechtigkeiten zu kämpfen. Und so ist Amos von Tekoa bis heute nicht vergessen.

*Buch Amos*

# 95 Das Leben und die Lehre Buddhas

Buddha wurde etwa um 450 vor Christus als Prinz und Hindu geboren. Sein Vater, König Shuddhodana, und seine Mutter, Königin Maya, warteten bereits seit zwanzig Jahren auf ein Kind. Da sah die Königin im Traum einen weissen Elefanten, der vom Himmel herab in ihren Körper fuhr. Daraufhin wurde sie schwanger. Die Berater des Königs deuteten den Traum als Vorzeichen eines grossen Königs oder eines Buddha.

Es war damals üblich, dass die Geburt im Elternhaus der Königin stattfinden sollte, und das stand im benachbarten Königreich. Doch weil die Reise weit war, kam das Kind schon auf dem Weg dorthin im Blumengarten von Lumbini zur Welt. Der Neugeborene war ganz frei von jeder Unreinheit, was sich auch darin ausdrückte, dass er aus der rechten Seite seiner Mutter geboren wurde. Buddha machte gleich nach der Geburt sieben Schritte. Bei jedem Schritt wuchs eine Lotosblüte aus dem Boden, und der kleine Buddha rief: «Das ist meine letzte Geburt.» Das Kind wurde Siddhartha genannt, was soviel heisst wie: der, der sein Ziel erreicht. Sieben Tage nach seiner Geburt starb Königin Maya. Siddhartha wurde daher von seiner Tante, Prajapati Gautami, aufgezogen, die nun die Stellung ihrer Schwester als Königin übernahm.

Mit sechzehn Jahren heiratete Siddhartha seine Cousine Yashodhara und lebte mit ihr in unbeschwertem Luxus. Er war auch ein guter Sportler, zum Beispiel war er besonders geschickt im Bogenschiessen. In seinem 29. Jahr aber wollte Siddhartha weg vom Palast um die Welt kennen zu lernen. Und so unternahm er die legendären Vier Ausfahrten. Dabei lernte er Vier Ansichten über das Leben kennen. Er sah erstmals einen uralten Menschen – der steht für das Alter; er sah einen Fieberkranken – der steht für die Krankheit; er sah einen Leichnam – der steht für den Tod; und schliesslich sah er einen Menschen, der sehr streng fastete – dieser Asket steht für die Religion.

Diese Erlebnisse veranlassten Siddhartha, sein Haus zu verlassen, sich die Haare ganz kurz zu schneiden und sich auf die Suche nach einem Weg zu machen, um Alter, Krankheit und Tod zu überwinden.

Siddharta suchte zunächst einige berühmte Lehrer auf, zog sich aber bald mit fünf Freunden ganz aus dem Leben zurück. In seinen Übungen übertraf Siddhartha seine Mitbrüder. Er ass fast nichts mehr, magerte ab bis auf die Knochen, kleidete sich in die Lumpen von Toten und meditierte des Nachts unter wilden Tieren und auf Friedhöfen.

Nach sechs Jahren merkte er jedoch, dass auch dieser Weg ihn nicht richtig frei machte. Und zum ersten Mal seit Jahren nahm er eine Schale Milchreis an, die ihm die fromme Sujata brachte, und wusch sich in einem Fluss. (Dass Siddharta Reis ass, verstehen wir heute so, dass er sich und seinen Nachfolgern kleine Genüsse erlaubte: Dass er sich im Fluss wusch, verstehen wir so, dass es auch weiterhin erlaubt ist, an alten Bräuchen teilzunehmen, wie sie die Hindus seit alters pflegten.)

Von da an suchte Siddharta den Mittleren Weg zwischen Nichts und Zuviel. Seine fünf Mitbrüder aber waren sehr enttäuscht und verliessen ihn empört. Nun war Siddharta plötzlich allein und er beschloss so lange zu meditieren, bis er erkannte, wie Krankheit, Alter und Tod zu überwinden seien. Er setzte sich unter einen Pappelfeigenbaum, um zu meditieren. Doch ein Dämon versuchte, seine Meditation zu stören. Er schickte fürchterliche Geister und verführerische Menschen, die Siddharta ablenken sollten.

Doch Siddharta liess sich nicht stören und meditierte neunundvierzig Tage lang. Dann erhielt er das Wissen über seine eigenen früheren Leben und merkte, wie alle Menschen im Kreislauf von Leben und Tod gefangen sind. Erst mit diesem Wissen konnte er sich selbst davon lösen, weil er nun nicht mehr unwissend war, keinen Hass mehr spürte und keine Gier mehr hatte. Und so wurde er am achten Tag des zwölften Monats, in seinem fünfunddreissigsten Lebensjahr, zum Buddha, zum Erleuchteten.

Der Buddha ging danach in die Nähe der Stadt Benares, wo er seine fünf Mitbrüder von früher wieder traf und ihnen in seiner ersten Predigt als Erleuchteter die Vier Noblen Wahrheiten über das Leiden und die Aufhebung des Leidens beibrachte. Seine Mitbrüder bekehrten sich zu seiner Lehre und bildeten mit ihm zusammen eine Gemeinschaft.

Von da an wanderte der Buddha als Bettelmönch mit einer Schar von Jüngern fünfundvierzig Jahre lang predigend durch Indien. Er setzte sich dabei über alle Grenzen in der Gesellschaft hinweg und hatte Freunde bei den Ärmsten und Ausgestossenen, aber auch bei den Reichsten und unter den Königen.

*Buddhistische Tradition*

# Der Tod von Buddha 96

Der Erleuchtete und seine Schüler waren auf dem Weg nach Kusinara. Da forderte der Buddha Ananda, seinen getreuen Diener und ständigen Begleiter, auf: «Begleite mich zum Salbaum-Wäldchen. Zwischen diesen beiden Salbäumen bereite mir bitte ein Lager, Ananda.» Ananda legte die Decken, die er dabei hatte, ordentlich auf den Boden und versuchte, es so bequem wie möglich für ihn zu machen. Der Buddha streckte sich auf der rechten Seite liegend aus und stützte seinen Kopf in die rechte Hand.

Kaum lag er, begannen die Bäume zu blühen, obwohl gar nicht die Zeit dafür war. Die Götter liessen Blüten herabregnen, Wohlgerüche erfüllten die Luft und himmlische Instrumente erklangen. Einige Leute hatten erfahren, dass der Erwachte in ihrer Nähe war, und strömten in Scharen herbei. Ananda hatte alle Hände voll damit zu tun, dass sie sich in ehrfürchtigem Abstand hielten. Er wusste, dass der Erwachte geschwächt war, und wollte nicht, dass er sich zu sehr anstrenge.

Subhadda, ein sehr gelehrter Mann, wollte ihm unbedingt noch eine Frage stellen, drängelte und bat inständig, vorgelassen zu werden. Aus Rücksicht dem geschwächten Buddha gegenüber lehnte Ananda seine Bitte ab.

«Lass ihn seine Frage stellen, Ananda, es ist in Ordnung», sagte der Buddha, der alles mitbekommen hatte.

Dankbar trat Subhadda vor: «Verehrter Meister, vielen Dank, dass Ihr mir die Gelegenheit gebt, Euch eine für mich sehr wichtige Frage zu stellen: Welche anderen Lehrer haben ebenfalls die Wahrheit erkannt?»

Ananda war erleichtert. Dies war keine komplizierte Frage.

«Subhadda», antwortete der Buddha, «es nützt dir nichts, wenn ich anfange, Namen aufzuzählen. Deshalb will ich dir ganz allgemein antworten: Nur die Lehre führt zur Befreiung, in der es um folgende zwei Dinge geht: Erstens die Erkenntnis, dass Haben-Wollen zu nichts führt; und zum Haben-Wollen gehört auch die Rechthaberei. Zweitens muss in einer solchen Lehre dieses unbedingt im Mittelpunkt stehen: Gutes tun und Meditationen, bei denen man lernt, den Geist gesammelt zu halten, und Anweisungen, wie das Leben und die Welt als Traum zu erkennen ist.»

Subhadda verbeugte sich dankbar. Er war offenbar mit der Antwort, die er bekommen hatte, sehr zufrieden.

Inzwischen war es schon weit nach Mitternacht. Der Mond stand rund und voll am Himmel und spendete sein Silberlicht. Der Buddha hielt seine letzte Rede vor seinen Schülern. Er ermahnte sie, nach seinem Tod nicht traurig zu sein. Keinesfalls sollten sie meinen, jetzt keinen Meister mehr zu haben, der ihnen den Weg weisen könnte.

«Das, was ich euch gelehrt habe, soll euer Meister sein», betonte er erneut. Dann wandte er sich noch einmal eindringlich an die Schüler. «Gibt es unter euch Fragen? Hat irgendwer etwas nicht ganz genau und gründlich verstanden? Jetzt bin ich noch da. Jetzt ist die letzte Gelegenheit, eure Zweifel zu klären.»

Doch niemand stellte eine Frage.

Zufrieden lächelte der Buddha, der grosse, unübertreffliche Meister. Dann sprach er folgende Verse: «Behaltet Folgendes fest in Erinnerung: Alles, was einen Anfang hat, hat auch ein Ende. Gebt euch Mühe, und verwickelt euch in nichts.»

Dann versenkte sich der Erhabene in die verschiedenen Stufen der Meditation. Eine tiefe Ruhe und grosser Frieden breiteten sich um ihn herum aus, und mit einem Mal setzte sein Atem aus. Doch der Körper strahlte so golden, dass er in der Mondnacht leuchtete wie die Sonne. Plötzlich bebte die Erde, Donner grollten, und ein unermesslicher Blumenregen fiel vom Himmel, denn dieses Ereignis berührte die Welt in ihrem tiefsten Sein.

*Buddhistische Tradition*

# Der Tod von Jesus  97

Früh am Morgen nach der Gefangennahme von Jesus trafen die Priester zusammen mit den Ratsältesten und Gesetzeslehrern eine Entscheidung: Sie liessen Jesus fesseln, führten ihn ab und übergaben ihn dem römischen Statthalter Pilatus. Pilatus fragte Jesus: «Bist du der König der Juden?»

«Du sagst es», gab Jesus zur Antwort.

Die Priester brachten viele Beschuldigungen gegen ihn vor. Pilatus fragte ihn: «Willst du dich nicht verteidigen? Du hast ja gehört, was sie dir alles vorwerfen.»

Aber Jesus sagte kein einziges Wort. Darüber war Pilatus erstaunt.

Es war üblich, dass Pilatus zum Pessachfest einen Gefangenen begnadigte, den das Volk bestimmen durfte. Damals war gerade ein gewisser Barabbas im Gefängnis, zusammen mit anderen, die während eines Aufruhrs jemanden getötet hatten. Die Volksmenge zog also zu Pilatus und bat für Barabbas um die übliche Begnadigung.

Pilatus erwiderte: «Soll ich euch nicht den König der Juden freigeben?»

Ihm wurde nämlich immer klarer, dass die führenden Priester Jesus nur aus Neid an ihn ausgeliefert hatten. Doch diese redeten auf die Leute ein, sie sollten fordern, dass er ihnen lieber Barabbas freigebe.

Da versuchte es Pilatus noch einmal und fragte sie: «Was soll ich dann mit dem anderen machen, den ihr den König der Juden nennt? Was wollt ihr?»

«Kreuzigen!», schrien sie.

«Was hat er denn verbrochen?», fragte Pilatus.

Aber sie schrien noch lauter: «Kreuzigen, kreuzigen!»

Die laute Menge machte Pilatus Angst. Er fürchtete, dass Sie auch auf ihn wütend würden, wenn er nicht machte, was sie wollten. Daher liess Pilatus Barabbas frei und gab den Befehl, Jesus auszupeitschen und zu kreuzigen. Er selbst aber ging zu einem Waschbecken, wusch sich seine Hände und sprach: «Ich will nicht schuld sein am Tod dieses Unschuldigen.»

## Jesus wird gekreuzigt

Die Soldaten brachten Jesus in den Innenhof des Palastes, der dem Statthalter als Amtssitz diente, und riefen die ganze Mannschaft zusammen. Sie hängten ihm einen purpurfarbenen Mantel um, flochten eine Krone aus Dornenzweigen und setzten sie ihm auf. Dann fingen sie an, ihn zu verhöhnen, und riefen: «Hoch lebe der König der Juden!» Sie schlugen ihn mit einem Stock auf den Kopf, spuckten ihn an, knieten vor ihm nieder und huldigten ihm wie einem König.

Nachdem sie so ihren Spott mit ihm getrieben hatten, nahmen sie ihm den Mantel ab, zogen ihm seine eigenen Kleider wieder an, luden ihm das Kreuz auf den Rücken und führten ihn hinaus, um ihn ans Kreuz zu nageln. Weil Jesus schon sehr schwach war, fiel er hin und konnte das Kreuz nicht mehr tragen. Darum zwangen die Soldaten einen Mann, der gerade vorbeiging, für Jesus das Kreuz zu tragen. Es war Simon aus Zyrene, der Vater von Alexander und Rufus, der gerade vom Feld in die Stadt zurückkam. Sie brachten Jesus an die Stelle, die Golgota heisst, das bedeutet übersetzt Schädelplatz. Dort wollten sie ihm Wein mit einem betäubenden Zusatz zu trinken geben; aber Jesus nahm nichts davon. Sie nagelten ihn ans Kreuz und verteilten dann untereinander seine Kleider. Durch das Los bestimmten sie, was jeder bekommen sollte. Es war neun Uhr morgens, als sie ihn kreuzigten. Als Grund für seine Hinrichtung hatte man die Abkürzung INRI auf ein Schild geschrieben. Das bedeutet auf Deutsch: Jesus von Nazaret, König der Juden! Zugleich mit Jesus kreuzigten sie zwei Verbrecher, einen links und einen rechts von ihm.

Die Leute, die vorbeikamen, schüttelten den Kopf und verhöhnten Jesus: «Ha! Du hast immer vom Reich Gottes geredet und von deinem Vater im Himmel! Dann befreie dich doch und komm herunter vom Kreuz!»

Andere spotteten: «Vielen hat er geholfen, aber sich selbst kann er nicht helfen! Wenn er der versprochene Retter ist, der König von Israel, dann soll er doch jetzt vom Kreuz herunterkommen. Wenn wir das sehen, werden wir ihm glauben.»

Auch der eine der Verbrecher, der mit ihm gekreuzigt war, beschimpfte ihn. Der andere aber wies ihn zurecht und sagte: «Wir haben Schlimmes getan und unsere Strafe verdient. Dieser aber hat nichts getan, er wurde zu Unrecht verurteilt.»

Darauf sagte Jesus zu dem Verbrecher, der ihn verteidigt hatte: «Weil du das gesagt hast, ist dir alles, was du falsch gemacht hast, verziehen, und wir werden uns noch heute im Himmelreich wiedersehen.»

Um zwölf Uhr mittags verfinsterte sich der Himmel über dem ganzen Land. Das dauerte bis um drei Uhr. Gegen drei Uhr schrie Jesus: «Eloï, eloï, lema sabachtani?» Das heisst übersetzt: «Mein Gott, mein Gott, warum hast du mich verlassen?»

Dann schrie Jesus laut auf und starb.

*Zusammenstellung aus den Evangelien*

# Die drei Könige besuchen Jesus 98

Jesus wurde in Betlehem in Judäa geboren, zur Zeit, als König Herodes das Land regierte. Bald nach seiner Geburt kamen Sterndeuter aus dem Osten nach Jerusalem und fragten: «Wo finden wir den neugeborenen König der Juden? Wir haben seinen Stern aufgehen sehen und sind gekommen, um uns vor ihm niederzuwerfen.»

Als König Herodes das hörte, erschrak er. Er liess alle führenden Priester und Gesetzeslehrer zu sich kommen und fragte sie: «Wo soll der versprochene Retter geboren werden?»

Sie antworteten: «In Betlehem in Judäa. Denn so hat der Prophet geschrieben: ‹Du Betlehem im Land Juda! Du bist keineswegs die unbedeutendste unter allen Städten in Juda, denn aus dir wird der Herrscher kommen, der mein Volk Israel schützen und leiten soll.›»

Daraufhin rief Herodes die Sterndeuter heimlich zu sich und fragte sie aus, wann sie den Stern zum ersten Mal gesehen hätten. Dann schickte er sie nach Betlehem und sagte: «Geht und erkundigt euch genau nach dem Kind, und wenn ihr es gefunden habt, gebt mir Nachricht! Dann will ich auch hingehen und mich vor ihm niederwerfen.»

Nachdem sie vom König diesen Bescheid erhalten hatten, machten sich die Sterndeuter auf den Weg. Der Stern, den sie schon bei seinem Aufgehen beobachtet hatten, ging ihnen voraus. Genau über der Stelle, wo das Kind war, blieb er stehen. Als sie den Stern sahen, kam eine grosse Freude über sie. Sie gingen in das Haus und fanden das Kind mit seiner Mutter Maria. Da warfen sie sich vor ihm zu Boden und ehrten es als König. Dann holten sie die Schätze hervor, die sie mitgebracht hatten, und legten sie vor ihm nieder: Gold, Weihrauch und Myrrhe.

In einem Traum hatte Gott den Sterndeutern befohlen, nicht wieder zu Herodes zu gehen. So zogen sie auf einem anderen Weg in ihr Land zurück.

Nachdem die sie wieder gegangen waren, erschien Josef im Traum der Engel des Herrn und sagte: «Steh auf, nimm das Kind und seine Mutter und flieh nach Ägypten! Bleib dort, bis ich dir sage, dass du wieder zurückkommen kannst. Herodes wird nämlich das Kind suchen, weil er es umbringen will.»

Da stand Josef auf, mitten in der Nacht, nahm das Kind und seine Mutter und floh mit ihnen nach Ägypten. Dort lebten sie bis zum Tod von Herodes. Als Herodes merkte, dass die Sterndeuter ihn hintergangen hatten, wurde er sehr zornig. Er befahl, in Betlehem und Umgebung alle kleinen Jungen zu töten, die noch keine zwei Jahre alt waren.

Als Josef, Maria und Jesus wieder aus Ägypten zurückkamen, zogen sie in die Stadt Nazaret.

*Matthäus-Evangelium 2,1–14.16.19–21.23a*

# Die Geburt und die Berufung von Mose 99

In Ägypten kam ein neuer König an die Macht, der von Josef dem grossen israelitischen Minister nichts mehr wusste. Er sagte zu seinen Leuten: «Die Israeliten sind so zahlreich und stark, dass sie uns gefährlich werden. Wir müssen etwas unternehmen, damit sie nicht noch stärker werden. Sie könnten sich sonst im Kriegsfall auf die Seite unserer Feinde schlagen, gegen uns kämpfen und dann aus dem Land fortziehen.»

Darum liessen die Ägypter die Männer Israels als Sklaven für sich arbeiten, misshandelten sie und machten ihnen das Leben schwer. Sie zwangen sie, aus Lehm Ziegel herzustellen und harte Feldarbeit zu verrichten. Doch nicht genug damit: Der König von Ägypten liess die hebräischen Hebammen rufen und befahl ihnen: «Wenn ihr den hebräischen Frauen bei der Geburt beisteht, dann achtet darauf, ob sie einen Sohn oder eine Tochter zur Welt bringen. Die männlichen Nachkommen müsst ihr sofort umbringen, nur die Mädchen dürft ihr am Leben lassen.»

Ein Mann aus dem Stamm des Hebräers Levi heiratete eine Frau, die ebenfalls zu den Nachkommen Levis gehörte. Sie wurde schwanger und brachte einen Sohn zur Welt. Als sie sah, dass es ein gesundes, schönes Kind war, hielt sie es drei Monate lang versteckt. Länger konnte sie es nicht verbergen. Deshalb besorgte sie sich ein Kästchen aus Binsen, dichtete es mit Pech ab, sodass es kein Wasser durchliess, und legte das Kind hinein. Dann setzte sie das Kästchen ins Schilf am Ufer des Nils. Die Schwester des Kindes versteckte sich in der Nähe, um zu sehen, was mit ihm geschehen würde.

Da kam die Tochter des Pharaos an den Nil, um zu baden. Ihre Dienerinnen liess sie am Ufer zurück. Auf einmal sah sie das Kästchen im Schilf. Sie schickte eine Dienerin hin, um es zu holen. Als sie es öffnete, fand sie darin einen weinenden Säugling, einen kleinen Jungen. Voller Mitleid rief sie: «Das ist einer von den Hebräerjungen!»

Die Schwester des Kindes kam aus ihrem Versteck und fragte: «Soll ich eine hebräische Frau rufen, die das Kind stillen kann?»

«Ja, tu das!», sagte die Tochter des Pharaos.

Da holte das junge Mädchen die Mutter des Kindes, und die Tochter des Pharaos sagte zu ihr: «Nimm dieses Kind und stille es für mich! Ich werde dich dafür bezahlen.»

So kam es, dass die Frau ihr eigenes Kind mit nach Hause nehmen und stillen konnte. Als der Junge gross genug war, brachte sie ihn wieder zurück. Die Tochter des Pharaos nahm ihn als ihren Sohn an. Sie sagte: «Ich habe ihn aus dem Wasser gezogen, und darum gebe ich ihm den Namen Mose, denn Mose heisst übersetzt: herausziehen.

### Mose muss vom Hof des Pharaos fliehen

Als Mose erwachsen war, ging er einmal zu seinen Brüdern, den Israeliten, hinaus und sah, wie sie Fronarbeiten verrichten mussten. Er wurde Zeuge, wie ein Ägypter einen Hebräer totschlug. Da schaute er sich nach allen Seiten um, und als er sah, dass niemand in der Nähe war, erschlug er den Ägypter und verscharrte ihn im Sand. Am nächsten Tag ging er wieder hinaus. Da sah er zwei Hebräer, die miteinander stritten. Er sagte zu dem, der im Unrecht war: «Warum schlägst du einen Mann aus deinem eigenen Volk?»

Der antwortete: «Wer hat dich zum Aufseher und Richter über uns eingesetzt? Willst du mich auch umbringen wie den Ägypter?» Da bekam Mose Angst, denn er dachte: Es ist also doch bekannt geworden!

Als der Pharao von dem Vorfall erfuhr, wollte er Mose töten lassen. Mose aber floh vor ihm in das Land Midian.

### Mose erhält einen wichtigen Auftrag

So verging eine lange Zeit. Inzwischen war der König von Ägypten gestorben. Aber die Lage der Israeliten hatte sich nicht gebessert. Sie stöhnten unter der Zwangsarbeit und schrien um Hilfe. Ihr Schreien drang zu Gott, und er erinnerte sich an den Bund, den er mit Abraham, Isaak und Jakob geschlossen hatte. Er wandte sich den Israeliten zu und kümmerte sich um sie.

Mose hütete die Schafe und Ziegen seines Schwiegervaters Jitro, des Priesters von Midian. Als er die Herde tief in die Wüste hineintrieb, kam er eines Tages an den Gottesberg, den Horeb. Dort erschien ihm der Engel des Herrn in einer lodernden Flamme, die aus einem Dornbusch schlug. Mose sah nur den brennenden Dornbusch, aber es fiel ihm auf, dass der Busch von der Flamme nicht verzehrt wurde. «Das ist doch seltsam», dachte er. «Warum verbrennt der Busch nicht? Das muss ich mir aus der Nähe ansehen!»

Als der Herr sah, dass Mose näher kam, rief er ihn aus dem Busch heraus an: «Mose, Mose!»

«Ja», antwortete Mose, «ich höre.»

«Komm nicht näher!», sagte der Herr. «Zieh deine Schuhe aus, denn du stehst auf heiligem Boden.» Dann sagte er: «Ich bin der Gott, den dein Vater verehrt hat, der Gott Abrahams, Isaaks und Jakobs.»

Da verhüllte Mose sein Gesicht, denn er fürchtete sich, Gott anzusehen.

Weiter sagte der Herr: «Ich habe genau gesehen, wie mein Volk in Ägypten unterdrückt wird. Ich habe gehört, wie es um Hilfe schreit gegen seine Antreiber. Ich weiss, wie sehr es leiden muss, und bin herabgekommen, um es von seinen Unterdrückern zu befreien. Ich will es aus Ägypten führen und in ein fruchtbares und grosses Land bringen, ein Land, in dem Milch und Honig fliessen. Ich habe den Hilfeschrei der Leute von Israel gehört, ich habe gesehen, wie grausam die Ägypter sie unterdrücken. Deshalb geh jetzt, ich schicke dich zum Pharao! Du sollst mein Volk, die Israeliten, aus Ägypten herausführen.»

Aber Mose wandte ein: «Ich? Wer bin ich denn! Wie kann ich zum Pharao gehen und das Volk Israel aus Ägypten herausführen?»

Gott antwortete: «Ich werde dir beistehen.»

Mose sagte zu Gott: «Wenn ich nun zu den Leuten von Israel komme und zu ihnen sage: ‹Der Gott eurer Vorfahren hat mich zu euch geschickt›, und sie mich dann fragen: ‹Wie ist sein Name?› – was soll ich ihnen sagen?»

Gott antwortete: «Mein Name ist: Ich bin da.» Und er fügte hinzu: «Sag zum Volk Israel: Der Ich-bin-da hat mich zu euch geschickt: der Herr! Er ist der Gott eurer Vorfahren, der Gott Abrahams, Isaaks und Jakobs. Denn das ist mein Name für alle Zeiten. Mit diesem Namen sollen mich auch die kommenden Generationen ansprechen, wenn sie zu mir beten. Geh nun und rufe die Ältesten des Volkes Israel zusammen! Sag zu ihnen: Der Herr, der Gott eurer Vorfahren, ist mir erschienen, der Gott Abrahams,

Isaaks und Jakobs. Er hat zu mir gesagt: Ich habe genau gesehen, was man euch in Ägypten antut. Darum bin ich entschlossen, euch aus diesem Land herauszuführen, in dem ihr so unterdrückt werdet. Ich bringe euch in das Land Kanaan, ein Land, in dem Milch und Honig fliessen.

Doch Mose erwiderte: «Ach Herr, ich habe doch noch nie gut reden können, und auch seit du mit mir, deinem Diener, sprichst, ist das nicht besser geworden. Ich bin im Reden viel zu schwerfällig und unbeholfen.»

Der Herr antwortete: «Wer hat den Menschen die Sprache gegeben? Wer macht die Menschen stumm oder taub? Wer macht sie sehend oder blind? Ich bin es, der Herr! Also, geh jetzt! Ich werde dir helfen und dir sagen, was du reden sollst.»

Doch Mose erwiderte: «Nimm es mir nicht übel, Herr, aber schicke einen andern!»

Da wurde der Herr zornig auf Mose und sagte: «Du hast doch noch einen Bruder, den Leviten Aaron! Ich weiss, dass er gut reden kann. Er ist auf dem Weg zu dir und wird sich freuen, wenn er dich wiedersieht. Du sagst ihm alles, was er reden soll. Ich helfe dir dabei, und ihm helfe ich auch. Ich sage euch, was ihr tun und reden sollt.»

*Exodus (2. Mose) 1,8–10.13–16; 2,1–15.23–25; 3,1–17; 4,10–15*

# 100 Die Geburt und die Berufung von Muhammad

Im Jahr 571 nach christlicher Zeitrechnung kam Muhammad in der Handelsstadt Mekka zur Welt. Muhammads Grossvater war ein angesehener Mann seines Stammes und eines der politischen Oberhäupter der Stadt. Muhammads Vater starb vor der Geburt seines Sohnes, und seine Mutter Amina starb, als er sechs Jahre alt war. Muhammad war mit sechs Jahren ganz allein.

Abu Talib nahm den Vollwaisen zu sich. Talib war nicht reich und hatte viele Kinder. Muhammad erkannte früh die Armut der Familie und trug zum Lebensunterhalt bei. Als Zwölfjähriger nahm ihn sein Onkel mit auf eine Geschäftsreise nach Syrien. Jahre später ging er selbstständig im Auftrag der angesehenen Geschäftsfrau Khadija auf eine Karawanenreise. Während dieser Reise erledigte er seine Arbeit aus Kaufmann gewissenhaft und geschickt. Khadija soll geschieden und vierzig Jahre alt gewesen sein. Muhammad erwies sich für sie als vertrauenswürdig, fähig – und als liebenswürdig. Bald machte sie ihm einen Heiratsantrag, den er ohne Zögern annahm.

Aus dieser Zeit wird berichtet, dass ein mächtiger Stadtbewohner einen Reisenden betrogen hatte. Einige angesehene Mekkaner – unter ihnen auch Muhammad – wollten dem Reisenden zu seinem Recht verhelfen. Sie vereinbarten, dass sie kein Unrecht dieser Art in der Stadt mehr zulassen würden. Mit Druck und guten Worten erreichten sie, dass der betrogene Reisende zu seinem Recht kam. Noch Jahre später – als Prophet – hob Muhammad die Vortrefflichkeit dieser Versammlung hervor.

### Die Berufung

Muhammad suchte in den Jahren vor seiner Berufung regelmässig die Einsamkeit in einer Höhle namens Hira auf einem Berg nahe der Stadt. Dort meditierte er, betete und dachte nach. Eines Tages, als Muhammad vierzig Jahre alt war, begegnete er zum ersten Mal dem Engel Gabriel. Und das geschah so:

Muhammad hörte ausserhalb der Höhle eine furchteinflössende Stimme rufen: «Muhammad! Du bist Allahs Gesandter, und ich bin Gabriel!»

Er sah am Himmel über dem Horizont den Engel stehen. Die Stimme rief erneut: «Muhammad! Du bist Allahs Gesandter, und ich bin Gabriel!»

Muhammad, Allahs Segen und Frieden über ihn, wollte der Vision entkommen und drehte sich weg. Doch einerlei, wohin er sich auch drehte – der Engel stand dort und schaute zu ihm.

Nach einiger Zeit verschwand der Engel, und Muhammad blieb ganz benommen zurück. Er eilte nach Hause zu seiner Frau Khadija und erzählte ihr von seinem Erlebnis. Sie versuchte ihm Mut zu machen und nahm ihn mit zu ihrem Onkel Waraqa, der die biblischen Schriften kannte. Waraqa erklärte, dass Muhammad wohl den Engel gesehen habe, der auch zu Moses gekommen war. Waraqa war sicher, dass Muhammad zum Propheten auserwählt worden war.

In der ersten Zeit nach dieser Offenbarung plagten Muhammad Sorgen und Ungewissheiten derart, dass er sogar überlegte, sich von einem Felsen zu stürzen. Wie die meisten Landsleute war er misstrauisch gegenüber Zauberei, Wahrsagerei und Aberglauben. Und doch war er jetzt selbst in Kontakt getreten mit einem Wesen aus einer anderen Welt.

Muhammad war ein ruhiger Mann, der sich vom Treiben der Menschen, von ihren Festen und Spielen weitgehend ferngehalten hatte. Er war bescheiden und intelligent und fiel ausser durch seine Ehrbarkeit und Ruhe nicht auf. Und nun sollte er aus der Mitte der Menschheit auserwählt worden sein, um der Menschheit gegenüberzutreten? Das machte ihm Angst.

Es dauerte einige Zeit, bis er sich vergewissert hatte, dass der Ruf ein göttlicher war, dass er eben nicht krank oder eingebildet war. Dieser Ruf bedeutete für Muhammad, dass sich sein Leben von Grund auf ändern sollte. Sein ruhiges Leben als geachteter Kaufmann gehörte bald der Vergangenheit an.

Nach und nach akzeptierte er sein Schicksal. Doch die meisten Bewohner und Bewohnerinnen von Mekka wollten anfangs nicht viel von seiner Botschaft wissen, zu beschäftigt waren sie mit ihren Angelegenheiten.

### Erste Gläubige aus Medina

Vierhundert Kilometer von Mekka entfernt, im Norden, lag die Stadt Medina. Dort lebten neben arabischen Stämmen auch jüdische Familien mit gelehrten Rabbinern. Sie standen mit den Arabern in engen Beziehungen und hatten ihnen oft von einem Propheten erzählt, der bald kommen werde und mit dem sie zusammen die arabischen Heiden bekämpfen würden.

Im Jahr 11 nach der Berufung kamen sechs Männer aus Medina auf einer Wallfahrt nach Mekka. Als der Prophet sie mit der Botschaft des Islam ansprach, wurden sie hellhörig und vermuteten in ihm jenen erwarteten Propheten. Ihre Offenheit war überraschend, und sie unterschieden sich darin völlig von den anderen Stämmen, denen er bisher begegnet war.

Vielleicht lag es daran, dass die Wallfahrer aus Medina in einer Stadt lebten, in der sich zwei arabische Stämme in erbitterter Feindschaft gegenüberstanden. Ein langer Krieg lag erst kurze Zeit zurück, und jeder Streit konnte jederzeit zum nächsten Blutvergiessen führen. Die Menschen aus Medina sahen im Propheten eine Hoffnung für ihre Stadt und für ihre zerstrittenen Stämme. Sie hofften, er könnte sie einen.

Sicher hatte sie diese Erfahrung einsichtiger und empfänglicher für die Botschaft Muhammads gemacht, die die Herzen und den Geist anspricht. Vielleicht hatte der Krieg, in dem es weder Sieger noch Verlierer gab, keinen Platz gelassen für Stolz und Überheblichkeit. Und vielleicht war der Glaube an ihre alten Götter durch das langjährige Leiden nicht mehr so stark.

Alle sechs Männer sprachen noch vor Ort das Glaubensbekenntnis und nahmen sich vor, die Botschaft des Propheten nach Medina zu ihren Leuten zu bringen.

Das war der Anfang einer grossen Geschichte der Verbreitung des Islam auf der Welt.

*Islamische Tradition*

# Die Geburt von Jesus 101 in der Bibel

Zu jener Zeit ordnete Kaiser Augustus an, dass alle Menschen in seinem Reich gezählt und für die Steuer erfasst werden sollten. Diese Zählung war die erste und wurde durchgeführt, als Quirinius Statthalter der Provinz Syrien war. Und alle gingen hin, um sich in die Steuerlisten einschreiben zu lassen, jeder in die Heimatstadt seiner Vorfahren.

Auch Josef machte sich auf den Weg. Aus Galiläa, aus der Stadt Nazaret, ging er nach Judäa in die Stadt Davids, nach Betlehem. Denn er stammte aus der Familie von König David. Maria, seine Verlobte, die war schwanger war, begleitete ihn.

Während sie dort waren, kam für Maria die Zeit der Entbindung. Sie gebar ihren Sohn, den Erstgeborenen, wickelte ihn in Windeln und legte ihn in eine Futterkrippe im Stall. Denn in der Herberge hatten sie keinen Platz gefunden.

In jener Gegend waren Hirten auf freiem Feld, die hielten Nachtwache bei ihren Schafherden. Da trat der Engel des Herrn zu ihnen, und die Herrlichkeit des Herrn umstrahlte sie, und sie fürchteten sich sehr.

Aber der Engel sagte zu ihnen: «Habt keine Angst! Ich habe eine grosse Freudenbotschaft für euch und für das ganze Volk. Heute ist euch der Retter geboren worden, in der Stadt Davids: Christus, der Herr! Und dies ist das Zeichen, an dem ihr ihn erkennt: Ihr werdet ein neugeborenes Kind finden, das liegt in Windeln gewickelt in einer Futterkrippe.»

Und plötzlich waren bei dem Engel ein ganz viele weitere Engel. Sie priesen Gott und riefen: «Ehre sei Gott im Himmel und Friede allen Menschen auf der Erde!»

Als die Engel in den Himmel zurückgekehrt waren, sagten die Hirten zueinander: «Kommt, wir gehen nach Betlehem und sehen uns an, was da geschehen ist, was Gott uns bekannt gemacht hat!»

Sie liefen hin, kamen zum Stall und fanden Maria und Josef und bei ihnen das Kind in der Futterkrippe. Als sie es sahen, berichteten sie, was ihnen der Engel von diesem Kind gesagt hatte. Und alle, die dabei waren, staunten darüber. Maria aber bewahrte all das Gehörte in ihrem Herzen und dachte viel darüber nach.

*Lukas-Evangelium 2,1–19*

# Die Geburt und der Tod von Jesus im Koran 102

Einst lebte in Palästina ein Mann namens Imran. Seine Frau war schwanger, und der Tag ihrer Geburt rückte immer näher. Sie erhob ihre Hände und betete zu Allah: «Dieses Kind möchte ich für den Dienst im heiligen Tempel geben. Ich möchte, dass es Dich Tag und Nacht anbetet.»

Nach einiger Zeit gebar die Frau ein Mädchen und sie brachte es zum Tempel. Im heiligen Tempel gab es einige Menschen, die taten nichts Böses und lebten einsam und bescheiden. Einer von ihnen war ein Prophet Namens Zakariya. Dieser Mann war mit einer Tante von Maryam verheiratet. Er wollte die Erziehung von Maryam übernehmen. So wuchs Maryam unter der liebevollen Obhut Zakariyas auf und wurde ein sehr freundliches Mädchen. Zakariya verstand die grosse Bedeutung Maryams und dankte Allah.

Eines Tages kamen Engel zu Maryam und gaben ihr folgende Botschaft: «Maryam Allah wird dir einen erhabenen Sohn geben. Allah hat dich unter allen Frauen der Frauen dieser Erde auserwählt. Du sollst einen Propheten gebären, der schon als Kind in der Wiege zu den Menschen sprechen wird. Er wird die Menschen zum Gebet aufrufen.»

Maryam antwortete: «Aber ich bin noch eine Jungfrau, niemals hat mich ein Mann berührt, auch bin ich keine Unehrenhafte, wie soll ich einen Sohn gebären?»

Daraufhin erwiderten die Engel: «Allah ist allmächtig und allweise, wenn er eine Sache entschieden hat, so wird sie geschehen.»

So kam es, dass Maryam eines Tages die Geburtswehen spürte. Weit weg von anderen Menschen trieb sie der Schmerz der Wehen unter eine Dattelpalme. Unter diesen Umständen überlegte sie, was wohl ihre Verwandten und Bekannten sagen würden, wenn sie mit einem neugeborenen Kind im Arm zurückkehren würde. Jeder kannte sie als ein reines und äusserst ehrenhaftes Mädchen. Sie würde sehr schmerzhafte Worte erwarten müssen. Diese Überlegungen waren schrecklich. Ihr Herz tat zum Zerbrechen weh. Völlig verzweifelt gab sie folgende Worte von sich: «Ach, wäre ich doch lieber tot, verschollen und vergessen.»

So brachte sie ihr Kind auf die Welt, das sogleich die trostreichen Worte an sie richtete: «Sei nicht betrübt, liebe Mutter.»

Sie schaute sich erschrocken um und suchte nach der Stimme. Bald war sie überzeugt, dass diese Worte von ihrem Kind stammten. Das Kind sprach weiter: «Schüttle den Baum über dir, und iss von den Datteln, trink von der Wasserquelle unter dir, und wenn jemand vorbeikommt, so sage den Menschen, dass du mit niemandem zu sprechen vermagst, da du Allah Schweigen gelobt hast. Doch ich werde die Menschen auf mich aufmerksam machen.»

Maryam nahm ihr Kind und begab sich auf den Marktplatz. Die Menschen, die sie sahen, waren erstaunt, aufgeregt und auch sehr boshaft. Einer unter ihnen sagte schliesslich: «Was hast du nur getan, Maryam, wer ist das Kind in deinen Armen? Dieses ist wahrlich eine schlechte Tat von dir, du hast uns zutiefst enttäuscht.» Sie murmelten vor sich hin und sprachen sehr schlecht über Maryam.

Plötzlich hörten sie deutlich die Stimme des Kindes aus der Wiege und schauten verblüfft das Kind an. So sprach Isa als Baby zu ihnen aus der Wiege: «Ohne Zweifel bin ich ein Diener Allahs. Er hat mir das Buch gegeben und mich zum Propheten gemacht. Der Friede Allahs wird bei mir sein am Tage meiner Geburt, am Tage meines Todes und am Tage meiner Auferstehung.»

Die Jahre vergingen, und das gesegnete Kind wuchs heran. Die Kinder liebten Isa als ihren Spielgefährten sehr. So kam die Zeit, als Allah ihn beauftragte, ein Prophet zu sein. Seine Aufgabe war es, die Menschen zum geraden Weg zu ermahnen. Isa begab sich zu den Leuten und sagte: «Ohne Zweifel bin ich ein Gesandter Allahs, der zu euch geschickt worden ist. Ich rufe euch zum wahren Glauben an Allah auf und zu guten Taten. Ich warne euch davor, Schlechtes zu tun, damit ihr nicht Allahs Zorn auf euch nehmt.»

Die Leute machten sich über ihn lustig und sagten: «Bring uns einen Beweis, ein Wunder, damit wir dir glauben.»

Ein anderer kam ebenfalls herbei und sagte: «Isa, kannst du einen Blinden heilen, der schon von Geburt an blind ist?» Sie brachten einen solchen Blinden herbei, und der grosse Prophet Allahs strich mit seinen gesegneten Händen über die Augen des Blinden. Und zum ersten Mal in seinem Leben konnte er sehen.

Doch trotz seinen Predigten und vielen Wundertaten glaubten viele Leute nicht an Isa und seine Botschaft. Seine grosse Kraft machte sie wütend, und sie riefen: «Wir sollten Isa endlich töten. Er will unter uns Unheil stiften. Rette sich vor ihm, wer kann. Was hält uns ab, endlich das Urteil über ihn zu sprechen?»

Es herrschte ein grosses Durcheinander. Vor lauter Stimmengewirr konnte man kaum etwas verstehen. Die Übelsten riefen jedoch deutlich im Chor: «Tötet ihn, tötet ihn, tötet Isa!»

Die Jünger Isas verstanden, dass die Situation sehr ernst war, und versteckten Isa in ihrer Wohnung. Die Menschen wurden aber immer wütender, und nichts hielt sie mehr auf, die Tür der Wohnung einzuschlagen, in der Isa sich versteckte.

Einer der Schüler sah dem Gesandten Allahs, Isa, sehr ähnlich. In der Eile und Verwirrung dachten sie, dass er Isa sei, und nahmen ihn fest. Einer unter ihnen rief erregt: «Hängt ihn auf, hängt den Zaubersohn der Maryam!»

Mit grober Gewalt zerrten sie den Mann aus der Wohnung und schleppten ihn auf den Marktplatz. Sie beschimpften ihn und den Namen seiner Mutter mit den übelsten Beleidigungen. Sie brachten einen Balken und kreuzigten den Mann an diesem Balken. Doch in der Tat haben sie Isa weder getötet noch aufgehängt. Der Mann, den sie kreuzigten, erschien ihnen irrtümlicherweise wie Isa.

Allah offenbarte sich Isa erneut: «Isa, ich werde dich zu Mir nehmen und dich von diesen Übeltätern befreien. Doch diejenigen, die an dich glauben werden, sollen erhabener sein als solche, die dir nicht glauben. Am Ende kehren alle zu Mir zurück. Dann werde Ich zwischen euch richten über das, worüber ihr uneins gewesen seid.»

Der Prophet Isa wurde von Allah in den Himmel aufgenommen. Er wurde niemals getötet oder gekreuzigt. Bis auf den heutigen Tag sind Christen darüber im Irrtum. Sie verwechselten Isa mit einem Mann, der ihm ähnlich war. Allah korrigierte im heiligen Qur'an diesen Irrtum. Der Islam schreibt die Geschichte des Propheten Isa in diesem Punkt anders.

*Aus «Qur'anische Geschichten»*

# 103 Elisabeth von Thüringen: Brot und Rosen

Elisabeth wurde Im Jahr 1207 in Sárospatak in Nordungarn geboren. Sie war die Tochter von König Andreas II. von Ungarn. Man erzählt, dass sie besonders schön und fromm gewesen sei. Wie es damals Brauch war, wurde sie bereits mit 14 Jahren mit Grafen Ludwig von Thüringen verheiratet. Sie lebten zusammen auf der Wartburg und hatten zusammen drei Kinder. Sie waren ein glückliches Paar.

Elisabeth lebte zur gleichen Zeit wie Franziskus von Assisi. Als Elisabeth auf die ersten Franziskanermönche in Deutschland traf war sie sehr beeindruckt von diesen Menschen, die in Armut lebten und Kranken und Notleidenden halfen. Sie begann schon bald, ihr Vermögen an Arme zu verschenken. Das passte natürlich vielen in der Königsfamilie gar nicht. Nachdem ihr Mann Ludwig im Krieg gestorben war, wollte man ihr das Erbe wegnehmen. Doch der Papst hörte davon und befahl, dass man ihr das Erbe auszahlte, denn er schätze Elisabeths Wohltätigkeit sehr. Elisabeth zog mit ihren drei Kindern in die Stadt Marburg, wo sie sich ebenfalls wieder für die Armen einsetzte. Sie spendete ihr Geld für den Bau eines Armenspitals, in dem sie selbst die Kranken pflegte. Bei dieser Arbeit schonte sie sich kaum und starb mit nur vierundzwanzig Jahren an Erschöpfung und Krankheit. Sie wurde vier Jahre später vom Papst heiliggesprochen.

Über die heilige Elisabeth werden viele Legenden erzählt. Eine der bekanntesten ist die Geschichte vom Rosenwunder. Und die geht so: Elisabeth wollte einen Korb mit Brot aus dem Haus tragen, um es den Armen zu bringen. Am Tor wurde sie kontrolliert, denn im Palast wollte man nicht, dass die junge Prinzessin den armen Menschen Brot verteilte. Misstrauisch fragte sie einer der Torwächter: «Was trägst du da?»

Elisabeth erschrak und wollte den Korb nicht zeigen. Doch man nahm ihn ihr weg und schaute unter das Tüchlein, mit dem sie die Brote verdeckt gehalten hatte. Aber wie staunte da die Torwächter, als sie statt Broten wunderschöne Rosen sahen. Nun konnte die Palastwache nichts mehr sagen, und man liess Elisabeth mit dem Rosenkorb aus dem Schloss.

Eine andere Geschichte erzählt von einer Hungersnot im Jahr 1226. Elisabeth liess damals alles Korn, das man im Schloss gelagert hatte, an die Hungernden verteilen und plünderte sogar die Staatskasse, um den Hunger der Armen zu lindern. Als sie deshalb gescholten wurde, füllten sich plötzlich der ganze Saal und alle Kammern wieder mit Korn und waren sogar voller als zuvor.

*Aus verschiedenen Legenden zusammengestellt*

# Ester von Schuschan: 104
# Klugheit und Mut

In Persien gibt es eine Stadt, die heisst Schuschan. Dort lebte vor langer Zeit ein Mann, der hiess Mordechaj. Mordechaj war ein sehr guter Mann. Er versuchte immer, anderen Menschen zu helfen und jeder konnte zu ihm kommen. In Mordechajs Haus wohnte auch seine Nichte Ester. Sie beide waren Juden.

In Schuschan gab es auch einen König, der in einem riesigen Königspalast lebte und darin viele Reichtümer aufbewahrte. Er war so reich, dass er viele Menschen in den Palast einladen konnte, um mit ihnen ein grosses Fest zu feiern. Das Fest dauerte sechs Monate lang! Zu diesem Fest sollte auch seine Frau kommen. Sie war schön, aber böse und nicht sehr klug, und sie weigerte sich, am Fest des Königs teilzunehmen. Darüber war der König so wütend, dass er sie wegschickte. Nach dem Fest wollte er aber nicht allein sein und suchte nach einer neuen Frau.

Dieses Mal sollte die Frau nicht nur schön, sondern auch besonders klug sein. Er sah sich überall in seinem Reich um und schickte Boten in mehr als Hundert Länder aus, über die er herrschte. Sie sollten die beste Frau für ihn finden. Die Wahl fiel schliesslich auf unsere Ester. Sie sollte in den Palast kommen und Königin werden. Onkel Mordechaj sagte ihr aber, dass sie zunächst nicht verraten sollte, dass sie eine Jüdin war.

Mordechaj hielt sich nun häufiger in der Nähe des Palastes auf und so hörte er eines Tages, dass zwei Diener des Königs sich darüber unterhielten, dass sie den König töten wollten. Mordechaj erzählte dies Ester, und die verriet es dem König. Der König liess den Vorfall in ein grosses Buch eintragen. Niemand sollte das vergessen. Die Diener wurden verhaftet.

Es gab aber noch einen anderen bösen Mann, den der König um sich hatte. Sein Name war Haman. Er durfte für den König viele Dinge erledigen und durfte Dienern und Soldaten des Königs sagen, was sie tun durften. Wenn jemand nicht genau das tat, was Haman ihm sagte, dann wurde er sehr wütend. Er wollte zum Beispiel, dass alle Menschen, die ihn auf der Strasse trafen, sich vor ihm verbeugten. Er mochte auch keine Juden. Einfach so. Nur weil sie Juden waren!

Eines Tages begegnete er auf der Strasse Mordechaj und verlangte, dass dieser sich vor ihm verbeuge. Mordechaj wollte das aber nicht, denn er war der Meinung, ein Jude dürfe sich nur vor Gott und vor dem König verbeugen. Das machte Haman sehr wütend. Er wollte Mordechaj nicht mehr sehen. Aber nicht nur Mordechaj. Er wollte überhaupt keine Juden mehr sehen. Also ging er zum König und sagte zu ihm: «Es gibt ein paar Leute hier, die machen viele Dinge anders als die meisten andere Menschen. Sie tun viele Dinge nur so, wie sie wollen. Ich schlage vor, dass sie alle wegziehen müssen. Ich würde Dir auch etwas Geld dafür geben!»

Der König vertraute Haman und gab ihm einen Ring. «Mit diesem Ring kannst Du entscheiden, was Du möchtest. Mach alles so, wie Du gesagt hast! Wenn diese Menschen uns stören, dann soll alles so gemacht werden, wie du es geplant hast.»

Haman liess einen Brief schreiben und verkünden, dass an einem bestimmten Tag, den 13. Adar, die Juden wegziehen müssten. Der Brief wurde überall aufgehängt und auch vorgelesen.

Natürlich waren die Juden, die davon hörten, sehr traurig und hatten grosse Angst. Sie wollten nicht wegziehen und wollten nicht, dass ihnen etwas passiert. Mordechaj erzählte das seiner Nichte Ester. Ester wohnte ja im Palast, und deshalb wollte er sie um Hilfe bitten. Denn niemand konnte einfach so zum König gehen und mit ihm sprechen. Man durfte den König nur sehen, wenn er nach jemandem rief.

«Ester! Wir alle brauchen deine Hilfe! Haman hat böse Pläne mit uns. Von uns kann niemand mit dem König sprechen. Du bist unsere einzige Hoffnung!»

Um Mordechaj und allen Juden zu helfen, musste Ester sehr mutig sein. Sie bereitete ein besonderes Abendessen vor. Sehr festlich und mit allen Speisen, die der König besonders gerne mochte. Dann ging sie und stellte sich in den Hof des Palastes.

Als der König sie dort sah, ging er zu ihr und sagte: «Was wünscht meine Königin von mir? Du kannst von mir alles haben. Sogar etwas von meinem Königreich.»

Ester antwortete: «Ich möchte dich zu einem besonderen Abendessen einladen. Es gibt alles, was du besonders gerne isst. Bitte bring aber Haman mit.»

Dem König gefiel die Einladung Er versprach Ester, Haman zum Essen mitzubringen, und er hielt Wort. Als sie mit dem Essen fertig, satt und zufrieden waren, sprach der König zu Ester: «Was wünscht du dir? Für diesen Abend muss ich dir danken!»

Aber Ester wünschte sich nichts, ausser dass der König und Haman noch einmal zum Essen kommen. Der König hatte nichts dagegen. Nach dem Festessen liess sich der König aus seinem grossen Buch vorlesen, in dem alle besonderen Ereignisse aufgeschrieben waren. Auch davon, dass der König vor zwei bösen Dienern beschützt worden war.

«Von wem hat Ester das erfahren?», wollte der König wissen. Und man erzählte ihm, dass Mordechaj es ihr verraten hatte.

Am nächsten Morgen sagte der König zu Haman: «Du musst einen besonderen Mann ehren. Nimm die besten Kleider, belohne ihn und führe ihn auf dem Pferd durch die Stadt. Jeder soll sehen, wie man belohnt wird, wenn man mir etwas Gutes tun.»

Als Haman aber hörte, dass der Mann Mordechaj war, da wurde er sehr zornig.

Dann kam der zweite Abend bei Königin Ester. Wieder gab es die besten Sachen zu essen. Und wieder sagte der König zu Ester: «Was wünscht du dir? Für diesen Abend muss ich dir danken!»

Königin Ester antwortete: «Ich bitte dich nicht für mich, sondern für meinen Onkel und meine Familie. Sie brauchen Hilfe. Jemand will uns von hier vertreiben. Er mag meine Familie nicht.»

«Wer könnte so etwas wollen? Wer ist dieser schreckliche Mensch?

Ester zeigte auf Haman: «Das ist der Mann! Er will meine Familie, die Juden und meinen Onkel Mordechaj nicht mehr sehen und sie verjagen.»

Da rief der König seine Wachen und liess Haman verhaften zusammen mit allen, die ihm bei seinem Plan helfen wollten. Die Juden waren gerettet. Mordechaj bekam den Ring des Königs und nahm Hamans Stelle ein. Er wurde ein wichtiger Mann im Palast.

Zur Erinnerung daran wurde das Purimfest eingeführt. An diesem Tag erinnern sich Juden daran, wie Ester ihr Volk vor der Vertreibung gerettet hat, und feiern ein fröhliches, lautes Fest, an dem es viele Süssigkeiten gibt.

*Buch Esther 1,1–8,2; 9,21 f.*
*nach Chajm Guski*

# 105 Franziskus von Assisi: Schwester Sonne und Bruder Mond

Assisi ist eine kleine Stadt, die inmitten der sonnenbeschienenen Hügel Umbriens liegt. Dort wurde im September 1182 ein kleiner Knabe geboren. Pica, seine Mutter, gab ihm den Namen Giovanni. Ihr Mann, Pietro Bernadone, hielt sich gerade in Frankreich auf, und als er zurückkam, wollte er seinem Sohn auch noch einen französisch klingenden Namen geben, und so nannte er ihn Francois, was auf Italienisch Francesco heisst und in Latein Franziskus. Pietro Bernadone war ein angesehener Tuchhändler, der wegen seiner Geschäfte häufig unterwegs war und zu grossem Reichtum gekommen war. Schon früh stellte er sich vor, wie sein Sohn Franziskus hinter dem Ladentisch stehen würde und schöne Stoffe an reiche Kunden verkaufte. Franziskus verbrachte eine wohlbehütete, friedliche und sorglose Kindheit bei seinen Eltern. Von einer grossen Hungersnot, die im ganzen Land herrschte, blieb seine Familie verschont. Seine

Eltern schickten ihn in die Sankt-Georg-Schule in der Nähe der Festungsmauern von Assisi. Sein Lehrer, der alte Guido, weckte in Franziskus die Leidenschaft für den heiligen Georg, von dem erzählt wurde, er habe einen Drachen getötet. Auch Franziskus wäre gern ein Ritter gewesen, aber er besass keine Rüstung.

Als Franziskus grösser wurde, arbeitete er im Geschäft seines Vaters. Er verkehrte mit den adligen jungen Leuten der Stadt und trug moderne Kleider aus buntem Tuch, kostbarer Seide und erlesenem Samt. Er stand im Mittelpunkt seiner Freunde, spielte den Minnesänger und sie zogen alle zusammen gemeinsam durch die Strassen und Gassen Assisis bis in die frühen Morgenstunden.

Wieder wurden die Zeiten härter. Bald herrschte Krieg, und Franziskus wurde Soldat. Viele Menschen starben, und Franziskus geriet in Gefangenschaft und musste eine lange Zeit in einem dunklen Kerker verbringen. Währenddessen erkrankte er schwer. Nach einem Jahr gelang es seinem Vater, Franziskus gegen ein Lösegeld aus dem Gefängnis freizukaufen.

Zu Hause kam Franziskus allmählich wieder zu Kräften; er ging die vertrauten Wege und spürte die Düfte der Natur. Aber alles kam ihm irgendwie anders vor. Er spürte, dass er irgendetwas Besonderes tun wollte, nur wusste er noch nicht genau, was das sein sollte. Er wollte sich als Ritter versuchen und folgte einem jungen Adligen, der auszog, um den Papst zu schützen. Sein Vater stattete ihn deshalb mit einer kostbaren Rüstung, mit Waffen, Pferd, Lanze und Schild aus.

Auf dem Weg, unweit vor den Toren der Stadt, erblickte Franziskus einen Aussätzigen. Der Aussatz war eine schreckliche, sehr ansteckende Krankheit. Wer von ihr befallen war, musste die Stadt verlassen und sollte sich von den Menschen fernhalten. Doch statt um den Kranken einen Bogen zu machen, ritt er auf diesen zu, stieg von seinem Pferd und umarmte den Aussätzigen.

In diesem Augenblick durchfuhr ihn eine unermessliche Freude, und er begann zu singen. Sogleich verkaufte Franziskus seine Rüstung, gab das Geld den Armen und kehrte nach Assisi zurück. Sein Vater war wütend über das viele vergeudete Geld und befahl ihm, in sein Geschäft zurückzukehren. Franziskus kam es vor, als hätte ihn Gott selbst berührt, aber er wusste noch nicht, welchen Weg er jetzt einschlagen sollte. Seine Freunde verstanden ihn nicht mehr: «Du hast uns vergessen», riefen sie. «Was ist nur los mit dir? Du bist nicht mehr derselbe.»

Franziskus ging nun oft allein spazieren. Eines Tages kam er dabei zu dem verfallenen Kirchlein San Damiano. Seine Mauern waren durch Sonne, Regen und Alter rissig geworden. Franziskus ging in die Kirche hinein. Sein Blick wurde von einem grossen Kreuz über dem Altar angezogen. Er fiel auf die Knie, um zu beten, und fragte Gott: «Herr, was willst du, das ich tun soll?»

Und Franziskus glaubte eine Stimme zu hören, die sagte: «Baue meine Kirche wieder auf.»

Als sein Vater einmal von einer längeren Reise nach Hause zurückgekehrt war, berichtete man ihm, dass Franziskus sein Pferd und die Stoffe aus dem Geschäft verkauft habe, um mit dem Geld eine verfallene Kirche aufzubauen.

«Er wird mich ruinieren!», schrie sein Vater, ausser sich vor Wut, und machte sich gleich auf die Suche nach seinem Sohn. Die beiden stritten so heftig, dass der Bischof zur Hilfe gerufen wurde. «Franziskus, du bringst deinen Vater in äusserste Schwierigkeiten», sagte dieser. «Gib ihm sein Geld zurück.»

«Sie haben recht», sagte Franziskus. «Ich will meinem Vater nichts schuldig sein müssen.» Er zog vor allen Leuten seine Kleider aus und warf sie dem Vater vor die Füsse. In Lumpen gehüllt verliess Franziskus Assisi und ging in den Wald.

In den folgenden Jahren baute Franziskus San Damiano und noch andere eingestürzte Kirchen wieder auf. Er lebte äusserst bescheiden, für seine Nahrung ging er betteln. Die Menschen in Assisi, die ihn von früher kannten, spotteten über ihn, wenn er ihnen auf ihren Wegen begegnete und hielten ihn für verrückt. Aber das machte ihm nichts aus, fröhlich zog er durch das Land, half den Kranken und verkündete allen die Botschaften von Jesus – sogar den Tieren.

Seine Begeisterung sprang auf andere Menschen über. Viele Leute kamen zu ihm, ersuchten ihn um Rat oder wollten bei ihm bleiben und genauso leben wie er. Sogar einige alte Freunde aus seiner Jugendzeit schlossen sich ihm an. Immer mehr Männer kamen zu Franziskus nach Assisi.

Auch Frauen kamen nach Assisi. Sie gesellten sich zu Klara, einer guten Freundin von Franziskus, die ebenso lebte wie er.

Manchmal wurde Franziskus das alles ein bisschen zu viel, und er zog sich in die Einsamkeit der Berge zurück. Aber er freute sich, dass so viele Menschen anders leben wollten. Und er schrieb Regeln auf, um das Zusammenleben, das Beten und das Arbeiten seiner Mitbrüder zu organisieren. Doch dieses Leben gefiel nicht allen in der Kirche, denn diese war damals sehr mächtig und reich. Und darum hatten der Papst und die reichen Bischöfe grosse Angst vor Franziskus und Klara und ihren Anhängern und Anhängerinnen, weil diese sehr arm lebten, den Armen halfen und auch von der Kirche forderten, dass sie arm sein solle, so wie Jesus selbst arm gewesen sei. Deshalb wollte der Papst eigentlich die ganze Sache verbieten und auflösen. Auf der anderen Seite sah er auch die Begeisterung der Leute und vor allem die grosse Kraft und Ausstrahlung von Franziskus und Klara und er sah, dass die Kirche solche Leute eigentlich gut brauchen könnte.

Franziskus wusste, dass er den Papst um Erlaubnis fragen musste, wenn er Klöster gründen wollte. Deshalb machte er sich mit einigen seiner Brüder auf den Weg zum Papst. Der Papst hörte davon, wusste aber nicht, was er sagen sollte: Gab er Franziskus die Erlaubnis, neue Klöster zu gründen, dann waren seine Bischöfe wütend auf ihn; verweigerte er die Erlaubnis, wären viele Menschen enttäuscht und würden sich ärgern, denn Franziskus war im ganzen Land berühmt und beliebt. In der Nacht vor der Begegnung, so erzählt man sich, habe der Papst im Traum gesehen, wie Franziskus eine einstürzende Kirche stützte. Tags darauf gab der Papst Franziskus die Erlaubnis, Klöster zu gründen, die bald in der ganzen bekannten Welt gebaut wurden.

Franziskus war sehr naturverbunden. Immer wieder ging er allein in die Berge, legte sich auf den Boden, ernährte sich nur von Beeren und sprach mit den Tieren. Er sah überall in der Natur Gottes Werk. Ganz zum Schluss seines Lebens, als er schon krank war, schrieb er ein Gedicht, das man Sonnengesang nennt, denn darin nannte er die Sonne seine Schwester; auch den Mond, die Sterne und alle Tiere bezeichnete er als seine Geschwister.

Als Franziskus merkte, dass er bald sterben werde, bat er darum, dass man ihm den Sonnengesang vorlese. Er hörte nur zu, und ganz am Schluss fügte er noch eine letzte Strophe hinzu: «Gelobt seist du, Herr, für unseren Bruder Tod.»

Viele Geschichten werden von Franziskus erzählt. Darin heisst es oft, dass die Tiere ihn verstanden – und er die Tiere. So konnte er einem Wolf das Versprechen abnehmen, keine Schafe mehr zu reissen, wenn ihm die Menschen im Dorf regelmässig zu Essen gäben.

*Nach den Fioretti di San Francesco*

# 106 Gallus von Irland: Bär und Klause

Gallus kam ungefähr im Jahr 560 in Irland auf die Welt; seine Eltern brachten ihn noch als Kind ins Kloster Bangor. Dort lebte er eine Zeit lang, bis er mit seinem Mönchsvater Kolumban und einigen Gefährten auf lebenslange Pilgerfahrt aufbrach. Die Reise ging von Irland in Richtung europäisches Festland. Im Land der Franken, dem heutigen Frankreich, erzählten die Mönche den Leuten von Jesus, tauften alle, die zum Christentum gehören wollten, und errichteten verschiedene Klöster. Kolumban führte sehr strenge Regeln für das Zusammenleben in seiner Gemeinschaft ein. Dreimal am Tag und dreimal in der Nacht wurde ein gemeinsames Chorgebet abgehalten, während es nur einmal am Tag – nämlich am Nachmittag um drei Uhr – eine kleine Mahlzeit gab.

Nach einiger Zeit aber kam es zum Streit zwischen dem König der Franken und den Mönchen. Der König schickte sie deshalb wieder zurück nach Irland. Sie bestiegen ein Boot, doch so sehr die Mönche auch ruderten, sie kamen nicht vom Ufer fort, um auf dem offenen Meer die Segel setzen zu können. Die Mönche dachten, das sei ein Zeichen Gottes, und ruderten zurück an Land.

Jedoch durften sie nicht mehr im Land der Franken bleiben; und so zogen die Mönche den Rhein aufwärts in die heutige Schweiz. Über Zürich gelangten sie nach Tuggen im heutigen Kanton Schwyz. Hier starteten sie einen ersten Missionsversuch. Gallus zerstörte religiöse Bilder und Statuen. Dies machte die Tuggener zornig, und die Mönche mussten fliehen. Sie wanderten weiter in Richtung Bodensee. In der alten römischen Burg in Arbon war eine kleine Christengemeinde mit einem Priester namens Willimar. Ihn fragten Kolumban und die anderen Mönche, ob er ihnen einen Ort zeigen könne, wo sie missionieren konnten. Willimar empfahl den ehemaligen Römerort Bregenz. Nach zwei Jahren aber gab Kolumban seine Bekehrungsversuche dort auf und reiste weiter nach Italien.

Gallus folgte seinem Meister nicht nach Italien, sondern blieb am Bodensee. Dort begegnete ihm der Bruder Hiltibod, und die beiden zogen hinauf in die Urwälder entlang des kleinen Flüsschens Steinach. Dort wollten sie sich irgendwo in der Einsamkeit niederlassen.

Als sie schon eine Zeit unterwegs gewesen waren, wollte Gallus eine Rast einlegen und suchte sich einen stillen Platz zum Beten. Dabei stolperte er über einen Dornbusch und fiel hin. Darin sah er ein Zeichen Gottes, der ihm diese Stelle zeigen wollte, um dort zu bleiben.

Während Gallus und Hiltibod sich ausruhten, kam ein Bär und machte sich über den Essensvorrat der beiden her. Doch Gallus stellte sich dem Bären mutig entgegen und befahl ihm, Holz für das Lagerfeuer herbeizuschaffen. Der Bär tat, wie ihm befohlen war, und zum Dank dafür schenkte ihm Gallus ein Brot. Dann wies er ihn an, sich für immer in die Berge zurückzuziehen und nie mehr wieder den Menschen Angst zu machen. Wieder gehorchte der Bär. Und Gallus baute sich eine Hütte und wurde zu einem weitherum geschätzten Einsiedler, den die Leute um Rat fragten.

Einmal schickte der alemannische Herzog Gunzo einen Boten zu Gallus, er möge seine von Dämonen besessene Tochter Fridiburga heilen. Schon mehrere Bischöfe hatten sich erfolglos um sie gekümmert. Gallus hatte Angst vor dem Herzog und floh in Richtung Süden. Doch der Arboner Priester Willimar fand Gallus und überredete ihn, Fridiburga zu besuchen. Und tatsächlich schaffte es Gallus, Fridiburga zu heilen. Voller Dank unterstütze Herzog Gunzo Gallus beim Bau seiner neuen Hütte an der Steinach, wo er mit zwölf Freunden lebte. Gallus war schon bald überall so geachtet, dass man ihn sogar zum Bischof von Konstanz wählen wollte. Gallus aber wollte nicht, er blieb lieber bis zu seinem Tod in seiner einfachen Hütte. Aus dieser Hütte wurde später ein grosses Kloster mit einer weltberühmten Bibliothek, und um das Kloster herum entstand eine Stadt, die noch heute seinen Namen trägt: St. Gallen.

*Nach historischen Quellen und Legenden*

# 107 Huldrych Zwingli von Zürich: Wurst und Wort

Huldrych Zwingli war um das Jahr 1500 Priester in Zürich. Die Menschen in der Stadt lagen ihm am Herzen, aber er tat sich schwer mit manchen Geboten und Regeln der Kirche. Viele Menschen wünschten sich, dass sich etwas änderte, aber kaum jemand hatte den Mut, das zu sagen.

Eines Tages, als eine schlimme Seuche in Zürich wütete – es war die Pest –, erkrankte auch Huldrych Zwingli, doch wie durch ein Wunder wurde er wieder gesund. Zwingli dachte viel darüber nach, warum ausgerechnet er die Krankheit überstanden hatte, an der so viele Menschen gestorben waren. Er überlegte: Ob er wohl deshalb genesen sei, weil Gott wolle, dass er den Menschen noch viel Gutes tun soll? Deshalb wollte er von nun an allen von der Güte Gottes predigen.

Die Menschen fanden es anfangs noch seltsam, was Zwingli über Gott und die Kirche erzählte. Denn sie dachten, dass Gott viele Regeln erlassen habe, auch solche, die nur schwer einzuhalten waren. Eine besonders strenge Regel war, dass alle Christen sechs Wochen vor Ostern fasten. Während dieser Fastenzeit durften sie kein Fleisch essen, auch keine Wurst, und von allem anderen weniger als sonst. Vor allem aber ärgerten sie sich, dass besonders Reiche sich von der Fastenpflicht gegen Geld befreien konnten.

Am ersten Sonntag in der Fastenzeit kehrte Zwingli beim Buchdrucker Froschauer ein. Weil ein Buch ganz dringend fertig werden musste, wurde sogar am Sonntag gearbeitet. Als die Buchdrucker sich um einen langen Tisch gesetzt hatten, um eine Pause einzulegen, brachte plötzlich jemand Wurst herbei.

«Die dürfen wir aber nicht essen, die Fastenzeit hat doch jetzt begonnen!», meinte einer der Männer.

«Ha, wir müssen fasten, und der Bischof hat genug Geld, um sich von dem Fastengebot freizukaufen. Das ist nicht gerecht!», meine ein Älterer. Die anderen Männer nickten mit den Köpfen.

«Fragen wir doch den Zwingli, was er davon hält!», schlug schliesslich einer vor.

«Steht irgendwo in der Bibel, dass ihr fasten müsst?», fragte er, obwohl er die Antwort selbst wusste.

«Das wissen wir nicht», antwortete einer der Drucker, «denn wir können die Bibel nicht lesen. Wir sind Handwerker und haben nicht die Sprache gelernt, in der aus der Bibel vorgetragen wird.»

«Seht ihr», sagte Zwingli, «und deshalb sage ich euch zwei Dinge: Es gibt keine Stelle in der Bibel, an der vorgeschrieben wird, dass ihr fasten müsst. Esst also nur von der Wurst. Gott wird es wohl nicht stören.»

Die Buchdrucker sassen da mit aufgesperrten Mündern und kamen aus dem Staunen nicht mehr heraus: Ein Priester sagt, wir dürfen Wurst essen! «Und was ist das Zweite, das Du uns sagen möchtest?», fragte einer der Männer ungeduldig.

«Ihr seht, wie wichtig es ist, dass ihr in der Bibel lesen und ihre Sprache verstehen könnt», erklärte Zwingli. «Deshalb müssen wir die ganze Bibel endlich auf Deutsch übersetzen.»

Von Zwinglis Verhalten hörte auch der Papst. Er war empört und verbot Zwingli zu predigen und wollte, dass ihn die Stadtherren aus Zürich wegschickten. Aber die Stadt weigerte sich und unterstützte Zwingli.

Schon bald konnte man in der Kirche sehen, wie Zwingli zusammen mit anderen die Bibel übersetzte, Wort für Wort, Satz für Satz, Seite für Seite. Und immer, wenn ein neues Stück fertig auf Deutsch übersetzt war, wurde es in der Druckerei Froschauer gedruckt. Noch heute ist seine Bibel als «Zürcher Bibel» bekannt.

Und weil Huldrych Zwingli und seinen Getreuen die Bibel so wichtig war, wollten sie auch, dass im Gottesdienst die Sprache und das Wort im Zentrum stehen. Am wichtigsten waren für sie die Predigt und das Gebet. Sie sagten, dass sie für den Glauben keine Bilder bräuchten, da diese ja auch vom Zuhören ablenkten. Der Rat von Zürich beschloss deshalb schon bald ein Verbot der Bilder in den Kirchen, worauf viele zerstört oder herausgerissen wurden. Zürich schaffte auch andere kirchliche Einrichtungen ab, die nicht biblisch begründet waren: zum Beispiel Klöster, Beichte, Prozessionen, Bischöfe und den Papst.

Doch nicht alle Bürger und Bürgerinnen in Zürich und auch nicht alle Menschen in der Schweiz wollten sich den Ideen von Zwingli und dem reformierten Glauben anschliessen. Darum kam es zu Kriegen mit katholischen Gebieten. Bei einem dieser Kriege wurde Zwingli getötet. Huldrych Zwingli gehört bis heute mit Martin Luther und Jean Calvin zu den wichtigsten Gründern der reformiert-evangelischen Kirchen.

*Nach historischen Quellen*

# 108 Martin von Tours: Schwert und Mantel

Als es noch das Römische Reich gab, kam dort, wo heute Ungarn liegt, ein Junge auf die Welt, den seine Eltern Martin nannten. Als Martin erwachsen war, wurde er, wie schon sein Vater, Soldat in der Armee des römischen Kaisers. Denn der Kaiser hatte ein Gesetz erlassen, nach dem der Sohn eines Soldaten auch Soldat werden musste. Viele Jahre diente er dem Kaiser und wurde sogar zum Offizier befördert. Martin war beliebt, denn er half denen, die seiner Hilfe bedurften, und er lebte bescheiden und behielt von seinem Sold nur das, was er für sein eigenes Leben nötig hatte.

Einmal war der Winter besonders kalt. Die Menschen sassen in ihren Häusern am Feuer. Sogar die Tiere in den Ställen rückten enger zusammen. Eines Abends kam Martin am Stadttor vorbei und beobachtete dort einen Mann, der nur noch Lumpen als Kleider hatte. Zitternd und schlotternd vor Kälte bettelte er die Leute an, die durch das Stadttor gingen, ob sie ihm nicht eine Kleinigkeit geben könnten. Aber niemand beachtete ihn. Martin wollte ihm helfen, doch er hatte nichts dabei, das er dem Bettler hätte geben können.

Ohne lange zu zögern, griff er nach dem Schwert, nahm seinen wärmenden Mantel, teilte ihn in der Mitte durch und gab die Hälfte dem Bettler. Dann ging er weiter, nur noch mit dem halben Mantel bekleidet.

Einige Leute, die ihn so sahen, lachten ihn aus, denn mit dem zerschnittenen Soldatenmantel sah Martin wohl recht seltsam aus. Andere, die dem Geschehen am Stadttor zugesehen hatten, schämten sich, dass sie den Bettler so verachtet hatten, obwohl sie genug dabeigehabt hätten, um ihm etwas davon abzugeben.

Als Martin Jahre später seinen Dienst als Offizier beendete, wollte er fortan wie Jesus den Armen helfen und ihnen Hoffnung schenken. Er baute etwas abseits der französischen Stadt Tours ein kleines Kloster, das er zusammen mit einigen Gefährten bewohnte, und wirkte viel Gutes für die Menschen. Martin wurde geliebt und verehrt.

So verging die Zeit, und in der ganzen Gegend sprach man von Martin als einem frommen und gütigen Mann. Eines Tages suchten die Bewohner von Tours einen neuen Bischof, denn der alte Bischof war gestorben. Manche meinten sogleich: Wir wollen Martin zum Bischof!»

Andere entgegneten: «Ein Bischof hat eine hohe Würde, und das muss man ihm auch ansehen. Martin sieht nicht aus wie ein Bischof; seine Kleider sind armselig, und er sieht ungepflegt aus.»

Auch Martin selbst wollte nicht Bischof werden und weigerte sich, das Kloster zu verlassen. Ein Mann aus Tours schaffte es schliesslich, ihn dazu zu bringen, mit in die Stadt zu kommen: Er schwindelte ihm vor, dass seine Frau sehr krank sei und Martins Hilfe brauche.

Wie sich die beiden nun der Stadt näherten, säumten immer mehr Menschen die Strasse. Als Martin endlich in der Stadt ankam, wurde er sogleich zur Kirche geführt und zum Bischof geweiht.

Auch noch mehr als 1600 Jahre nach seinem Tod wird die Geschichte vom geteilten Mantel erzählt. Am 11. November, dem Martinstag, ziehen an vielen Orten abends Kinder mit Laternen durch die Dörfer und Städte zum Zeichen, dass schon ein kleines Licht die kalte Nacht hell und warm machen kann.

*Sulpicius Serverus, «Vita Sancti Martini»*

# 109 Niklaus von Flüe: Einsamkeit und Friedenstiftung

Niklaus von Flüe wurde im Jahr 1417 in der Schweiz, im Kanton Obwalden geboren. Er war ein wohlhabender und kluger Bauer und verheiratet mit Dorothee. Sie waren Eltern von fünf Töchtern und fünf Söhnen und hatten es gut miteinander. Bei der vielen Arbeit auf ihrem grossen Hof halfen die älteren Kinder fleissig mit. Die Menschen in der Gegend hatten von Niklaus eine hohe Meinung, denn er wirkte auch als weiser Landrat und als gerechter Richter. Aber eines wussten viele nicht: Sein ältester Sohn erzählte einmal, dass sein Vater nachts oft aufstand und betete.

Doch eines Tages, sein jüngstes Kind war noch ein Säugling von ein paar Wochen, geschah etwas Ungewöhnliches mit Niklaus: Er konnte nicht mehr schlafen, nicht mehr essen und ertrug es fast nicht, wenn Dorothee Fragen stellte, geschäftig und fröhlich war und wenn die Kinder schwatzten, lachten oder stritten. Er hatte grosse Mühe, immer so viele Menschen um sich zu haben.

Auch von seinen Aufgaben als Landrat und als Richter zog sich Niklaus zurück. Stattdessen dachte er viel nach und betete. Zum Glück waren seine beiden ältesten Söhne schon erwachsen und konnten auf dem Hof die Arbeit ihres Vaters übernehmen.

Niklaus ging es immer schlechter. Schliesslich fasste er den Entschluss, sich auf Wanderschaft zu begeben, um ganz allein beten und nachdenken zu können. Doch bevor er aufbrach, besprach er seinen Plan mit seiner Frau. Dorothee war einverstanden und nähte ihrem Mann ein langes, braunes Kleid, das ihn vor Kälte und Wetter schützen sollte. Dann brach Niklaus auf und verliess seine Familie. Alle dachten, dass sie sich nie mehr wiedersehen würden.

Aber dann kam alles ganz anders. Niklaus war erst wenige Tage unterwegs, da kam ihm plötzlich der Gedanke, dass er dazu bestimmt sei, sich unten im Ranft, im tiefen Tal der Grossen Melchaa, niederzulassen. Dort war er in den letzten Jahren oft gewesen, als es ihm nicht gutging, und dort hatte er viel über Jesus nachgedacht. Er kehrte also um und baute sich seine Holzhütte im Ranft, nicht weit von seinem Hof und seiner Familie entfernt.

Schon bald ging es Niklaus wieder gut. Seine Frau Dorothee kam ihn regelmässig besuchen, und die Leute nannten ihn «Bruder Klaus». Nach einiger Zeit taten sich ein paar Männer aus den nahen Dörfern zusammen, um Bruder Klaus eine Kapelle und direkt daran eine Zelle zu bauen, in der er wohnen konnte. Die Zelle hatte zwei Fenster: Ein Fenster gewährte ihm den Blick in die Kapelle. So konnte er immer am Gottesdienst teilnehmen, aber trotzdem für sich bleiben.

Manchmal hatte Niklaus auch Visionen, die die Leute bis heute weitererzählen.

Zum Beispiel sah er einmal im Traum viele sehr arme Leute bei schwerer Arbeit. Er stand da, schaute ihnen zu und wunderte sich, dass sie so viel Arbeit hatten und doch so arm waren. Da erblickte er auf einem Hügel dahinter eine schöne Kirche, zu der nur wenige Leute hinaufstiegen. In der Kirche sah er einen Brunnen mit klarem Wasser. Und er dachte sich: Du sollst hinausgehen und schauen, warum die Leute nicht hierherkommen und aus dem Brunnen schöpfen. Denn sie arbeiteten ja viel und waren sicher müde und durstig.

Dann sah er, wie einer dastand und einen Zaun quer über den Platz geschlagen hatte. In der Mitte des Zauns gab es ein Tor, das hielt er mit der Hand zu und sagte zu den Leuten: Ich lasse euch weder hin noch her, es sei denn, ihr bezahlt dafür. Auch andere verlangten von den Armen viel Geld. Und niemand der armen Leute hatte genug Geld, um das alles zu bezahlen. Und so konnten sie niemals zum Brunnen kommen.

Durch diese Vision wurde Niklaus deutlich, dass er ein Leben auf der Seite der Armen führen wollte. Nicht mehr reich wollte er sein, sondern arm, weil Jesus auch arm gewesen war. Damit wollte Bruder Klaus den Reichen ein Beispiel geben und sie dazu auffordern, von den Armen nicht zu hohe Steuern und Abgaben zu verlangen.

Niklaus von Flüe soll die letzten neunzehn Jahre seines Lebens ganz auf das Essen verzichtet haben. Dieses Wunderfasten machte ihn für einige Pilger bereits zum lebenden Heiligen. Zum Einsiedler kamen Menschen aus allen Berufen und Schichten und baten ihn um Rat für ihre Probleme und Streitereien.

Einmal hatten die Eidgenossen grossen Streit untereinander. Der Streit war so ernst, dass Krieg drohte zwischen den Städten und Landorten.

In dieser Not ging der Pfarrer von Stans zu Niklaus von Flüe und bat ihn um Hilfe.

Welchen Rat er von Bruder Klaus bekommen hatte, ist nicht bekannt, aber nach dem Besuch im Ranft gelang es dem Pfarrer, die Herren von Uri, Schwyz, Unterwalden, Luzern, Zug, Zürich, Bern und Glarus, dazu zu bewegen, nochmals zu verhandeln, anstatt zu kämpfen. Schon nach zwei Stunden hatten sie sich geeinigt. Dieses Ereignis ging als «Stanser Verkommnis» in die Geschichtsbücher ein.

Auch von weit her kamen Ratsuchende nun zum Bruder Klaus. Etwa aus der Stadt Konstanz, dem Predigerkloster Basel, vom Herzog von Mailand und von den eidgenössischen Städten. Dabei forderte Bruder Klaus immer eine gütliche Einigung, denn «ein Gutes bringt immer ein anderes Gutes», wie er 1482 in einem Brief an die Stadt Konstanz schrieb. «Wird ein Konflikt mit einem Rechtsspruch gelöst, gibt es Sieger und Verlierer. Dauerhaft ist nur ein Kompromiss».

Am 21. März 1487 starb Bruder Klaus und wurde in der Pfarrkirche Sachseln begraben.

*Nach historischen Quellen und Legenden*

# 110 Wiborada von St. Gallen: Rat und Rettung

Wiborada lebte um das Jahr 900 und stammte aus einer vornehmen Thurgauer Familie. Dennoch wuchs sie sehr bescheiden auf. Nachdem ihre Schwester schon als junges Mädchen und später dann auch ihr Vater gestorben waren, pflegte sie ihre kranke Mutter. Schon lange hatte sie den Wunsch, eine Pilgerreise nach Rom zu machen. Mit ihrem Bruder Hitto zusammen erfüllte sie sich diesen Wunsch und machte ihre erste grosse Reise.

Auf der Fahrt erlebte sie, wie ihr Bruder mehrmals am Tag die Psalmen betete, denn Hitto war ein Priester, und das Psalmenbeten gehörte zu seinen Aufgaben. Weil aber Wiborada neugierig und wissbegierig war, lernte sie während der Reise die Psalmen, die ihr Bruder betete, auswendig. Auch versuchte sie sich alles gut zu merken, was sie unterwegs sah und kennenlernte.

Als sie von Rom zurück in ihre Heimat am Bodensee gekommen waren, fasste Wiborada einen ungewöhnlichen Entschluss: Sie wollte eine Zelle an eine Kirche anbauen und sich darin einschliessen lassen, um sich dort ungestört von der Welt ganz auf Gott und die himmlische Welt zu konzentrieren. Sie legte einen heiligen Eid ab, dass sie die Zelle zeitlebens nicht mehr verlassen werde.

Bald sprach sich herum, dass Wiborada nicht einfach nur seltsam, sondern auch besonnen und klug war. Und so kamen mehr und mehr Menschen von nah und fern zu ihr und baten sie um ihren Rat und ihr Urteil. Auch Adlige und Priester vertrauten sich ihr an. Wiborada war hochgeachtet und als weise Frau sehr geschätzt. Das machte auch Eindruck auf andere junge Frauen. Einige kamen zur Kirche, an der Wiborada in ihrer Zelle lebte, und liessen sich dort ebenfalls Zellen bauen; andere Frauen wollten zwar wie Wiborada leben, suchten sich aber einen anderen Ort dafür aus. Wiborada wurde so zum Vorbild für viele Frauen.

Eines Tages, es war Winter, hatte Wiborada in ihrer Zelle eine Vision: Darin sah sie, dass eine Gruppe von Reitern aus dem fernen Ungarn im Frühling das grosse Kloster in St. Gallen überfallen würde. Sogleich liess sie den Abt des Klosters rufen und erzählte ihm von ihrer Vision. Der Abt glaubte Wiborada und liess die berühmte Bibliothek und den ganzen Kirchenschatz in Sicherheit bringen und für die Mönche eine Fluchtburg bauen.

Als die gewalttätigen und räuberischen Reiter heranzogen, flohen die anderen Frauen, die in Zellen neben Wiborada lebten, in die Fluchtburg der Mönche. Doch Wiborada blieb in ihrer Zelle, weil sie ihr Gelübde nicht brechen wollte. Am 1. Mai 926 erreichten die Eroberer St. Gallen und überfielen das Kloster, genau wie Wiborada es vorausgesagt hatte. Als die Reiter zur Kirche mit den Zellen kamen und als Einzige noch Wiborada dort fanden, erschlugen sie sie.

Vergessen haben die Menschen Wiborada nicht. Sie verehrten Sie nach ihrem Tod so sehr, dass sogar der Papst von ihr erfuhr und ihre Verehrung in der Kirche erlaubte. Wiborada war die erste Frau, die von einem Papst heiliggesprochen wurde.

*Nach: heilige-wiborada.ch*

# 111 Vom klugen Esel

Einst reisten zwei Astronomen von weit her nach Peru, um die Phänomene der Atmosphäre in der Kordillere von Sayapullo zu untersuchen. Auf ihren Streifzügen kamen sie zu einem einfachen Haus. Vor der Tür stand eine Frau und lud sie ein: «Kommt herein, und bleibt, denn heute Abend wird es regnen.»

«Aber nein, Signora», sagten die zwei Astronomen, «auf keinen Fall wird es heute regnen, wir verstehen etwas vom Wetter.»

So schliefen sie draussen und blickten in den Sternenhimmel, als plötzlich ein ganz heftiger Regen kam und sie völlig durchnässte. Am anderen Morgen fragten sie die Frau, woher sie denn gewusst habe, dass es regnen würde.

Sie erklärte: «Jedes Mal, wenn mein Esel kommt und sich im Hof wälzt, wird es bestimmt regnen.»

Darauf sagte der eine Wissenschaftler zum anderen: «Lass uns von hier verschwinden, Kollege, denn hier ist ein Esel, der mehr weiss als wir.»

*Gabriel Ponce, Araqueda, Cajamarca (Peru)*

# Bitte weitererzählen!
# Nachwort

## 1  Zu Inhalt und Zielsetzung des Geschichtenbuchs «Erzähl nochmal»

Das Buch «Erzähl nochmal» versammelt 111 Geschichten aus Mythen und Heiligen Schriften, Volks- und Kunstmärchen sowie Geschichten aus Weisheitstraditionen und anderen mündlichen Überlieferungen. Mit dieser Sammlung ist nichts weniger als der Wunsch ausgedrückt, die Geschichten mit all ihren Verschiedenheiten und Ähnlichkeiten so einfach und verständlich wie möglich zugänglich zu machen. Mögen sie Anlass geben für gute Momente des Erzählens und Vorlesens sowie für Reisen in die immer wieder neu zu entdeckenden Kammern dessen, was wir hier den «kollektiven Erzählschatz der Menschheit» nennen möchten.

Die für diesen Band ausgewählten Geschichten verfügen mehrheitlich über drei allgemeine Merkmale:

- Sie können keinem bestimmten Autor, keiner namentlichen Autorin zugewiesen werden, bzw. sie haben durch vielfältige Rezeption einen kollektiven Aneignungsprozess durchlaufen und wurden dadurch der eigentlichen Urheberschaft gewissermassen entwendet.
- Sie weisen eine bestimmte Zeitlosigkeit auf bzw. haben kein bestimmtes Entstehungsdatum.
- Sie beinhalten eine universelle bzw. keine eindeutig zu bestimmende Botschaft, sondern stehen immer neuen Auslegungen und Interpretationen offen.

Die Zusammenstellung erfolgte im Austausch mit einer interdisziplinär, interkulturell und interreligiös zusammengesetzten Begleitgruppe. Um dem interreligiösen Schwerpunkt Rechnung zu tragen, liegt ein besonderes Gewicht auf den Geschichten aus den Heiligen Schriften und dem kul-

turellen Umfeld der grossen, epochenbildenden Religionen. Folgende fünf Kriterien waren bei der Auswahl handlungsleitend:
1. ein Bedeutungsgehalt, der differenzierte Anknüpfungspunkte ermöglicht;
2. eine möglichst reiche und vielfältige Rezeptionsgeschichte;
3. die Verhandlung und Problematisierung von existenziellen Grundfragen und universellen Themen menschlicher Zivilisations- und Religionsgeschichte;
4. Diversität in Herkunft und Wertsetzungen;
5. eine möglichst niederschwellige, allgemeine Zugänglichkeit für Kinder.

Die ersten drei Kriterien haben zur Folge, dass die meisten Geschichten keine Autor:innengeschichten im engeren Sinn sind, sondern den der mündlichen Tradition entstammenden Erzählgattungen der Mythen, Märchen, Legenden, Weisheitsgeschichten oder Ursprungserzählungen zugeordnet werden können. Die Kriterien 4 und 5 standen bei der Auswahl teilweise miteinander in Konflikt. So liesse das Anliegen einer möglichst breiten Diversität noch mehr Interkulturalität und Interreligiosität erwarten, als tatsächlich in diesem Buch vorhanden ist. Doch im Sinn des 5. Kriteriums und in Anbetracht der Tatsache, dass oft bereits die Inhalte sehr herausfordernd sein können, wurden in der Mehrzahl Geschichten gewählt, die in Sprache, Stil und Dramaturgie eine möglichst leicht verständliche Struktur aufweisen und für Kinder im deutschsprachigen Kontext so unmittelbar wie möglich zugänglich sind. Dies auch aus Sorgfaltspflicht gegenüber den Geschichten, die zur Erschliessung einer genaueren historisch-kritischen Kontextualisierung bedürften, die im Rahmen dieses Sammelbandes nicht zu leisten ist und daher auch der Gefahr einer Exotisierung des allzu Fremden unterliegen würden (vgl. Bossart 2020).

Der Band ist gegliedert in thematische Kapitel. Im Anhang findet sich ein Stichwortverzeichnis, das ebenfalls Hilfe bei der Auswahl der Geschichten bieten kann. Für Lehrpersonen steht die Website https://erzählnochmal.ch zur Verfügung, wo Kompetenzziele des Schweizerischen Lehrplans den einzelnen Geschichten zugeordnet sind sowie weitere didaktische Anregungen und Materialien zur Verfügung gestellt werden. Sie erreichen die Inhalte mit dem Benutzernamen: erzaehlnochmal und dem Passwort: aaS7tXM5NR.

## 2 Zur pädagogischen und existenziellen Bedeutung des Erzählens

Die Selbstvergewisserung der menschlichen Gattung erfolgt weitgehend narrativ. Sie entfaltet sich in Mythen, Epen und Geschichten. Keine Geschichtswissenschaft kann auf Formen des Erzählens verzichten. Auch die Selbstvergewisserung jedes einzelnen Menschen ist narrativ. Die versprachlichte Erinnerung stabilisiert das Erleben nach hinten und nach vorne. Denn «das wesentliche Merkmal, das den narrativen Denkstil vom wissenschaftlichen unterscheidet, ist das Verhältnis zur Zeit – nicht im Sinne der metrischen bzw. chronologischen, sondern im Sinne der modalen, nach Vergangenheit, Gegenwart und Zukunft differenzierten Zeit». (Herzog 2006). Die Erzählung im Sinne einer wiederholt vor anderen zur Kenntnis gebrachten Begebenheit ist somit sowohl stets konkret («Es geschah dort und dann.») als auch allgemein («Es kann wieder geschehen irgendwann und irgendwo.»). Der reflexive Blick auf sich selbst bzw. die Schau, den sie ermöglicht, aber nicht erzwingt, ist daher nie losgelöst von allen Bindungen, Begrenzungen und Komplikationen, mit denen es die menschliche Gattung zu tun hat, seit es sie gibt. Womit die Erzählung mit Peter von Matt auch die ältere Schwester der Theorie genannt werden kann.

Ausgehend von dieser narrativen Grundverfassung des Denkens sowohl in gattungs- als auch in individualgeschichtlicher Perspektive sei nun in den folgenden drei Kapiteln die Wichtigkeit des Erzählens von und Nachdenkens mit Geschichten im pädagogischen Kontext dargestellt.

### 2.1 Vorstellungskraft und Artikulation von Gefühlen

Das Erzählen, Hören und Verinnerlichen von Geschichten bildet eine wichtige Grundlage für die Bildung der Vorstellungs- und Artikulationskraft von Kindern. Das blosse Hören ohne äussere Bilder zwingt zu inneren Bildern. Das wiederholte Hören von Geschichten lässt allmählich innere Räume der Vorstellung entstehen, die durch jede neue Geschichte weiter verdichtet und ausgestaltet werden. Wie die psychoanalytisch orientierte Erzähltheorie (vgl. zum Beispiel Bruno Bettelheim: «Kinder brauchen Märchen» 1993) dargelegt hat, sind solche Fantasieorte eine wichtige

Bedingung für eine realistische Wahrnehmung der Wirklichkeit. Sie bilden einen Raum, um das Unwirkliche, das Drängende, Ersehnte, Befürchtete einzuordnen und zu unterscheiden vom Erleben der Alltagsrealität. Und es gilt: Je realer und reicher die Vorstellungskraft, desto kleiner und weniger bedrohlich der Raum, den das Unvorstellbare einnimmt. Denn wer sich eine Sache, eine Befindlichkeit, eine Erfahrung usw. nicht vorstellen kann, muss sie entweder zur Vergewisserung ausagieren oder aber ängstlich abwehren. Denn die Vorstellungskraft, also die Fähigkeit, sich etwas vorzustellen, ohne dass man es sieht, ohne dass man es erfährt und bevor man es tut, fusst zwar, wie von der Entwicklungspsychologie im Anschluss an Piaget gezeigt, auf einem biologischen Reifeprozess, muss aber zugleich durch Übung und vielfältige Variation gefestigt werden.

John Dewey schreibt in Kunst als Erfahrung (1987): «Einbildungskraft und Imagination sind die wichtigsten Instrumente des Guten». Insofern wäre das Gute immer auch ein Produkt der Einbildungskraft. Es ist nicht einfach empirisch festzustellen. Es ist abhängig von der Kraft, es uns vorstellen zu können. Aber weil es nur Vorstellungen des Guten und nicht das Gute selbst gibt, folgt daraus, dass bei der Verwirklichung des Guten Grenzen gesetzt sind. Ethische Erziehung zielt also einerseits darauf ab, die Vorstellungen des Guten zu erweitern und zu differenzieren und andererseits, die Grenzen des Machbaren zu erörtern. Das Erzählen und Bearbeiten von Geschichten vom Guten und Schlechten und die Auseinandersetzung mit Denk- Überzeugungs- und Glaubenspraxen verschiedener Menschen aus unterschiedlichen Kontexten stärkt beides (vgl. Reichenbach 2018).

Ein wichtiger Teil einer ausgebildeten Vorstellungskraft ist die Artikulation von Gefühlen. Nach Josef Früchtl sind Gefühle narrativ strukturiert: «Wir können ein Gefühl nicht (vollständig) verstehen, ohne seine Geschichte zu erzählen, und eben dies gibt narrativen Kunstwerken eine zentrale Bedeutung im Prozess menschlicher Selbstverständigung.» (Früchtl 2021). Die Fähigkeit zur Artikulation von Gefühlen wird wesentlich gefördert im Rahmen eines kulturellen Aneignungsprozesses von vorgefundenen Erzählmustern. Denn die Schulung der Gefühle bedarf nicht nur der Artikulation, sondern auch der Mässigung, der Kompensation und der Transformation, die modellhaft in Geschichten verhandelt werden. Und sie fällt umso produktiver und differenzierter aus, je spannungsreicher, vielfältiger und fremder die Genres sind, mit denen Kinder in Kontakt kommen und konfrontiert werden.

Es ist überdies auch aus einer allgemeinen lerntheoretischen Perspektive davon auszugehen, dass Lehren und Lernen, Bilden und Bildung stark mit Erzählen-können und mit Erzählungen-deuten-können in Zusammenhang stehen. Nicht nur weil beim Erzählen Informationen organisiert sowie Sinn und Bedeutung konstruiert werden, sondern auch, weil Erzählungen über ein besonderes gedächtnisförderndes Potenzial verfügen: In Erzählungen Mitgeteiltes lässt sich oft besser behalten und erinnern als kontextlose Information.

Arbeit am kulturellen Gedächtnis, Artikulation von Gefühlen und Schulung der Vorstellungskraft – diese hier skizzierten Begriffe bilden die pädagogische Grundachse dieses Buches. Sie wird verstärkt durch eine bestimmte Erzählhaltung und ein spezifisches Verhältnis zu den in den Geschichten verhandelten Stoffen. Beides soll im Folgenden erläutert werden.

### 2.2 Grundbegriffe des Erzählens

Folgende Leitbegriffe bieten eine Grundlage für das Erzählen zur Förderung der Vorstellungskraft.

*1 Bilderarmut:* Dem Begriff des Erzählens ohne Bilder liegt im Kontext dieses Buches folgende religionsgeschichtliche Haltung zugrunde: Das Bild, so wird es immer wieder in den religiösen Überlieferungen gelehrt, wird nur dann nicht zum «Götzenbild», das das Abgebildete durch das Abbild ersetzt, wenn es auf eine durch Narrationen vorgebildete Vorstellungskraft trifft. Ist dies der Fall, können Bilder in eine zwar zweideutige, aber produktive Spannung zur Vorstellungskraft treten. Sie beschränken und vereindeutigen die Vorstellungen, aber sie verdeutlichen und verkörpern sie auch und machen sie so erst wirklich. Diese Spannung ermöglicht Distanz und Kritik gegenüber beidem – den eigenen Vorstellungen und den gezeigten Bildern. Entfällt aber diese Spannung, weil dem Bild keine Vorstellungsräume gegenüberstehen, droht Identifikation mit dem Bild und das Missverständnis der Eindeutigkeit.

Das Erzählen der hier versammelten Geschichten sollte in diesem Sinn ohne bzw. mit einem möglichst zurückhaltenden Einsatz von Bildern erfolgen. Denkbar ist etwa zur Einstimmung das Zeigen eines Bildes, das entweder mit einem Motiv auf ein wichtiges Thema der Geschichte hinweist oder eine ausgewählte Szene zeigt. Weitere Bilder sollten, wenn überhaupt, erst im Anschluss zur Vertiefung, zur Variierung, Kontrastierung des Gehörten gezeigt werden. Hilfreich ist eine ritualisierte Erzählsituation: zum Beispiel immer zur selben Zeit, am selben Ort, in derselben Haltung der Zuhörenden (zum Beispiel liegend), in derselben Raumgestaltung (zum Beispiel Kinobestuhlung vor einer Leinwand mit einem Standbild). Ebenfalls ist es möglich, die Kinder während des Erzählens zeichnen zu lassen.

*2 Performativität:* Performatives Erzählen ist mit Vorteil auswendiges Erzählen, kann aber sehr gut auch beim Vorlesen oder lauten, gemeinsamen Lesen gelingen (in dem etwa abwechselnd die Kinder vorlesen oder bei kleineren Geschichten, alle zusammen laut lesen). Was mit dem Wort performativ gemeint ist, beschreibt am besten die folgende, oft zitierte Geschichte, die sich im Vorwort zu Martin Bubers berühmter Geschichtensammlung Die Erzählungen der Chassidim (2014) findet:

> «Man bat einen Rabbi eine Geschichte zu erzählen. ‹Eine Geschichte›, sagte er, ‹soll man so erzählen, dass sie selber Hilfe sei.› Und er erzählte: ‹Mein Grossvater war lahm. Einmal bat man ihn eine Geschichte von seinem Lehrer zu erzählen. Da erzählte er, wie der heilige Baalschem beim Beten zu hüpfen und zu tanzen pflegte. Mein Grossvater stand und erzählte, und die Erzählung riss ihn so hin, dass er hüpfend und tanzend zeigen musste, wie der Meister es gemacht hatte. Von der Stunde an war er geheilt. So soll man Geschichten erzählen.›»

Eine gute Vorbereitung für diese Art des engagierten Erzählens bzw. Vorlesens ist es, sich die Geschichte laut nochmals selbst zu erzählen oder vorzulesen – zum Beispiel vor einem Spiegel oder in ein Mikrofon. Nebst dem Üben ist aber genauso zentral, dass man sagen kann: Ich weiss, von welchen existenziellen, allgemeinen Erfahrungen eine Geschichte berichtet, wie und wo ich mit den Kindern in die Geschichte hineinkomme und mit welcher emotionalen Klangfarbe ich sie vortragen muss, wenn etwas von ihrem lebendigen Atem vermittelt werden soll.

Das Erzählen einer Person, die ihre eigene Geschichte mitteilt, die erzählt, was sie selbst erfahren oder sich ausgedacht hat, nennen wir *synchron*. Es ist zu unterscheiden vom *diachronen Erzählen*, bei dem jemand die Geschichte von anderen, hier und jetzt nicht (mehr) zu vernehmenden Menschen und Begebenheiten weitergibt. Wenn eine Person eine Geschichte vorliest oder erzählt, die nicht ihre eigene Geschichte ist, die sie aber durch mehrmaliges Lesen oder Hören, durch Diskurs und Deutung zu ihrer eigenen gemacht hat, wird durch sie der Prozess ihrer eigenen individuellen Aneignung, Aktualisierung bzw. Vergegenwärtigung des Vergangenen, Fremden usw. für die Zuhörenden nochmals initiiert: Das diachrone Erzählen wird dadurch wieder synchron.

*3 Bedeutsamkeit:*

*a.* Wir spüren sofort, ob die vortragende Person die Geschichte selbst lieben gelernt hat. Lieben kann man bekanntlich, was man angeschaut, erfahren, kennengelernt und besprochen hat oder was in einem selbst etwas bereits Geliebtes, Erhofftes, Geglaubtes usw. zum Klingen bringt. Was man liebt, möchte man zeigen und mitteilen. Und daher wird eine aus Liebe oder Leidenschaft geteilte Geschichte auch von den Hörenden leichter als wichtig wahrgenommen werden können. Bedeutsam sind ebenfalls jene Geschichten, die man selbst aus formalen oder inhaltlichen Gründen ganz oder teilweise ablehnt, an denen man aber etwas ganz Bestimmtes, Wichtiges zeigen will.

*b.* Eine Geschichte kann auch für heutige Erzählende und Zuhörende deshalb besonders bedeutsam sein, wenn sie es bereits für die Erzählenden und Zuhörenden in der Vergangenheit war – wenn also die ausgewählte Geschichte eine Geschichte hat. Und weil, wie Bertolt Brecht einmal formulierte, in jeder Gesellschaft nur das wichtig ist, was irgendeinmal wichtig wurde, ergibt sich die Bedeutung von Geschichten durch ihre Erzähl- und Interpretationsgeschichte. Die Menschen, die sich zu unterschiedlichen Zeiten mit dem Lesen, Hören, Weitererzählen, Interpretieren, Kritisieren einer Geschichte beschäftigen, bilden zusammen eine Art Rezeptionsgemeinschaft, die an der Bedeutsamkeit einer Geschichte arbeitet. Das Erleben der eigenen Teilnahme an einer Rezeptionsgemeinschaft als bedeutsam ist eng verbunden mit der Bedeutsamkeit, die dem Akt der Wiederholung für Bildungsprozesse beigemessen werden kann. Denn die Grundlage der Welterschliessung besteht weniger in der staunenden Wahrnehmung des Neuen, sondern vielmehr in einer Praxis des Wiedererkennens – und in der Folge des Aneignens und Verwerfens – dessen, was in der Vergangenheit wichtig war. Das kindliche Erforschen der Welt bedeutet in diesem Sinn nicht nur das Suchen nach dem noch nie Gesehenen, sondern auch nach dem längst Bekannten, das ihm noch nicht gezeigt wurde, das ihm noch nicht erschienen ist. Der englische Begriff für Forschen *research* heisst ja nichts anderes als Wiedersuchen, Wiederentdecken, Wiederholen. Die Grundform der Praxis des Wiedererkennens ist die Wiederholung. Erfinden heisst Wiederfinden. Alles Neue enthält Altes, alles Alte war einmal neu. Das Neue ist demnach die Transformation des Alten in jenes Neue, das es selbst einmal war. Die Wiederholung ist die Ermöglichung dieser Transformation. Nur das Problem, das wir weiterhin besprechen, spricht nicht sein Urteil über uns. Nur die Geschichte, die wir selbst weiterspinnen, wird nicht zum Netz der Verstrickung. Daher ist jede Wiedererzählung einer alten, wichtigen Geschichte auch eine Art Versuch, alte Fragen und ihre Antworten präsent zu halten und die immer drohende schicksalshafte Wiederholung umzuwandeln in eine selbstbestimmte Variation.

*4 Zeugenschaft:* Wer erzählt, wird zum Zeuge für die Erfahrung der anderen. Ausgehend von den berühmten Schlusssätzen der Überbringer der «Hiobsbotschaften» im ersten Kapitel des Buches Hiob («Ich ganz allein bin entronnen, um es dir zu berichten») kann die Erzählerin oder der Erzähler überlieferter Begebenheiten als Zeug:in verstanden werden, deren Überleben mit dem Auftrag der Bekundung und Übermittlung des Geschehenen verknüpft ist.

Davon lässt sich ein spezieller Aspekt ableiten, der mit diesem Buch intendiert wird: Er reicht weit über das Erzählen und Vorlesen als lustbestimmten, eher zufälligen Zeitvertreib hinaus; es geht um nicht weniger als den Auftrag, das Vergangene vor dem Vergessen zu sichern. Die erzählende Person wird zur Mittlerin zwischen denen, von denen gekündet werden soll, und den Hörenden. Sie macht die Sache von jenen zur Sache für diese. Jedes Erzählen wird insofern zur solidarischen Zeugenschaft, wenn es als Beauftragung in diesem vergegenwärtigenden Sinn interpretiert wird.

*5 Zuhören:* Wo gesprochen wird, wo über das Sprechen nachgedacht wird, kann das Hören nicht fehlen und wird doch oft vergessen. Der Sprachphilosoph Eugen Rosenstock-Huessy hat vor langer Zeit auf diesen Missstand hingewiesen und die soziale Funktion der Sprache als Einheit von Sprechenden und Hörenden identifiziert:

> «Sprache ist ein sozialer Vorgang, der den einen zum Aussprechen, den anderen zum Miteintreten auf den Ausspruch zwingt.»
> (Rosenstock-Huessy 1956)

Dieser soziale Aspekt des Sprechens ist, zumal im pädagogischen Verhältnis, keineswegs unproblematisch. Zudem verweist er auch darauf, dass den meisten Sprechakten ein pädagogischer Aspekt innewohnt. Die problematische Spannung zwischen Sprechenden und Hörenden ist in den Begriffsfamilien Horchen–Gehorchen und Hören–zugehörig–angehörighörig unübersehbar. Er impliziert einerseits eine Forderung an die Hörenden, die schnell zur Überforderung wird, und andererseits eine spezifische Schuld der Sprechenden. Diese ist umso grösser, je mehr ich nur aus mir oder von mir spreche, je kleiner also die soziale Situation ist, die ich mit dem Gesagten eröffne. Fehlen die anderen, die Abwesenden und die Toten; fehlen die Zeiten: die Vergangenen und die Künftigen – was kann dann noch gehört werden ausser den Begrenzungen und Forderungen meines kleinen Ichs oder des Hier und Jetzt? Denn das Hier und Jetzt, dessen positive Eigenschaft die zum Handeln auffordernde Dringlichkeit ist, kann gleichzeitig auch die Schliessung der Zeiten und Räume bedeuten.

Dieses Problem, diese Schuld der pädagogisch Sprechenden, lässt sich mindern, wenn ihr Sprechen hin und wieder von etwas kündet, das über sie hinausweist, das die soziale Situation weitet, das die Sprechenden und die Hörenden von sich wegführt und auf etwas anders hinhorchen lässt. Das heisst, wenn ihr Sprechen nach hinten blicken lässt – erinnernd – und nach vorne neigt – versprechend; wenn es nach aussen leitet – perspektivisch und transzendierend – und nach innen zieht – reflektierend und versenkend. Sollte daher nicht jedem Kind, bevor es gehorchen und leisten soll, in diesem Sinne verkündet und verheissen sein?

## 2.3 Zur inhaltlichen Auseinandersetzung mit den Geschichten

Nebst den oben beschriebenen fünf allgemeinen Grundbegriffen des Erzählens sind es die spezifischen, in den Geschichten verhandelten Stoffe, die faszinieren und die Vorstellungskraft fördern. Diese Stoffe repräsentieren keineswegs nur das Schöne und Gute. Sie sind vielmehr oft nebeneinander grossartig und kleinmütig, lieblich und grob, gegenwärtig und entrückt, erstrebenswert und verwerflich, anziehend und beängstigend, verständlich und unverständlich. Denn sie handeln alle in irgendeiner Weise von den zu allen Zeiten die Menschen betreffenden existenziellen Grundproblemen wie das fehlende Essen, den Mangel an Liebe, die Endlichkeit des Lebens und die Unendlichkeit der Zeiten und Vorstellungen, die Quälbarkeit des eigenen Leibs, die Widersprüchlichkeit der Gefühle und die Fortdauer von Herrschaft und Unterdrückung.

Die folgenden Hinweise zum Gehalt und zur Einordnung der Spannungen in den Stoffen der Geschichten gehen aus von dieser existenziellen und gattungsgeschichtlichen Dimension und geben insofern Hilfestellungen zum pädagogischen Verständnis der darin durch die Zeiten verhandelten existenziellen Konflikte.

*1 Arbeit an der Gattungsgeschichte:* Die Beschäftigung mit Geschichten, die früheren Generationen wichtig waren, ist Arbeit an der Gattungsgeschichte, Arbeit an einem Gefühl der Zugehörigkeit zu dieser Gattung mit all ihren Widersprüchen und allem Weh und Ach. Jeder Mensch steht zugleich für sich und stellvertretend für seine Gattung. Insofern er also diese vertritt, muss er wissen, was diese sich erzählt. Und dieses Erzählen ist zugleich die Kunde von dem, was die Geschichte der menschlichen Gattung sagen *und* was sie verschweigen will. In diesem Sinn bezeichnete Klaus Heinrich die Inhalte solcher Geschichten auch als *redende Stoffe*. Es spricht aus ihnen sowohl die erzählte Geschichte als auch ihre darin enthaltenen, nicht explizit ausgeführten bzw. verdrängten Themen und Konflikte wie die Geschlechterspannung, die Mittestellung der Menschen zwischen Natur und Übernatur, Endlichkeit und Unendlichkeit, die Haltung gegenüber Schicksal und Leiden, das Schwanken zwischen Wahrheit und Lüge, die Lücke zwischen Erreichbarkeit und Unerreichbarkeit irdischen Glücks usw. Erzählt werden nicht nur die Zeit der Geschichte, sondern auch verstreute Brocken der Geschichte ihrer Entstehungszeit und der

Menschheit im Allgemeinen. Diese verschiedenen Ebenen machen die Geschichten zugleich schwierig und interessant und halten ihre Interpretation offen für die Zukunft. Sie sind daher nicht zuletzt auch Depots für Unausgestandenes und Unerledigtes der Gegenwart.

*2 Öffnung der Zeiten und Räume:* Das «Es war einmal» der Märchen, die Kunde aus der Vor- und der Urzeit der Schöpfungsgeschichten, das Nirgendwo/Irgendwo der Weisheitslehren oder das Jenseits der Geschichten vom Paradies und vom Sterben weiten die Vorstellung der Zeiten und Räume. Die reine Gegenwart, getrieben durch ihre Forderungen des Tages und eingezwängt ins Hier und Jetzt, lässt oft keinen Raum für ein Wissen oder eine Ahnung für das, was nicht mehr ist, was noch nicht ist und was nie sein wird. Sie ist – nach einem Wort von Paul Tillich – abgeschlossene Endlichkeit, die nicht wissen kann, was ihr fehlt, die nicht suchen kann, was sie verloren hat. Kinder sind einerseits mangels eigener Erfahrungsgeschichte, mangels eigenen Reflexionsvermögens genuine Bewohner der reinen Gegenwart, andererseits stehen sie kraft der Unabgeschlossenheit ihrer Kategorienbildung und Erfahrungsverarbeitung immer mit einem Bein ausserhalb der vordefinierten Raum-Zeitlichkeit. Sie brauchen daher sowohl das Bürgerrecht ihrer Zeit als auch das Recht auf Auszug in andere Zeiten. Geschichten aus der sogenannten Lebenswelt der Kinder, die von Geburtstagen, Hausaufgaben, Tierfreundschaften oder Schulkonflikten handeln, betonen Ersteres. Geschichten aus dem «Erzählschatz der Menschheit», wie sie in diesem Buch versammelt sind, stärken tendenziell das Recht auf Auszug aus der Enge der eigenen Gegenwart in andere Räume und andere Zeiten.

*3 Narrative Vernunft:* Geschichten verhandeln Vorstellungen, Erfahrungen, Probleme oder Verhältnisse, die man anders nur verkürzt oder gar nicht ausdrücken kann. Auch kann eine Geschichte einer bestimmten Sache eine andere Färbung, eine andere Nuance verleihen als beispielsweise Analysen, Berichte oder Begriffe, die durch ihre formalen Begrenzungen zwangsläufig bestimmte Potenziale von Stoffen verdrängen. Geschichten wie etwa solche über die Weltentstehung greifen Aspekte auf, die beispielsweise in wissenschaftlichen Theorien und Modellen unbeachtet bleiben müssen. Sie sind daher zwar ausserwissenschaftlich, aber keineswegs unwissenschaftlich. Zudem bilden Wunsch- und Angstverkörperungen wie Wunder und Fabelwesen der analytischen Vernunft einen Konfrontations- und Reflexionsraum für ihre eigenen Beschränkungen – die bewussten und die unbewussten (und umgekehrt).

Das Skandalon schlechthin für die analytische Vernunft ist und bleibt der Gottesbegriff. Er ist nach Kant das, was die Vernunft belästigt und was sie trotzdem nicht einfach abweisen bzw. was sie einfach nicht abweisen kann. Wenn Gott für den Glauben die Chiffre für alles bleibend Unbegreifbare ist, so ist er für die analytische Vernunft der Skandal des nach 250 Jahren Aufklärung immer noch Unbegriffenen. Das Problem aber, das daher vielen Erwachsenen jene Geschichten bereiten, in denen Gott selbst spricht und handelt bzw. in denen das Göttliche, die Götter usw. Gegenstand der Erzählhandlung sind, stellt sich für Kinder anders. Ganz abgesehen von religionstheoretischen Diskussionen zu einer kindlichen Transzendenzahnung bzw. entwicklungspsychologisch untermalten Stufentheorien der Gotteserkenntnis können, aber müssen Götter in Geschichten nicht extra thematisiert bzw. problematisiert werden. Denn sie gehören für Kinder in erster Linie einfach zum normalen Personal der in und durch die Geschichte beseelten Aussenwelt, die als Spiegel ihrer Innenwelt fungiert und diese mit ihrer Rätselhaftigkeit, ihren Konflikten und Widersprüchen erzählbar macht. Bruno Bettelheim hat aus psychoanalytischer Sicht auf diesen Zusammenhang aufmerksam gemacht und die Frage des Kindes, ob die wundersame Rettung des Jüngsten, die Verbrennung der Hexe oder das Einschreiten eines Gottes wahr sei, gedeutet als Frage, ob es selbst Gefahren bestehen, böse Gefühle in sich besiegen oder aus Gefahr gerettet werden kann.

*4 Demut und Kritik:* Und schliesslich ist zu fragen: Zu welchem Zweck wir uns und den Kindern heute noch Geschichten erzählen sollen, die den aktuellen moralischen und gesellschaftlichen Standards in manchem nicht mehr genügen? Transportieren wir damit nicht die ewig gleichen Strukturen der Geschlechterordnung, politischer Herrschaft, Naturunterdrückung usw.? Diese Fragen sind nicht nur heute berechtigt, sie waren es immer schon. Jede Zeit muss sie aufs Neue an alle Dokumente und Werke der Kulturgeschichte richten, und jede Zeit wird einige dieser Dokumente verwerfen und durch neue Werke und neue Geschichten ersetzen. Auch in dieses Buch sind verschiedene Geschichten nicht aufgenommen worden, weil uns die zeitgenössische Kritik daran schwerer zu wiegen schien als ihr kultureller Wert. Bei anderen war es umgekehrt, und sie stehen nun trotz fragwürdiger Stellen in dieser Sammlung. Aber wie auch immer man damit umgeht und zu den einzelnen Werken steht: Insofern diese Geschichten Dokumente der Gattungsgeschichte sind, sind sie Teil der Geschichte jedes einzelnen Menschen. Es gibt keine andere. Denn Herrschaft verschwindet nicht einfach, Fortschritt ist meistens zweideutig, alle Lösungen existenzieller Probleme sind prekär, und was wir glauben überwunden zu haben oder vergessen zu können, kehrt nur allzu oft in verwandelter Form zurück. Und nach rund 30 000 Jahren dokumentierter Kulturgeschichte können wir vermuten, dass die existenziellen Ängste, Wünsche und Fragen der Menschheit sich zwar immer wieder anders zeigen und auch immer wieder andere Lösungen hervorbringen, jedoch nie endgültig erledigt sind. Das heisst, die Beschäftigung mit dem, was früheren Generationen wichtig war, kann auch Quellen unserer eigenen Probleme erschliessen und Inspiration für unsere Lösungen sein. Respekt und Demut vor der langen Geschichte der Menschheit und das Nichtwissen über ihren weiteren Fortgang legen es nahe, sich die Hoffnungen und Konflikte aus alter Zeit immer neu zu vergegenwärtigen und sich somit auch nicht zu weit von dem zu entfernen, was man überwunden zu haben glaubt. So ist letzlich Hans Joas (2012) zuzustimmen, dass «biographisches, historisches und mythologisches Erzählen ein notwendiger Zug der Kommunikation über Werte ist».

In diesem Sinne wünschen wir den Leser:innen, Erzähler:innen und Hörer:innen dieser Geschichten gute Begegnungen mit anderen Welten, Zeiten und mit sich selbst sowie Inspiration und gute Unterhaltung.

Für die Herausgeberschaft
Rolf Bossart
Mai 2023

## Literatur

Bruno BETTELHEIM (1993): Kinder brauchen Märchen, Stuttgart, 1. Aufl. 1977.

Rolf BOSSART (2019): Die Welt retten. Über das Lesen von schwierigen und alten Texten in ERG/Religionslehre, in: erg.ch – Materialien zum Fach Ethik, Religionen, Gemeinschaft, 18.9.2019, URL=https://www.ethik-religionen-gemeinschaft.ch/bossart-die-welt-retten/ (20.3.2023).

Rolf BOSSART (2020): Spannungsfelder und Probleme im Fach ERG. Thesen für ein zureichendes Fachverständnis als Teaching of Existence, in: erg.ch – Materialien zum Fach Ethik, Religion, Gemeinschaft, 30.11.2020, URL=https://www.ethik-religionen-gemeinschaft.ch/bossart-spannungsfelder-probleme-erg/ (20.3.2023).

Martin BUBER (2014): Die Erzählungen der Chassidim, Zürich/München.

John DEWEY (1987): Kunst als Erfahrung, Frankfurt a. M., 1. Aufl. 1980

Joan DIDION (2021): Wir erzählen uns Geschichten, um zu leben, Berlin.

Josef FRÜCHTL (2021): Demokratie der Gefühle. Ein ästhetisches Plädoyer. Hamburg.

Klaus HEINRICH ($^3$1992): Vernunft und Mythos. Ausgewählte Texte, Basel.

Walter HERZOG (2018): Die ältere Schwester der Theorie. Eine Neubetrachtung des Theorie-Praxis-Problems, in: Zeitschrift für Pädagogik Jg. 64, Nr. 6, 812–830.

Hans JOAS (2012): Die Sakralität der Person. Eine neue Genealogie der Menschenrechte, Frankfurt a. M.

Peter VON MATT (2014): Wie wir die Welt im Geist ordnen, in: Tagesanzeiger vom 4.6.2014; digital: URL=https://www.tagesanzeiger.ch/wie-wir-die-welt-im-geist-ordnen-766650993923 (17.3.2023)

Roland REICHENBACH (2018): Ethik der Bildung und Erziehung. Essays zur Pädagogischen Ethik, Paderborn.

Eugen ROSENSTOCK-HUESSY (1956): Soziologie. Die Übermacht der Räume, Stuttgart.

Olga TOKARCZUK (2021): Übungen im Fremdsein. Essays und Reden, Zürich.

Sabine WIENKER-PIEPHO/Klaus ROTH Hg. (2004): Erzählen zwischen den Kulturen, Münster.

# Register

## Themen

Anfang und Ende der Welt  1, 2, 8, 9, 10, 11, 14, 65, 73, 74
Arbeit  1, 3, 7, 12, 13, 15, 25, 34, 58, 82, 92
Armut und Hunger  26 ,40, 44, 51, 62, 88, 89, 93, 103, 105, 108
Baum, Bäume  1, 2, 8, 16, 35, 45, 56, 62
Bescheidenheit  *siehe* Genügsamkeit
Betrug, Betrügen  *siehe* Richten und Betrügen
Böse (das Böse, Bösewichte)  *siehe* Teufel und andere Bösewichte
Dilemma und Wertekonflikt  1, 14, 23, 24, 26, 29, 44, 53, 54, 60, 78, 89
Dummheit  *siehe* List und Dummheit
Elemente
  – Erde: 1, 8, 10, 27, 35, 47, 92
  – Feuer: 18, 19, 70
  – Luft: 8, 33, 67, 73
  – Wasser: 8, 11, 14, 21, 31, 44
Eltern  7, 15, 20, 21, 23, 24, 26, 33, 46, 61, 63, 101, 105
Ende der Welt  *siehe* Anfang und Ende der Welt
Engel und andere Zwischenwesen  1, 2, 3, 49, 53, 67, 68, 98, 99, 100, 101, 102
Ethik (deontologische/Gesinnungs-/ Prinzipienethik und teleologische/Verantwortungs-/Folgenethik)  5, 6, 7, 22, 23, 29, 41, 46, 60, 62, 66, 85, 90, 93, 108

Feste  23, 31, 64, 97, 101, 104
Freunde  22, 25, 27, 30, 41, 60, 66, 85, 97, 105
Genügsamkeit  12, 13, 15, 28, 34, 36, 39, 44, 52, 53, 61, 95
Gerechtigkeit  12, 23, 24, 38, 66, 79, 82, 93, 94
Geschwister  12, 23, 26, 28, 29, 32, 46, 63
Gier  *siehe* Genügsamkeit
Glück  2, 3, 7, 13, 30, 34, 48, 49, 57, 58, 61
Gold und andere Schätze  3, 7, 12, 13, 15, 44, 47, 49, 61, 62, 63, 75, 98
Gott, Göttinnen, Götter  1, 2, 8, 9, 10, 11, 14, 17, 18, 19, 22, 32, 36, 52, 62, 64, 65, 69, 71, 72, 74, 91, 94
Guter Rat  21, 29, 30, 40, 42, 43, 45, 54, 56, 66, 111
Hilfe und Solidarität  5, 7, 13, 15, 18, 25, 28, 30, 32, 41, 61, 66, 76, 104, 108
Himmel, Paradies und Jenseits  1, 2, 8, 9, 18, 22, 32, 67, 68, 69, 73
Hunger  *siehe* Armut und Hunger
Jenseits  *siehe* Himmel, Paradies und Jenseits
Königinnen und Könige  3, 6, 7, 15, 20, 22, 24, 26, 37, 38, 39, 50, 61, 63, 71, 72, 75, 98
Krankheit  *siehe* Tod, Leiden, Krankheit
Leiden  *siehe* Tod, Leiden, Krankheit

Licht und Sonne  3, 8, 20, 39, 59, 71, 84, 105
List und Dummheit  13, 19, 21, 24, 31, 42, 43, 47, 51, 53, 59, 64, 79, 81
Macht und Ohnmacht  2, 14, 18, 37, 38, 39, 44, 50, 54, 55, 71, 79, 83, 94
Mut  14, 16, 37, 39, 41, 50, 55, 61, 71, 75, 100, 104, 106, 107, 109
Nächstenliebe  6, 22, 23, 24, 26, 60, 62, 67, 69, 76, 77, 86, 103, 105, 108
Ohnmacht  *siehe* Macht und Ohnmacht
Paradies  *siehe* Himmel, Paradies und Jenseits
Richten und Betrügen  24, 29, 36, 37, 46, 60, 68, 77, 79, 81, 88, 93, 104
Schatz  *siehe* Gold und andere Schätze
Schuld und Versöhnung  6, 11, 14, 29, 20, 21, 23, 26, 27, 29, 78, 79, 83, 88, 90, 94, 109

Solidarität  *siehe* Hilfe und Solidarität
Sonne  *siehe* Licht und Sonne
Teufel und andere Bösewichte  1, 15, 28, 33, 47, 61, 73, 79, 85, 89, 93, 104
Tiere  1, 5, 11, 14, 16, 22, 25, 28, 41, 42, 43, 44, 45, 73, 85, 111
Tod, Leiden, Krankheit  4, 5, 11, 17, 22, 26, 32, 33, 67, 69, 96, 97
Vier Elemente  *siehe* Elemente
Weisheit  5, 6, 13, 24, 39, 45, 46, 48, 49, 52, 56, 57, 58, 65, 70, 72, 78, 81, 84, 92
Wertekonflikt  *siehe* Dilemma und Wertekonflikt
Wunsch, Wünsche  1, 3, 4, 13, 17, 39, 44, 47, 52, 53, 67, 69, 71
Zahlen
 – 3: 6, 7, 52, 53, 61, 63, 75, 98
 – 7: 11 ,26, 29, 33, 38, 69, 95

## Herkunft, kultureller Kontext

Altes/Erstes Testament; Tanach  1, 8, 11, 14, 24, 26, 36, 94, 99, 104

Amerikanischer Kulturraum  29, 48, 73, 75, 111

Buddhistische und hinduistische Traditionen; asiatischer Kulturraum  3, 5, 22, 30, 31, 52, 56, 60, 62, 64, 74, 95, 96

Christliche Traditionen  6, 17, 21, 29, 32, 46, 66, 71, 87, 91, 103, 105, 106, 107, 108, 109, 110

Evangelien  23, 76, 82, 89, 90, 92, 93, 97, 98, 101

Griechische Mythologie  10, 18, 33, 42, 54, 69

Heiligenviten und -legenden  87, 103, 106, 107, 108, 109, 110

Islamische Traditionen; arabischer und afrikanischer Kulturraum  2, 9, 19, 27, 46, 50, 80, 81, 83, 85, 88, 100, 102

Jüdische Traditionen  29, 40, 46, 55, 58, 65, 66, 68, 70, 72, 77, 78, 86

Märchensammlung Gebrüder Grimm  4, 7, 12, 13, 15, 25, 28, 44, 47, 61

# Quellenverzeichnis

1 Genesis (1. Mose) 2,4b–9.15–23.25–3,14.16–24, Gute Nachricht Bibel (GNB); bearbeitet von Rolf Bossart.
2 «Die Geschichte des Propheten Adam und seiner Frau Hawwa», aus: Qur'anische Geschichten, hg. vom Islamischen Sozialdienst- und Informationszentrum, Stuttgart ³2002; neu erzählt und gekürzt von Rolf Bossart.
3 Märchen aus Japan; neu erzählt von Rolf Bossart.
4 Janosch, «Der Tod und der Gänsehirt», in: ders., Das große Janosch-Buch. Geschichten und Bilder, Weinheim 2001.
5 Nach Ramakrishna; neu erzählt von Rolf Bossart.
6 Leo N. Tolstoi, nacherzählt von Rolf Bossart.
7 Aus: «Kinder und Hausmärchen». Gesammelt durch die Brüder Grimm. Erster Band. Grosse Ausgabe, Göttingen ³1837; bearbeitet von Rolf Bossart.
8 Genesis (1. Mose) 1,1–16.18b–2,3a, GNB; leicht bearbeitet.
9 Aus der Türkei; Lernportal Hamsterkiste (hamsterkiste.de)
10 Römische Fabel; nacherzählt von Rolf Bossart.
11 Genesis (1. Mose) 6,1.5–10.13–24; 7,4–5.7–10.12.17b–8,3.6.8–12; 9,1–5.8–16, GNB; gekürzt und bearbeitet von Rolf Bossart.
12 Aus: «Kinder und Hausmärchen». Gesammelt durch die Brüder Grimm. Erster Band. Grosse Ausgabe, Göttingen ³1837; bearbeitet von Rolf Bossart.
13 Aus: «Kinder und Hausmärchen». Gesammelt durch die Brüder Grimm. Erster Band. Grosse Ausgabe, Göttingen ³1837.
14 Jona 1,2–2,5.7b.11; 3–4, GNB; bearbeitet und ergänzt von Rolf Bossart.
15 Aus: «Kinder und Hausmärchen». Gesammelt durch die Brüder Grimm. Erster Band. Grosse Ausgabe, Göttingen ³1837.
16 Fabel; neu erzählt von Gregor Szyndler.
17 Mittelalterliche Legende; neu erzählt von Rolf Bossart.
18 Griechische Mythologie; Lernportal Hamsterkiste (hamsterkiste.de); bearbeitet von Rolf Bossart.
19 Aus Namibia; neu erzählt von Rolf Bossart.
20 Renate Schoof, Kinderbilderbuch.
21 Legende; neu erzählt von Rolf Bossart.
22 Aus dem «Mahabharata»; bearbeitet von Rolf Bossart.
23 Lukas-Evangelium 15,11–32, GNB; leicht bearbeitet.

| | |
|---|---|
| 24 | 1. Buch der Könige 3,16–22.24–28, GNB; leicht bearbeitet. |
| 25 | Aus: «Kinder und Hausmärchen». Gesammelt durch die Brüder Grimm. Erster Band. Grosse Ausgabe, Göttingen ³1837; bearbeitet von Rolf Bossart. |
| 26 | Genesis (1. Mose) 37; 39–41; 46; erzählerische Grundlage: Diana Klöpper, Kerstin Schiffner, «Erzählbibel», Uelzen, ³2021; leicht bearbeitet von Rolf Bossart. |
| 27 | Islamische Tradition; nacherzählt von Rolf Bossart. |
| 28 | Aus: «Kinder und Hausmärchen». Gesammelt durch die Brüder Grimm. Zweiter Band. Grosse Ausgabe, Göttingen ⁴1840; bearbeitet von Rolf Bossart. |
| 29 | Nach Motiven aus Genesis (1. Mose) 4,24 und dem Matthäus-Evangelium 18,21 f.; erzählt von Rolf Bossart. |
| 30 | Buddhistische Lehrgeschichte; nacherzählt von Rolf Bossart. |
| 31 | Aus China. |
| 32 | Vielfach variierte Überlieferung; neu erzählt von Rolf Bossart. |
| 33 | Griechische Mythologie, in lateinischer Fassung überliefert in Ovids «Metamorphosen»; nacherzählt von Rolf Bossart. |
| 34 | Alte Anekdote, bekannt geworden in der Fassung von Heinrich Bölls «Anekdote zur Senkung der Arbeitsmoral» (1. Mai 1963); neu erzählt von Rolf Bossart. |
| 35 | Jean Giono, «L'homme qui plantait des arbres» (1953); Fassung von Rolf Bossart. |
| 36 | Genesis (1. Mose) 11,1.3–9, GNB; bearbeitet von Rolf Bossart. |
| 37 | Hans Christian Andersen, «Des Kaisers neue Kleider»; leicht bearbeitet von Rolf Bossart. |
| 38 | Otfried Preußler, Herbert Holzing, Die Glocke von grünem Erz, Stuttgart/Wien 2005 (Neuausgabe). |
| 39 | Aus: Plutarch, «Alexander – Caesar»; Fassung von Rolf Bossart. |
| 40 | Martin Buber, «Aus dem Lehrhaus des ‹Sehers› von Lublin, in: ders., Chassidismus III: Die Erzählungen der Chassidim, hg., eingel. und komm. von Ran HaCohen. 1: Text (Martin Buber Werkausgabe 18), Gütersloh 2015; Fassung von Rolf Bossart. |
| 41 | Kurt Baumann, David McKee, «Joachim der Zöllner», Zürich 1971; nacherzählt von Rolf Bossart. |
| 42 | Griechischer Mythos, literarisch verarbeitet in: Homer, «Odyssee»; nacherzählt von Rolf Bossart. |
| 43 | Johann Peter Hebel, «Seltsamer Spazierritt» (1808); leicht bearbeitet von Rolf Bossart. |

44  Aus: «Kinder und Hausmärchen». Gesammelt durch die Brüder Grimm. Erster Band. Grosse Ausgabe, Göttingen ³1837; bearbeitet von Rolf Bossart.

45  Aus Schweden; Fassung von Gregor Szyndler.

46  Aus: Gotthold Ephraim Lessing, «Nathan der Weise» (Akt 3, Auftritt 7); Giovanni Boccaccio, «Das Dekameron» (Tag 1, Geschichte 3); Fassung von Rolf Bossart.

47  Aus: «Kinder und Hausmärchen». Gesammelt durch die Brüder Grimm. Zweiter Band. Grosse Ausgabe, Göttingen ⁶1850.

48  Überlieferung aus Mexiko.

49  Märchen aus Griechenland; neu erzählt von Gregor Szyndler.

50  Aus der Türkei; neu erzählt von Rolf Bossart.

51  Legende; neu erzählt von Gregor Szyndler.

52  Hinduistische Tradition; neu erzählt von Gregor Szyndler.

53  Nach der Kalendergeschichte «Drey Wünsche» von Johann Peter Hebel, aus: ders., Schatzkästlein des rheinischen Hausfreundes, Tübingen 1811; von Rolf Bossart bearbeitete Variation.

54  Griechische Mythologie; nacherzählt von Rolf Bossart.

55  Moira Thiele, «Onkelos und die Mesusa»; URL=https://www.hagalil.com/2021/01/onkelos-und-die-mesusa/.

56  Taoistische Tradition; neu erzählt von Rolf Bossart.

57  Eugen Rucker, «Die Stille aus Brücke zur eigenen Mitte», in: ders., Symbol-Geschichten. Praktische Glaubenskunde in Gleichnissen (reihe spielraum 22), München 1975; neu erzählt von Gregor Szyndler.

58  «Thue jeder, was er kann (Jalkut)», in: Giuseppe Levi (Hg.), Parabeln, Legenden und Gedanken aus Talmud und Midrasch, Leipzig ²1877 (¹1863), Poetischer Theil: Aphorismen, Sechstes Buch. Legenden, Parabeln und Principien religiöser Theorie; neu erzählt Gregor Szyndler.

59  Literarischer Ursprung: «Das Lalebuch». Wunderseltzame, Abentheuerliche, vnverhörte, vnd bißher vnbeschriebene Geschichten vnd Thaten der Lalen zu Laleburg. Jetzung also frisch, Männiglichen zu Ehrlicher Zeitverkürtzung, auß vnbekanten Authoren zusammen getragen, vnd auß Rothwelscher in Deutsche Sprach gesetzt. Gedruckt zu Laleburg, Anno 1597. Edition: Das Lalebuch (1597) mit den Abweichungen und Erweiterungen der Schiltbürger (1598) und des Grillenvertreibers (1603) hg. v. Karl von Bahder, Halle/Saale, 1914; neu erzählt von Rolf Bossart.

60  Aus Nepal; neu erzählt von Rolf Bossart.

61 Aus: «Kinder und Hausmärchen». Gesammelt durch die Brüder Grimm. Erster Band. Grosse Ausgabe, Göttingen ³1837; bearbeitet von Rolf Bossart.

62 Hinduistische Tradition; neu erzählt von Rolf Bossart.

63 Überliefert von Gidon Horowitz, https://www.maerchenschatz.de/ordkost/koenigin.pdf; nacherzählt von Rolf Bossart.

64 Hinduistische Tradition, überarbeitet von Caroline Widmer nach der Fassung von Leela Breuer und Herta Thomas.

65 Jüdische Tradition; nacherzählt von Rolf Bossart.

66 Jüdische Tradition; neu erzählt von Carmen Garcia.

67 Nach Motiven der Geschichte «Sagen von Unirdischen» (1972) von Anna Seghers; neu erzählt von Rolf Bossart.

68 «Weisung in Freude» II, 19–21; in: Giuseppe Levi (Hg.), Parabeln, Legenden und Gedanken aus Talmud und Midrasch, Leipzig ²1877 (¹1863); nacherzählt von Rolf Bossart.

69 Griechische Mythologie; neu erzählt von Rolf Bossart.

70 Jüdische Tradition; neu erzählt von Gregor Szyndler.

71 Leo Tolstoi, nacherzählt von Rolf Bossart.

72 Jüdische Tradition; neu erzählt von Rolf Bossart.

73 Gabriel Ponce, in: Alfredo Mires Ortiz, Cosmovivencia. La concepción del mundo desde la tradición oral cajamarquina, Cajamarca 2008; neu erzählt von Rolf Bossart.

74 Hinduistische Überlieferung, nach Caroline Widmer; bearbeitet von Gregor Szyndler.

75 Gabriel Ponce, in: Alfredo Mires Ortiz, Cosmovivencia. La concepción del mundo desde la tradición oral cajamarquina, Cajamarca 2008; neu erzählt von Rolf Bossart.

76 Lukas-Evangelium 10, 25–37, GNB; leicht bearbeitet.

77 Jüdische Tradition; neu erzählt von Rolf Bossart.

78 Simon Wiesenthal, «Der Rabbi, der sich nicht versöhnen wollte».

79 Altes Märchen; neu erzählt von Rolf Bossart.

80 Sufistische Tradition nach Dschalal ad-Din Muhammad Rumi (13. Jahrhundert); nacherzählt von Rolf Bossart.

81 Orientalisch-sephardisches Märchen.

82 Matthäus-Evangelium 20,1–16, GNB; redaktionell leicht gekürzt.

83 «Leert eure Beutel», in: Moslem Ghasemi, 40 Kurzgeschichten über großartige Menschen. Eine Sammlung religiöser und moralischer Anekdoten und Geschichten für Jugendliche. Mit Zeichnungen von Hessamoddin Tabatabaie;

übers. von Mehdi Kazemi, hg. vom Zentrum der Islamischen Kultur Frankfurt e.V., Frankfurt a. M. 2021; neu erzählt von Rolf Bossart.

84  Nach Motiven einer Geschichte von Gianni Rodari; neu erzählt von Rolf Bossart.

85  Märchen aus Westafrika, URL=https://afrika-junior.de/inhalt/medien/lesen/maerchen.html; neu erzählt von Rolf Bossart.

86  «Weisung in Freude» II, 112–113, in: Giuseppe Levi (Hg.), Parabeln, Legenden und Gedanken aus Talmud und Midrasch, Leipzig ²1877 (¹1863); neu erzählt von Rolf Bossart.

87  Mündliche Überlieferung aus Österreich.

88  Geschichte in der Tradition von Nasreddin Hodscha; nacherzählt von Rolf Bossart.

89  Matthäus-Evangelium 4,1–11a, GNB; leicht bearbeitet.

90  Johannes-Evangelium 8,2–11, GNB; leicht bearbeitet und gekürzt.

91  Nach Leo Tolstoi, «Martin der Schuster»; leicht bearbeitet von Rolf Bossart.

92  Matthäus-Evangelium 13,3–6a.7–8, GNB; bearbeitet von Rolf Bossart.

93  Lukas-Evangelium 19,1–8, GNB; ergänzt.

94  Buch Amos; neu erzählt von Rolf Bossart.

95  Buddhistische Tradition; nacherzählt von Rolf Bossart.

96  Buddhistische Tradition.

97  Markus-Evangelium 15,1–29.33–34.37; Matthäus-Evangelium 27,24.42; Lukas-Evangelium 23,39–41.43; Johannes-Evangelium 19,6.8.19; Textgrundlage GNB; zusammengestellt und bearbeitet von Rolf Bossart.

98  Matthäus-Evangelium 2,1–14.16.19–21.23a, GNB; leicht bearbeitet und gekürzt.

99  Exodus (2. Mose) 1,8–10.13–16; 2,1–15.23–25; 3,1–17; 4,10–15, GNB; bearbeitet, ergänzt und gekürzt von Rolf Bossart.

100  Nach islamischen Quellen neu erzählt von Rolf Bossart.

101  Lukas-Evangelium 2,1–19, GNB; bearbeitet von Rolf Bossart.

102  «Das Kind ohne Vater», aus: Qur'anische Geschichten, hg. vom Islamischen Sozialdienst- und Informationszentrum, Stuttgart ³2002; neu erzählt und gekürzt von Rolf Bossart.

103  Aus verschiedenen Legenden erzählt von Rolf Bossart.

104  Chajm Guski, «Das Buch Esther für Kinder erzählt» (2014), URL=https://www.talmud.de/tlmd/das-buch-esther-fuer-kinder-erzaehlt/.

105  Auf der Grundlage der Fioretti di San Francesco erzählt von Rolf Bossart.

*106* Textgrundlagen: Gallus-Vita des Reichenauer Mönchs Wetti (um 820); «Das Gallusleben kurz gefasst», URL=https://www.sanktgallus.net/der-heilige/leben/; Fassung von Rolf Bossart.

*107* Aus verschiedenen Quellen zusammengestellt von Rolf Bossart.

*108* Textgrundlage: Vita Sancti Martini, in: Karl Halm (Hg.): Sulpicii Serveri opera. Sulpicii Severi libri qui supersunt (CSEL 1), Wien 1866, 107–137, Kapitel 3 und 9; erzählt von Markus Zimmer und Rolf Bossart.

*109* Nach historischen Quellen und Legenden erzählt von Rolf Bossart.

*110* Auf der Grundlage von Angaben auf URL=https://heilige-wiborada.ch/biographie/ erzählt von Rolf Bossart.

*111* Gabriel Ponce, in: Alfredo Mires Ortiz, Cosmovivencia. La concepción del mundo desde la tradición oral cajamarquina, Cajamarca 2008; neu erzählt von Rolf Bossart.

# Rechte

*Wir danken folgenden Autorinnen und Autoren und Verlagen für die freundlicherweise erteilte Abdruckgenehmigung. Leider war es uns trotz sorgfältiger Recherchen nicht möglich, alle Rechteinhaber ausfindig zu machen. Für Hinweise sind Verlag und Herausgeber dankbar.*

Gute Nachricht Bibel, durchgesehene Neuausgabe, © 2018 Deutsche Bibelgesellschaft, Stuttgart. Teilweise redaktionell bearbeitet mit freundlicher Genehmigung:
1. Adam und Eva im Paradies – 8. Die Erschaffung der Welt – 11. Die Sintflut, Noah und die Arche – 14. Jona und der Wal – 23. Der Vater und seine zwei Söhne – 36. Der Turmbau zu Babel – 76. Das Beispiel des barmherzigen Samariters – 82. Die Arbeiter im Weinberg – 89. Jesus wird auf die Probe gestellt – 90. Wer ist ohne Schuld? – 92. Wie man säen soll – 93. Zachäus, der Zöllner – 97. Der Tod von Jesus – 98. Die drei Könige besuchen Jesus – 99. Die Geburt und die Berufung von Mose – 101. Die Geburt von Jesus in der Bibel

Janosch, Der Tod und der Gänsehirt, aus: Janosch, Das große Janosch-Buch, S. 238f., Beltz & Gelberg, Weinheim-Basel, © Janosch/Little Tiger Verlag GmbH, Gifkendorf:
4. Der Tod und der Gänsehirt

Projekt Gutenberg-DE, ® Hille & Partner, Herausgeberin: Hella Reuters, Süderstraße 195, 20537 Hamburg, URL=https://www.projekt-gutenberg.de:
6. Die drei Fragen – 37. Des Kaisers neue Kleider – 71. Vom König, der Gott sehen wollte – 79. Der Richter und der Teufel

Gebrüder Grimm, Kinder- und Hausmärchen,
URL=https://de.wikisource.org/wiki/Kinder-_und_Hausmärchen:
7. Die drei Spinnerinnen – 12. Frau Holle – 13. Hans im Glück – 15. Rumpelstilzchen – 25. Die Bremer Stadtmusikanten – 28. Schneeweisschen und Rosenrot – 44. Vom Fischer und seiner Frau – 47. Bauer und Teufel – 61. Der Teufel mit den drei goldenen Haaren

Lernportal Hamsterkiste, Alois Brei, 49828 Neuenhaus:
9. Die Erschaffung der Erde – 18. Wie das Feuer zu den Griechen kam

© Renate Schoof, Merkelstrasse 63, 37085 Göttingen:
20. Das Märchen von der einsamen Prinzessin

Diana Klöpper, Kerstin Schiffner, Erzählbibel, Uelzen ³2021, Woltersburger Mühle e.V. (EREV-RAV):
26. Joseph und seine Brüder

Otfried Preußler: Die Glocke von grünem Erz © 2005 Thienemann in der Thienemann-Esslinger Verlag GmbH, Stuttgart:
38. Die Glocke von grünem Erz

«Joachim der Zöllner» von Kurt Baumann, illustriert von David McKee © 1971 NordSüd Verlag AG, Zürich/Schweiz:
41. Joachim der Zöllner

Moira Thiele, haGalil – Dr. Andrea Livnat,
Postfach 900504, 81505 München:
55. Onkelos und die Mesusa

ProLitteris, Zürich:
78. Simon Wiesenthal, «Der Rabbi, der sich nicht versöhnen wollte» –
84. Gianni Rodari, «Die Sonne und die Wolke»

www.hekaya.de, Hekaya c/o Guido Adam, Lüttkamp 119p, 22547 Hamburg:
88. Hat der Dieb denn gar keine Schuld?

Chajm Guski, www.talmud.de:
104. Ester von Schuschan: Klugheit und Mut

# Dank

Dieses Buch wurde ermöglicht durch die grosszügige Unterstützung der Stiftung Weltethos Schweiz und der Pädagogischen Hochschule St. Gallen.

Weitere Publikationszuschüsse und Beiträge für die Website erzähl-nochmal.ch haben die katholische Kirche des Bistums St. Gallen, die Katholische Kirche im Kanton Zürich sowie die Evangelisch-reformierte Kirche des Kantons St. Gallen beigesteuert. Allen sei hiermit herzlich gedankt.

Ein ebenso herzliches Dankeschön geht an Frau Dale Forbes Molina für die Illustrationen und an Herrn Gregor Szyndler für die Einholung der Abdruckrechte. Ein gesonderter Dank gebührt der Deutschen Bibelgesellschaft, Stuttgart, für die Möglichkeit, die Texte der Gute Nachricht Bibel für den Bedarf dieses Buchprojekts redaktionell zu bearbeiten.

Die Herausgeberinnen und Herausgeber


Rolf Bossart, Dr. theol., ist Publizist und Lehrbeauftragter für Religionswissenschaft und Ethik an der Pädagogischen Hochschule St. Gallen.

Nadire Mustafi, M.A., ist Lehrbeauftragte für Religionswissenschaft und Ethik an der Pädagogischen Hochschule St. Gallen.

Monika Winter-Pfändler, lic. sc. rel., ist Professorin für Religionswissenschaft und Ethik an der Pädagogischen Hochschule St. Gallen.

Michael Zahner, lic. sc. rel., ist Professor für Religionswissenschaft und Ethik an der Pädagogischen Hochschule St. Gallen.

# Zugangsberechtigung zu Materialien für den Unterricht

https://erzählnochmal.ch

Benutzername: erzaehlnochmal
Passwort: aaS7tXM5NR